EQUIPES BRILHANTES

COMO CRIAR GRUPOS FORTES E MOTIVADOS

DANIELE

Para meu pai

CULTURA: do latim *cultus*, que significa *cuidar*.

———

Título original: *The Culture Code*

Copyright © 2018 por Daniel Coyle
Copyright da tradução © 2019 por GMT Editores Ltda.

Todos os direitos reservados. Nenhuma parte deste livro pode ser utilizada ou reproduzida sob quaisquer meios existentes sem autorização por escrito dos editores.

tradução: Livia de Almeida
preparo de originais: Raïtsa Leal
revisão: Hermínia Totti e Luis Américo Costa
adaptação de projeto gráfico e diagramação: DTPhoenix Editorial
capa: Pete Garceau
adaptação de capa: Gustavo Cardozo
impressão e acabamento: Associação Religiosa Imprensa da Fé

CIP-BRASIL. CATALOGAÇÃO NA PUBLICAÇÃO
SINDICATO NACIONAL DOS EDITORES DE LIVROS, RJ

C917e	Coyle, Daniel
	Equipes brilhantes / Daniel Coyle ; tradução Livia de Almeida. - 1. ed. - Rio de Janeiro : Sextante, 2021.
	256 p. ; 23 cm.
	Tradução de: The culture code
	ISBN 978-65-5564-271-1
	1. Liderança. 2. Grupos de trabalho. 3. Corporativismo. 4. Sucesso nos negócios.I. Almeida, Livia de. II. Título.
21-73666	CDD: 658.4022
	CDU: 005.551

Meri Gleice Rodrigues de Souza - Bibliotecária - CRB-7/6439

Todos os direitos reservados, no Brasil, por
GMT Editores Ltda.
Rua Voluntários da Pátria, 45 – Gr. 1.404 – Botafogo
22270-000 – Rio de Janeiro – RJ
Tel.: (21) 2538-4100 – Fax: (21) 2286-9244
E-mail: atendimento@sextante.com.br
www.sextante.com.br

SUMÁRIO

Prefácio		5
Introdução:	Quando dois mais dois são dez	11

HABILIDADE 1
Construir segurança

CAPÍTULO 1	As maçãs boas	19
CAPÍTULO 2	O dia de 1 bilhão de dólares em que nada aconteceu	31
CAPÍTULO 3	A Trégua de Natal, o experimento de uma hora e os *missileers*	41
CAPÍTULO 4	Como construir o pertencimento	59
CAPÍTULO 5	Como projetar o pertencimento	71
CAPÍTULO 6	Ideias para ação	83

HABILIDADE 2
Compartilhar vulnerabilidades

CAPÍTULO 7	"Diga-me o que quer e eu vou ajudar"	99
CAPÍTULO 8	O laço da vulnerabilidade	108
CAPÍTULO 9	Os supercooperadores	118
CAPÍTULO 10	Como criar a cooperação em pequenos grupos	135
CAPÍTULO 11	Como criar a cooperação com indivíduos	145
CAPÍTULO 12	Ideias para ação	156

HABILIDADE 3
Estabelecer propósito

CAPÍTULO 13	As 311 palavras	169
CAPÍTULO 14	Os *hooligans* e os cirurgiões	185
CAPÍTULO 15	Como liderar para a proficiência	195
CAPÍTULO 16	Como liderar para a criatividade	208
CAPÍTULO 17	Ideias para ação	219

Epílogo	227
Agradecimentos	234
Notas	237
Leituras recomendadas	246

PREFÁCIO

Quando conheci este livro, em 2018, havia poucas empresas de tecnologia no Brasil que valiam mais de US$ 1 bilhão. Hoje, são mais de 20 (e dezenas de candidatas a chegarem nesse estágio), o que indica que formar, reconhecer e nutrir equipes brilhantes é – e será cada vez mais – fundamental para construir o que vem por aí. O uso cada vez mais intenso da tecnologia e da inteligência artificial vai transformar a forma como fazemos negócios e interagimos com instituições em um futuro não tão distante, mas uma coisa não mudará: organizações duradouras têm equipes brilhantes trabalhando como uma orquestra. Este livro trata do comportamento humano coletivo e ilustra, em diversas histórias, os motivos ocultos do sucesso desses grupos.

Logo na primeira leitura, ainda na versão em inglês, fiquei encantado com o teor inusitado dos ensinamentos que trazem as histórias apresentadas por Daniel Coyle. Por exemplo, o caso de Jeff Dean, um engenheiro que trabalhava numa empresa que não era nenhum destaque naquele ano de 2002 e que, seduzido por um desafio difícil, resolveu mergulhar em uma tarefa que supostamente não precisava fazer. O fundador da empresa deixara um bilhete na cozinha dizendo "esses anúncios são podres". Isso indicava que havia um problema de tecnologia em uma área que nada tinha a ver com a de Dean, mas tinha a ver com o objetivo principal da empresa. Ele folheou as páginas que estavam junto com o bilhete e lembrou-se de ter enfrentado um problema parecido pouco tempo antes. Num impulso e imbuído do espírito maior de atingir o objetivo do coletivo, mergulhou no problema, dedicou muitas horas de muitos dias a solucionar aquilo – sem saber que, com isso, estava ajudando a construir a maior máquina automática de busca do planeta. A iniciativa catalisou muitas outras que formaram a cultura de uma das maiores companhias do mundo que admiro muito, chamada Google.

Chamou minha atenção também o experimento em que crianças ganharam de adultos no "jogo do macarrão", uma competição entre grupos na tentativa de construir a maior estrutura possível usando espaguete cru, fita adesiva, barbante e marshmallow. A interação espontânea das crianças, embora não fosse tão organizada como a dos adultos, era eficiente e eficaz – exatamente o que a tarefa pedia. Sem competição por papéis de destaque ou influência, elas puderam focar 100% na atividade, se dedicaram com afinco, cooperaram e aprenderam com os erros muito rapidamente, corrigindo o curso do trabalho, enquanto os adultos que não se conheciam, perdiam tempo disputando status e desperdiçando recursos. Por isso, não desenvolveram a coesão necessária para transformar indivíduos altamente capacitados em um coletivo brilhante capaz de atingir o objetivo final. Essa história é interessantíssima e contraintuitiva – não se aplica a tudo, porque cada vez mais os trabalhos requerem formação e especialização técnica, mas a mensagem é clara sobre o efeito da cooperação.

Como essas, outras histórias reais são contadas neste livro, trazendo lições práticas para aqueles interessados em liderança.

Todas elas têm em comum os elementos que respondem uma pergunta que inquietava o autor: por que alguns grupos performam em um nível muito acima da soma de suas partes e de seus pares? A resposta, segundo Coyle, está na cultura do grupo. Depois de quatro anos estudando times com resultados excepcionais – entre eles, Navy SEAL's, Zappos, Google e Pixar –, Coyle descobriu que o que os diferenciava positivamente era o relacionamento de confiança entre seus integrantes e o senso de objetivo da organização.

Ao longo do livro, Coyle destrincha o que significam as principais habilidades das equipes brilhantes e como elas podem ser criadas e sustentadas. Ele vai na base mais profunda das relações, lembrando que, como animais sociais, durante nossa evolução, aprendemos a sempre procurar por sinais de perigo e, quando encontramos, entramos no modo de fuga para nos proteger, muitas vezes sem notar claramente. Quando nos sentimos em um ambiente seguro, no entanto, o oposto acontece e entramos no modo social, abertos para criar conexões e relacionamentos com o grupo. A sensação de confiança é a cola que une as pessoas, criando um sentimento de pertencimento.

Em segurança, ficamos à vontade para mostrar vulnerabilidades. Participantes de times de alta performance se sentem confortáveis para dividir seus pontos fracos, dar e receber feedback de forma aberta em prol da melhoria do todo, e assumir riscos calculados em conjunto.

Já o propósito é o que motiva e direciona os esforços. As equipes com culturas fortes usam histórias, linguagem e compartilham comportamentos para reforçar seus valores. Todos são constantemente relembrados sobre o porquê de suas ações, o seu papel no todo e a missão do time.

Não é mera coincidência que as grandes obras do mundo são feitas por grupos. Trabalho coordenado e disciplinado de equipes brilhantes que realizam projetos mais tarde chamados de bem-sucedidos. Formar e unir talentos em torno de uma causa não é fácil; fazer isso em alta escala é ainda mais desafiador. A criação de um grupo afinado e enérgico raramente acontece por acaso. Por trás de uma equipe brilhante, há sempre um ou alguns líderes estudando como promover a química do time, a partir de um objetivo difícil ou um sonho aparentemente inatingível. Equipes brilhantes fazem acontecer o impossível.

Eu me recordo das minhas visitas a uma das empresas estudadas por Coyle, a Zappos, que vendia sapatos on-line nos Estados Unidos. Em 2008 e 2009, ainda no tempo em que tocávamos a nossa antiga empresa Braspag, o fundador da Zappos, Tony Hsieh, uma das minhas inspirações no mundo dos negócios (infelizmente falecido em 2020), explicou pessoalmente para nós, meu sócio Eduardo e eu, de maneira simples, o significado do atendimento inovador que ele criou. Alguns anos depois copiamos esse modelo na Stone com seu consentimento e o adaptamos à realidade do nosso setor e com a criatividade da nossa equipe, o que deu origem à nossa obsessão por um atendimento ao cliente em 5 segundos.*

Na época das visitas, olhando aquele ambiente de fora, parecia uma bagunça incontrolável. Um monte de gente fantasiada atendendo ligação dos clientes, mas engajada em assegurar a entrega dos produtos no tempo certo e corresponder às expectativas de quem estava do outro lado da linha. Mais do que um trabalho, era uma obsessão de cada membro do time. Todas as mesas de atendimento funcionavam de forma bem parecida, apesar de suas particularidades, cada uma com seu próprio estilo, mas com a mesma cultura de foco na felicidade do cliente que comprava com a empresa. Criaram ferramentas e tecnologias que todos usavam para atender os consumidores com uma excelência até então inimaginável. Tony viu esse sonho virar realidade e embarcou a equipe em um método de trabalho divertido, onde todos notavelmente adoravam estar. Cheio de liturgias e premiações reconhecendo os melhores, aquilo se tornava a referência para quem entrava na equipe e alinhava toda a empresa. A primeira vez que estive lá, havia cerca de 40 pessoas na excursão, ansiosas para ver aquele jeito de trabalhar e enchendo de orgulho os atendentes, que compreendiam a magnitude do que estavam realizando, tornando-se referência para

---

* A história da nossa empresa foi contada pelo nosso presidente, Augusto Lins, no livro *5 segundos – O jeito Stone de servir o cliente*.

outras empresas de diversos países. Eles eram os melhores do mundo no que faziam!

Bem no início da Stone, nós estávamos obcecados por criar uma solução que pudesse encantar nossos clientes – e, naquele momento, observar uma equipe brilhante funcionando foi muito enriquecedor e inspirador. Aprendemos depois com outras grandes equipes e seus líderes, no mundo e no Brasil. Um deles, que nos acompanha até hoje, foi Bernardinho, que construiu times de vôlei fora da curva, ganhando olimpíadas e mundiais por diversas vezes; ele consegue transportar muito bem as lições das quadras para o ambiente de negócios e nos ajudou muito.

Ao longo dos anos, pude ver nas nossas empresas equipes de pessoas muito novas focadas em realizar, juntas, feitos incríveis. Assisti a diversas iniciativas que mudaram o curso do setor financeiro no Brasil a partir da atitude de poucas pessoas que se dedicaram de corpo e alma a essa transformação, que torna o nosso país um caso a ser estudado por economias desenvolvidas. Algumas equipes brilhantes, públicas e privadas, trabalharam simultaneamente para tornar a vida dos brasileiros melhor e criar competitividade, o que nos enche de orgulho.

Não consigo me esquecer de um dia, em 2013, quando o caos estava instaurado no sistema de transações central da Stone. Por iniciativa de um ser humano que decidiu resolver o problema e tomou aquele desafio como uma questão de honra, assim como Jeff Dean fez no Google, sua equipe trabalhou por duas madrugadas seguidas até encontrar a causa do problema. O grupo corrigiu o que estava errado, colocou a empresa de volta no eixo e transformou a autoestima de cada uma das áreas da companhia. Depois do episódio, aquele mesmo sistema viabilizou à Stone servir mais de 1 milhão de clientes ao redor do Brasil e tornar mais justo o sistema de pagamentos nacional. Parabéns àquela equipe brilhante e às diversas outras espalhadas pelo mundo. Parabéns a seus líderes, que, por meio da determinação para unir pessoas em torno de uma causa nobre, fazem nosso mundo melhor a cada dia.

Esta leitura, que há anos recomendo dentro e fora das companhias das quais participo, não é só simples e agradável, mas obrigatória para quem quer crescer e liderar times de alto impacto na sociedade em qualquer setor (privado ou público), com o objetivo de melhorar a vida do coletivo.

Ainda há muitos desafios "impossíveis" a serem desbravados – e isso exige equipes brilhantes.

BOA LEITURA!

ANDRE STREET,
Fundador da StoneCo.

INTRODUÇÃO

QUANDO DOIS MAIS DOIS SÃO DEZ

VAMOS COMEÇAR por uma pergunta que talvez seja a mais antiga de todas: *Por que certos grupos se tornam mais fortes do que a soma de suas partes, enquanto outros se tornam mais fracos?*

Há alguns anos Peter Skillman, designer e engenheiro, organizou uma competição para tentar descobrir a resposta. Durante vários meses ele reuniu uma série de grupos formados por quatro pessoas em Stanford, na Universidade da Califórnia, na Universidade de Tóquio e em alguns outros lugares. Desafiou cada grupo a erguer a estrutura mais alta possível utilizando os seguintes itens:

- vinte unidades de espaguete cru;
- um metro de fita adesiva transparente;
- um metro de barbante;
- um marshmallow de tamanho padrão.

A competição tinha uma única regra: o marshmallow precisava ficar no topo da estrutura. A parte fascinante da experiência, porém, tinha menos relação com a tarefa em si do que com os participantes. Algumas das equipes eram formadas por alunos de pós-graduação em administração. Outras, por crianças do jardim de infância.

Os estudantes da pós-graduação partiam com tudo para a tarefa. Começavam a conversar e a pensar de modo estratégico. Examinavam os materiais. Sugeriam ideias aos demais e faziam perguntas incisivas e perspicazes. Eles geravam diversas opções e depois aperfeiçoavam as mais promissoras. Era um processo profissional, racional e inteligente que resultava na decisão de perseguir uma estratégia específica. Então dividiam as tarefas e começavam a construção.

As crianças do jardim de infância tinham uma abordagem diferente. Não criavam estratégias. Não analisavam nem compartilhavam experiências. Não faziam perguntas, não propunham opções nem aperfeiçoavam ideias. Na verdade, mal se falavam. Ficavam muito próximas umas das outras, mas as interações não eram suaves nem organizadas. De forma abrupta, tiravam os materiais das mãos das outras e começavam a construir sem seguir um plano ou uma estratégia. Quando falavam, eram breves e taxativas: "Aqui!" "Não, *aqui!*" Toda a técnica delas poderia ser descrita como *experimentar juntas um monte de coisas*.

Se alguém fosse apostar na equipe vencedora, a escolha não pareceria difícil. Todas as fichas iriam para os estudantes de administração, pois eles possuíam a inteligência, a experiência e as habilidades necessárias para fazer um trabalho superior. É assim que costumamos pensar sobre o desempenho em grupo. Presumimos que indivíduos qualificados se combinarão para produzir um desempenho qualificado da mesma forma que presumimos que dois mais dois se combinam para formar quatro.

Só que quem apostasse neles teria perdido. Em dezenas de testes, as crianças do jardim de infância construíram estruturas que tinham em média 66 centímetros, ao passo que os estudantes da pós-graduação construíram estruturas que ficaram, em média, com menos de 25 centímetros. (E não foram só os estudantes que as crianças superaram. Elas também derrotaram equipes de advogados, que ergueram estruturas com altura média de 38 centímetros, e de CEOs de empresas, cujas estruturas alcançaram em média 55 centímetros.)

O resultado é difícil de assimilar porque parece uma ilusão. Vemos estudantes da pós-graduação inteligentes e experientes e achamos difícil imaginar que teriam um desempenho ruim trabalhando juntos. Observamos crianças do jardim de infância, inexperientes e sem sofisticação, e achamos difícil conceber que, juntas, apresentariam um desempenho bem-sucedido. Mas essa ilusão, como todas as outras, acontece porque nossos instintos nos levam a prestar atenção nos detalhes errados. Nós nos concentramos naquilo que conseguimos ver – as habilidades individuais. Mas não é isso que importa. O que importa é a interação.

Os estudantes da pós-graduação parecem estar colaborando, mas, na realidade, estão envolvidos em um processo que os psicólogos chamam de gestão de status. Estão procurando entender onde se encaixam em um panorama mais amplo: *Quem dá as ordens? As ideias dos outros podem ser criticadas? Quais são as regras?* As interações parecem tranquilas, mas o comportamento oculto está carregado de ineficiência, hesitação e competição sutil. Em vez de se concentrarem na tarefa, estão tentando lidar com as inseguranças mútuas. Passam tanto tempo gerenciando status que falham em captar a essência do problema (o marshmallow é relativamente pesado e o espaguete é difícil de prender). Com isso, as primeiras tentativas costumam desmoronar e o tempo acaba.

As ações dos garotos do jardim de infância parecem desorganizadas à primeira vista. No entanto, quando são observados como uma única entidade, o comportamento é eficiente e eficaz. Eles não estão competindo por status. Trabalham lado a lado e cooperam com energia. Movimentam-se depressa, identificando problemas e oferecendo ajuda. Experimentam, arriscam e corrigem os resultados, o que os conduz a soluções eficazes.

Eles têm sucesso não porque são mais espertos, mas porque trabalham juntos de um jeito mais esperto. Recorrem a um método simples e poderoso que permite que um grupo de pessoas comuns apresente um desempenho bem superior à soma de suas partes.

Este livro é a história de como esse método funciona.

A cultura de grupo é uma das mais poderosas forças do planeta. Percebemos sua presença em negócios bem-sucedidos, equipes vitoriosas e famílias prósperas, e sentimos quando está ausente ou é tóxica. É possível mensurar seu impacto nos resultados. (Uma cultura forte aumenta a receita líquida em 765% no decorrer de 10 anos, de acordo com um estudo feito em Harvard com mais de 200 empresas). No entanto, o funcionamento interno da cultura permanece um mistério. Todos nós queremos uma cultura forte em nossas organizações, comunidades e famílias. Todos sabemos que funciona. O que não sabemos é *como* funciona.

Talvez o motivo seja o modo como pensamos sobre cultura. Tendemos a achar que se trata de uma característica de grupo, como o DNA. Culturas fortes e bem estabelecidas como as do Google, da Disney ou dos SEALs da Marinha americana se mostram tão singulares e especiais que parecem de alguma forma predeterminadas. Nessa maneira de pensar, a cultura soa como um bem definido pelo destino. Alguns grupos recebem o dom de uma cultura forte; outros, não.

Este livro segue uma abordagem diferente. Passei os últimos quatro anos visitando e pesquisando oito dos grupos mais bem-sucedidos do mundo, entre eles unidades militares de operações especiais, uma escola da periferia, um time de basquete profissional, um estúdio de cinema, uma trupe de comediantes e uma quadrilha de ladrões de joias.

A escolha dos grupos foi feita com base em três critérios: primeiro, o desempenho deles os manteve na faixa do 1% mais eficiente de sua área durante pelo menos uma década (quando aplicável); segundo, o grupo se mostrou bem-sucedido com diferentes integrantes; e terceiro, sua cultura tem sido admirada por autoridades de seu setor e fora dele. Ao lado das culturas bem-sucedidas, também observei muitas outras não tão exitosas (veja a página 52), prevenindo qualquer possível viés na seleção.

Com isso, descobri que as culturas desses grupos são criadas por um conjunto específico de habilidades que se beneficiam do poder de nosso cérebro social para criar interações exatamente iguais àquelas usadas pelas crianças do jardim de infância ao construir torres de espaguete. E são essas habilidades que formam a estrutura deste livro. Habilidade 1 – Construir segurança: explora como os sinais de conexão geram elos de pertencimento e de identidade. Habilidade 2 – Compartilhar vulnerabilidades: explica como os hábitos de risco mútuo levam à cooperação confiante. Habilidade 3 – Estabelecer propósito: revela como as narrativas criam metas e valores compartilhados. As três habilidades funcionam nesta ordem: primeiro desenvolvendo-se a conexão do grupo e depois canalizando-a para a ação. Cada parte do livro é estruturada como uma visita, na qual primeiro exploramos como cada habilidade funciona e depois vamos a campo passar algum tempo com grupos e líderes que empregam esses métodos todos os dias. Cada parte termina com uma coleção de sugestões concretas para aplicar essas habilidades em seu grupo.

Nas páginas a seguir vamos nos debruçar sobre algumas das equipes mais brilhantes do planeta e entender por que elas funcionam. Vamos examinar o mecanismo do cérebro e descobrir como se constroem a confiança e o senso de pertencimento. Durante o percurso, veremos que a inteligência é superestimada, que é crucial demonstrar que somos falíveis e que ser bonzinho não é tão importante quanto se pensa. Acima de tudo, veremos como os líderes de equipes de alto desempenho enfrentam desafios para alcançar a excelência em um mundo em constante mudança. Embora as culturas bem-sucedidas possam parecer algo mágico, a verdade é que estão longe disso. A cultura é um conjunto de relacionamentos vivos que trabalham em benefício de uma meta compartilhada. Não é algo que se é. É algo que se faz.

HABILIDADE 1

CONSTRUIR SEGURANÇA

1

AS MAÇÃS BOAS

Neste momento, somos apresentados a Nick, um homem moreno e de boa aparência, na casa dos 20 anos, que está sentado confortavelmente ao lado de outras três pessoas em uma sala de reuniões em Seattle. Ao que parece, ele é um participante comum em uma reunião comum. Porém as aparências enganam. Quem está na sala não sabe, mas sua missão é sabotar o desempenho do grupo.

Nick é o elemento-chave em um experimento comandado por Will Felps, estudioso do comportamento organizacional na Universidade de South Wales, na Austrália. Felps trouxe Nick para representar três arquétipos negativos: o Canalha (um desviante desafiador e agressivo), o Displicente (que não se esforça) e o Derrubador (um tipo depressivo que acha que tudo vai dar errado). Nick interpreta esses papéis em 40 grupos de quatro pessoas encarregadas de desenvolver um plano de marketing para uma startup. Assim, Felps o introduz nos diversos grupos da mesma forma que um biólogo injetaria um vírus em um organismo para ver como o sistema responde. Felps chama isso de "o experimento da maçã podre".

Nick é muito bom quando age mal. Em quase todos os grupos, seu comportamento reduz a qualidade do desempenho de 30% a 40%.

A queda é consistente, independentemente de estar interpretando o Canalha, o Displicente ou o Derrubador.

"Quando Nick é o Derrubador, os outros começam a reunião cheios de energia. Ele fica em silêncio, como se estivesse cansado, e, em algum momento, deita a cabeça sobre a mesa", diz Felps. "E, à medida que o tempo passa, todos começam a apresentar o mesmo comportamento: cansados, quietos e com pouca energia. No final, os outros três estão com a cabeça sobre a mesa, assim como ele, todos de braços cruzados."

Um padrão semelhante acontece quando Nick interpreta o Displicente. "O grupo logo capta aquela *vibe*", diz Felps. "Concluem o projeto bem depressa e fazem um trabalho malfeito. O interessante é que, depois, quando inquiridos sobre a experiência, todos apresentam uma postura que parece muito positiva. Eles dizem: 'Fizemos um bom trabalho e gostamos da experiência.' Mas não é verdade. A atitude que tinham assumido era de que aquele projeto, na verdade, não era importante e não valia seu tempo ou sua energia. Eu sempre tive a expectativa de que alguém no grupo ficaria aborrecido com o Displicente ou com o Derrubador. Mas ninguém ficou. A reação das pessoas era: 'Tudo bem, se é assim que vai ser, então também seremos Displicentes e Derrubadores.'"

A não ser por um grupo.

"É o grupo que funciona como um ponto fora da curva", diz Felps. "Chamou minha atenção pela primeira vez quando Nick mencionou que havia um grupo que parecia realmente diferente. Esse grupo tinha bom desempenho qualquer que fosse sua estratégia para tentar sabotá-lo. Nick disse que era por causa de um sujeito em especial. Deu para notar que esse sujeito estava deixando Nick quase furioso: suas ações negativas não funcionavam como nos outros grupos porque esse sujeito conseguia encontrar um jeito de revertê-las, de envolver todos e fazê-los seguir em direção à meta."

Vamos chamar essa pessoa de Jonathan. Trata-se de um jovem magro, de cabelos encaracolados, com uma voz firme e tranquila e dono de um sorriso fácil. Apesar de todo o esforço da maçã podre, o grupo de Jonathan é atento e cheio de energia, produzindo resultados de alta qualidade. A parte mais fascinante, segundo Felps, é que, à primeira vista, Jonathan parece não estar fazendo absolutamente nada.

"Um bocado do que ele faz é bem simples, quase imperceptível", diz Felps. "Nick começava a agir como um canalha e Jonathan se inclinava para a frente, usava a linguagem corporal, dava uma gargalhada, sorria, sem qualquer insolência, mas de um modo que tirava o perigo da sala e neutralizava a situação. A princípio, parece não ser nada de mais, porém, quando se observa com atenção, isso faz algumas coisas incríveis acontecerem."

Felps examina repetidas vezes o vídeo com as ações de Jonathan, analisando-as como se fossem um saque de tênis ou um passo de balé. Elas seguem um padrão: Nick se comporta como um canalha e Jonathan reage no mesmo instante de forma cordial, dispersando a negatividade e fazendo a situação potencialmente instável parecer sólida e segura. Em seguida, Jonathan se vira e faz uma pergunta simples que estimula os outros, e então ouve com atenção e responde. Os níveis de energia aumentam, as pessoas se abrem e compartilham ideias, construindo cadeias de percepções e de cooperação que levam o grupo a avançar de modo rápido e constante em direção à meta.

"Basicamente, Jonathan torna o ambiente seguro e então se volta para os outros participantes e pergunta: 'E aí? O que vocês acham disso?'. Às vezes, ele interage até com Nick, fazendo perguntas do tipo 'Como você faria isso?'. Acima de tudo, ele irradia uma ideia: *Vejam só, tudo isso é muito confortável e envolvente e estou curioso para saber o que todo mundo tem a dizer*. É impressionante como comportamentos tão simples e pontuais mantiveram todos envolvidos na tarefa." O próprio Nick, quase contrariado, percebeu que estava sendo prestativo.

A história das maçãs boas é surpreendente de duas formas. Em primeiro lugar, tendemos a pensar que o desempenho de um grupo depende de qualidades mensuráveis, como inteligência, habilidades e experiência, e não de um padrão sutil de pequenos comportamentos.

No entanto, nesse caso, esses comportamentos pontuais fizeram toda a diferença.

A segunda surpresa é que Jonathan obtém sucesso sem agir de qualquer um dos modos que costumam estar associados a uma liderança forte. Ele não assume o comando nem diz o que todos devem fazer. Não cria estratégias nem motivações, não apresenta uma visão. Não atua tanto, mas cria condições nas quais os outros conseguem atuar, construindo um ambiente cuja principal característica está claríssima: *Temos vínculos sólidos*. O grupo de Jonathan tem sucesso não porque seus integrantes são mais inteligentes, mas porque se sentem mais seguros.

Normalmente não damos tanta importância à segurança. Consideramos que equivale a um sistema de clima emocional – perceptível, mas nada que faça a diferença. No entanto, o que vemos nesse caso nos faz vislumbrar uma ideia poderosa. A segurança não é apenas o clima emocional, mas a verdadeira fundação sobre a qual se ergue uma cultura forte. As questões mais profundas são: *De onde vem essa segurança? E como se pode construí-la?*

Quando se pede que integrantes de grupos muito bem-sucedidos descrevam os relacionamentos entre si, eles tendem a escolher a mesma palavra. Não usam *amigos*, nem *equipe*, nem *tribo*, nem outro termo igualmente plausível. A palavra empregada é *família*. E, além disso, costumam descrever o sentimento desses relacionamentos da mesma forma.

"Não consigo explicar, mas tudo parece se encaixar aqui. Na verdade, cheguei a tentar sair algumas vezes, mas acabava voltando. Não existe nada parecido. Esses caras são meus irmãos." (Christopher Baldwin, Equipe Seis do SEAL da Marinha dos Estados Unidos.)

"Não é algo racional. Ninguém que age apenas racionalmente faz o tipo de coisa que fazemos aqui. Existe uma parceria na equipe que vai bem além do trabalho e que se sobrepõe ao resto da vida das pessoas." (Joe Negron, rede de escolas KIPP.)

"É muito incrível saber que você pode assumir um risco imenso e essas pessoas vão estar ali para lhe dar apoio em todas as circunstâncias. Somos viciados nessa sensação." (Nate Dern, trupe de comediantes Upright Citizens Brigade.)

"Somos como uma família, e isso permite que você assuma mais riscos, encontre mais liberdade para si e para os outros, e tenha momentos de vulnerabilidade que não seriam possíveis em um ambiente corporativo normal." (Duane Bray, IDEO design.)

Quando visitei esses grupos, reparei em um padrão distinto de interação que não estava nas grandes coisas, mas nos pequenos momentos de conexão social. Essas interações eram consistentes, independentemente de se tratar de uma unidade militar, de um estúdio de cinema ou de uma escola da periferia. Fiz uma lista:

- proximidade física considerável, com as pessoas frequentemente sentadas em círculos;
- contato visual intenso;
- toque físico (apertos de mão, abraços);
- conversas curtas e cheias de energia (nada de discursos longos);
- grande integração: todo mundo conversa com todo mundo;
- poucas interrupções;
- muitas perguntas;
- ouvintes ativos e atentos;
- humor, risos;
- pequenos gestos de atenção e cortesia (agradecimentos, abrir portas, etc.).

Mais uma coisa: descobri que permanecer nesses grupos era quase fisicamente viciante. Eu estendia minhas viagens de estudo, inventava desculpas para ficar por mais um ou dois dias. Peguei-me em devaneios sobre uma possível mudança de ocupação para poder me candidatar a um emprego por ali. Havia algo irresistível em estar perto deles que me fazia ansiar por mais conexão.

O termo que usamos para descrever esse tipo de interação costuma ser *química*. Quando se encontra um grupo com boa química, se percebe no mesmo instante. É uma sensação potente e paradoxal, uma combinação de empolgação e conforto que surge misteriosamente em certos grupos especiais e não em outros. Não existe um jeito de prever ou controlar.

Ou será que existe?

No terceiro andar de um reluzente edifício modernista em Cambridge, Massachusetts, um grupo de cientistas anda obcecado com a compreensão dos mecanismos internos da química de um grupo. O Laboratório de Dinâmica Humana do MIT é um conjunto modesto de escritórios cercado por um monte de oficinas e salas contendo, entre outras coisas, uma cabine telefônica britânica, um manequim vestindo calças feitas de papel-alumínio e o que parece ser uma montanha-russa em miniatura presa no teto. O laboratório é comandado por Alex (Sandy) Pentland, um professor de ciência da computação de fala mansa e olhos brilhantes, barba cerrada e grisalha e com a segurança tranquila de um médico do interior. Ele iniciou sua carreira estudando tocas de castor em fotos de satélite, estabelecendo um método de pesquisa que nunca foi alterado: usar tecnologia para revelar padrões de comportamento ocultos.

"A sinalização dos seres humanos é parecida com a dos outros animais", afirma Pentland quando nos sentamos próximos à mesa de café de seu escritório pequeno e aconchegante. "É possível medir níveis de interesse, saber quem é o alfa, quem está cooperando, quem está fingindo, quem está em sincronia. Nós temos esses canais de comunicação e os utilizamos sem pensar. Por exemplo, se eu me inclinar mais alguns centímetros em sua direção, talvez você comece a espelhar meu comportamento."

Pentland se aproxima, ergue as sobrancelhas peludas e arregala os olhos. É um pouco desconcertante quando me pego fazendo o mesmo, quase sem perceber. Ele sorri de modo reconfortante e volta a se recostar na cadeira. "Só funciona se estivermos próximos o bastante para que haja contato físico."

Pentland me apresenta a um cientista chamado Oren Lederman, que, por acaso, está analisando o comportamento de um grupo que trabalha no desafio do espaguete com marshmallow. Caminhamos pelo corredor até o escritório de Lederman para assistir ao vídeo. O grupo é formado por três engenheiros e um advogado, e a torre deles está subindo muito bem. "O desempenho desse grupo provavelmente será melhor que o dos grupos de estudantes da pós-graduação em administração, mas não tão bom quanto o das crianças do jardim de infância", diz Lederman. "Eles não conversam tanto, o que ajuda."

Não se trata apenas da opinião de Lederman – é um fato. Enquanto conversamos, um fluxo de dados sobre o desempenho do grupo rola pela tela de seu computador, incluindo a porcentagem de tempo que cada pessoa despende com conversa, os níveis de energia nas vozes, a velocidade da fala, a suavidade com que se revezam, o número de interrupções e quanto o padrão vocal de cada um imita o dos demais. Lederman captou esses dados com a ajuda de um pequeno dispositivo de plástico vermelho, do tamanho de um cartão de crédito, que contém um microfone, um GPS e uma série de outros sensores.

O dispositivo é chamado de sociômetro. Ele recolhe amostras de dados cinco vezes por segundo e transmite, via wi-fi, para um servidor onde são transformadas em uma série de gráficos. Pentland me explica que esses gráficos são apenas a ponta do iceberg da informação. Se desejarem, Lederman e Pentland podem programar os sociômetros para captar a proximidade dos participantes e a porcentagem de tempo que cada um leva no contato visual.

De modo geral, esses constituem o tipo de dados instantâneos que poderiam ser usados na avaliação dos resultados de uma pesquisa para a eleição presidencial ou uma tacada de golfe. Mas esse é um tipo de jogo diferente. O sociômetro captura a protolinguagem que os humanos empregam para formar uma conexão segura. Essa linguagem é composta por deixas de pertencimento.

Deixas de pertencimento são comportamentos que criam conexões seguras dentro dos grupos. Incluem, entre outros, proximidade, contato visual, energia, imitação, revezamento, atenção, linguagem corporal, tom de voz, coerência e interação visual no grupo. Como em qualquer linguagem, as deixas de pertencimento não podem ser reduzidas a um momento único, isolado. Na verdade, consistem em um pulso constante de ações recíprocas dentro de um relacionamento social. Sua função é responder às perguntas ancestrais e sempre presentes em nosso cérebro: *Estamos em segurança neste lugar? Qual é nosso futuro com estas pessoas? Quais são os perigos à espreita?*

"A sociedade moderna é um fenômeno incrivelmente recente", diz Pentland. "Durante centenas de milhares de anos, precisamos de maneiras para desenvolver a coesão porque dependíamos demais uns dos outros. Usamos sinais muito antes de desenvolvermos a linguagem, e nosso cérebro inconsciente está totalmente sintonizado com determinados tipos de comportamento."

Deixas de pertencimento possuem três qualidades básicas:

1. Energia: investem na troca que está ocorrendo.
2. Individualização: tratam a pessoa como única e valorizada.
3. Orientação futura: sinalizam a continuidade do relacionamento.

Essas deixas se somam para criar uma mensagem que pode ser descrita com uma frase: *Você está seguro aqui.* Elas procuram avisar ao cérebro, sempre vigilante, que ele pode parar de se preocupar com os perigos e entrar no modo de conexão, uma condição denominada segurança psicológica.

"Nós, seres humanos, somos muito bons na leitura de deixas. Somos superatentos aos fenômenos interpessoais", diz Amy Edmondson, que estuda segurança psicológica em Harvard. "Temos um lugar no cérebro que está sempre preocupado com o que os outros pensam de nós, principalmente os mais poderosos. O cérebro considera que, se nosso sistema social nos rejeitar, poderemos morrer. E, uma vez que nosso senso de perigo é tão natural e automático, as organizações precisam adotar algumas medidas bem especiais para superar esse gatilho natural."

A chave para criar segurança psicológica, como enfatizam Pentland e Edmondson, é reconhecer quanto nosso cérebro inconsciente é profundamente obcecado por ela. Não basta a mera sugestão de pertencimento. Um ou dois sinais não são suficientes. Somos condicionados a exigir uma sinalização intensa e contínua. É por isso que o sentimento de pertencimento é fácil de destruir e difícil de desenvolver. A dinâmica evoca as palavras de Sam Rayburn, um político do Texas: "Qualquer imbecil pode derrubar um celeiro, mas é preciso um bom carpinteiro para construir um."

É útil observar o experimento da maçã podre sob essa luz. Nick foi capaz de romper a química dos grupos quando enviava apenas algumas deixas de não pertencimento. Seu comportamento era um poderoso sinal – *Não estamos seguros* – que causava o declínio imediato do desempenho do grupo. Jonathan, por outro lado, emitia um pulso contínuo de comportamentos sutis que sinalizavam segurança. Criava vínculos individuais, ouvia com atenção e sinalizava a importância do relacionamento. Ele era uma fonte de deixas de pertencimento e o grupo correspondia na mesma medida.

Nos últimos anos, Pentland e sua equipe empregaram sociômetros para capturar as interações de centenas de grupos em alas hospitalares de pós-operatório, centrais telefônicas, bancos, reuniões de negociações salariais e encontros de negócios. Em cada estudo, encontraram o mesmo padrão: é possível prever o desempenho ao ignorar todo conteúdo informacional no encontro e focar em um punhado de deixas de pertencimento.

Por exemplo, Pentland e Jared Curhan utilizaram o dispositivo para analisar 46 negociações simuladas entre duplas de estudantes da pós-

-graduação que interpretavam os papéis de empregado e patrão. A tarefa era negociar os termos para um novo cargo, incluindo salário, carro da empresa, férias e plano de saúde. Pentland e Curhan descobriram que os primeiros cinco minutos dos dados sociométricos previam fortemente os resultados das negociações. Em outras palavras, as deixas de pertencimento enviadas nos momentos iniciais da interação importavam mais do que qualquer coisa que tivesse sido dita.

Outro experimento analisou uma competição entre empreendedores que vendiam ideias de negócios para um grupo de executivos. Cada participante apresentou seu projeto. Em seguida, os executivos selecionaram e ranquearam os projetos mais promissores para recomendações a um grupo externo de investidores-anjo. Pentland descobriu que os sociômetros – que rastreavam apenas as deixas trocadas entre o autor da apresentação e a plateia, ignorando qualquer conteúdo informativo – previam os rankings com precisão quase perfeita. Ou seja, o conteúdo expresso não importou tanto quanto o conjunto de deixas com as quais as apresentações foram realizadas e recebidas. (Quando os investidores-anjo examinaram os projetos no papel – avaliando apenas o conteúdo informativo e ignorando os sinais sociais –, o ranking que fizeram foi bem diferente.)

"Os executivos [que assistiram às apresentações] acharam que estavam avaliando projetos com base em medidas racionais, como: Essa ideia é mesmo original? Como se encaixa no momento atual do mercado? O projeto está bem desenvolvido?", escreveu Pentland. "Enquanto ouviam as apresentações, porém, parte de seu cérebro registrava outras informações cruciais, como: Essa pessoa acredita mesmo nessa ideia? Qual o grau de confiança ao falar? Está mesmo determinada a fazer isso funcionar? E o segundo conjunto de informações – que os executivos nem percebiam que estavam avaliando – foi o que teve maior peso na escolha dos planos de negócio."

"Esse é um modo diferente de pensar sobre os seres humanos", afirma Pentland. "Os indivíduos não são de fato indivíduos. São mais como músicos de um quarteto de jazz, formando uma rede de ações e reações inconscientes para complementar os demais do grupo. Não se olha para o conteúdo informacional das mensagens, e sim para os padrões que demonstram como a mensagem está sendo transmitida. Esses padrões contêm muitos sinais que nos falam sobre o relacionamento e o que realmente se passa sob a superfície."

De modo geral, os estudos de Pentland demonstram que o desempenho de uma equipe é determinado por cinco fatores mensuráveis:

1. Todos no grupo conversam e escutam mais ou menos na mesma medida, fazendo pequenas contribuições.
2. Os integrantes mantêm altos níveis de contato olho no olho. As conversas e os gestos são cheios de energia.
3. Os integrantes se comunicam entre si e não falam apenas com o líder da equipe.
4. Os integrantes desenvolvem conversas secundárias ou paralelas com outros da equipe.
5. Os integrantes se separam periodicamente, exploram o que acontece fora da equipe e trazem informações para serem compartilhadas com os demais.

Esses fatores ignoram todas as habilidades e todos os atributos individuais que associamos a grupos de alto desempenho e os substituem por comportamentos normalmente considerados tão primitivos a ponto de serem triviais. Mesmo assim, quando se trata de prever o desempenho do grupo, Pentland e seus colegas calcularam que não existe nada mais poderoso.

"De certa forma, a inteligência coletiva não é tão diferente do que se vê com macacos na floresta", diz Pentland. "Um [macaco] é entusiasmado e aquele sinal recruta outros, que entram na jogada e passam a fazer coisas juntos. É assim que a inteligência grupal funciona, e é isso que as pessoas não entendem. Raramente há mudanças de comportamento quando só se ouve alguém falar. São apenas palavras. Quando vemos gente do nosso grupo brincar com uma ideia, nosso comportamento muda. É assim que se cria inteligência. É assim que se cria cultura."

São apenas palavras. Não é assim que normalmente pensamos. Em geral, achamos que as palavras importam. Acreditamos que o desempenho de um grupo está relacionado à inteligência verbal de seus integrantes e à sua capacidade de construir e comunicar ideias complexas. Mas esse pressuposto está errado. As palavras são ruído. O desempenho do grupo depende do comportamento que comunica uma ideia poderosa e de longo alcance: *Estamos seguros e conectados.*

2

O DIA DE 1 BILHÃO DE DÓLARES EM QUE NADA ACONTECEU

No início dos anos 2000, alguns dos maiores cérebros dos Estados Unidos competiam em uma corrida silenciosa. O objetivo era desenvolver uma ferramenta que conectasse as buscas dos usuários na internet a anúncios específicos, uma tarefa que parecia esotérica e que poderia ser a chave para abrir um mercado multibilionário. A dúvida era saber qual empresa sairia vencedora.

A grande favorita era a Overture, companhia de Los Angeles com bons recursos financeiros e comandada por um brilhante empreendedor chamado Bill Gross. Pioneiro da publicidade na internet, Gross havia inventado o modelo de publicidade paga por clique, criado o código e transformado a Overture em um negócio próspero que gerava lucros de centenas de milhões de dólares. Na época, a empresa chegou a ser avaliada em 1 bilhão de dólares em uma oferta pública inicial. Em outras palavras, a competição entre a Overture e os demais concorrentes parecia estar profundamente desequilibrada. O mercado havia feito uma aposta de 1 bilhão de dólares na Overture pelo mesmo motivo que você teria apostado que os estudantes da pós-graduação derrotariam as crianças do jardim de infância no desafio do espaguete com marshmallow:

porque a empresa possuía a inteligência, a experiência e os recursos para chegar na frente.

Contudo, a Overture não ganhou. A vencedora da corrida acabou sendo uma empresa pequena e jovem chamada Google. E mais: é possível isolar o momento em que houve uma virada a seu favor. Em 24 de maio de 2002, na sede da empresa na Bayshore Parkway, 2400, Larry Page, cofundador do Google, prendeu um bilhete no mural da cozinha. O bilhete dizia apenas:

ESSES ANÚNCIOS SÃO PODRES

No tradicional mundo dos negócios, não seria considerado normal deixar bilhetes assim na cozinha da empresa. Page, porém, não era um homem de negócios tradicional. Para começar, ele parecia um adolescente, com grandes olhos atentos, um corte de cabelo tipo cuia e tendência a falar como uma metralhadora, em rajadas abruptas. Sua principal técnica de liderança, se é que se pode chamar isto de técnica, consistia em iniciar e sustentar grandes e animados debates, no estilo vale-tudo, sobre o modo de desenvolver as melhores estratégias, produtos e ideias. Trabalhar no Google era como ingressar em uma gigantesca e contínua peleja de luta livre na qual ninguém era importante demais para ser poupado.

Essa abordagem se estendia aos ruidosos jogos de hóquei no estacionamento ("Ninguém hesitava na disputa contra os fundadores", recorda-se um dos jogadores) e aos fóruns das sextas-feiras com todos os funcionários, em que qualquer um podia desafiar os fundadores com qualquer pergunta, por mais polêmica que fosse – e vice-versa. Como os jogos de hóquei, os fóruns das sextas com frequência se transformavam em eventos cheios de embates.

No dia em que Page deixou aquele bilhete na cozinha, a competição do Google com a Overture não ia bem. O projeto chamado AdWords lutava com dificuldades para realizar a tarefa básica de combinar termos de busca com anúncios adequados. Por exemplo, quando se digitava uma busca pela motocicleta Kawasaki H1B, recebiam-se anúncios de advogados oferecendo ajuda para estrangeiros obterem o visto H-1B. Era exatamente o tipo de erro que poderia condenar o projeto. Page imprimiu exemplos desses fracassos, rabiscou seu veredicto de algumas palavras em letras maiúsculas e colocou tudo no mural da cozinha. Em seguida, foi embora.

Jeff Dean foi uma das últimas pessoas no escritório a ver o bilhete de Page. Dean era um engenheiro tranquilo, magricelo, vindo de Minnesota, em muitos aspectos o oposto de Page – que era sorridente, sociável, sempre educado e conhecido por todos na empresa por amar cappuccinos. Dean não tinha um motivo imediato para se importar com o problema do AdWords. Ele trabalhava em Buscas, uma área diferente da companhia, e estava mais do que ocupado com os próprios problemas urgentes. Mas, em algum momento daquela tarde de sexta-feira, Dean dirigiu-se até a cozinha para preparar um cappuccino e encontrou o bilhete de Page. Folheou as páginas com os anúncios – e, ao fazê-lo, um pensamento atravessou sua mente, uma lembrança vaga de um problema parecido que ele enfrentara pouco antes.

Dean voltou para sua mesa e começou a tentar consertar o mecanismo do motor de buscas do AdWords. Não pediu permissão para se dedicar ao problema nem falou com ninguém, apenas mergulhou no trabalho. Aquela decisão não fazia sentido sob quase todos os aspectos. Ele estava ignorando a montanha de trabalho sobre a mesa para encarar um problema difícil que não se esperava que ele assumisse. Poderia ter parado a qualquer momento e ninguém ficaria sabendo. Mas não parou. De fato, ele voltou no sábado e trabalhou no problema com o AdWords durante várias horas. Na noite de domingo, Dean jantou com a família e pôs os dois filhos pequenos para dormir. Por volta das nove da noite, ele voltou para o escritório, preparou mais um cappuccino e trabalhou madrugada adentro. Às 5h05 da segunda-feira, Dean enviou um e-mail esboçando uma proposta para resolver o problema. Depois, dirigiu de volta para casa, foi para a cama e dormiu.

Funcionou. A sugestão de Dean resolveu o problema, ampliando a taxa de acertos da ferramenta na faixa de dois dígitos. A força desse aprimoramento e de outros subsequentes, inspirados pelo primeiro, fez o AdWords dominar rapidamente o mercado de publicidade paga por clique. Os esforços desenvolvidos pela Overture fracassaram, prejudicados por brigas internas e pela burocracia. No ano seguinte à solução de Dean, os lucros do Google pularam de 6 milhões de dólares para 99 milhões de dólares. Em 2014, o AdWords produzia mais de 160 milhões de dólares por dia e a publicidade fornecia 90% do faturamento do Google. O sucesso do AdWords, nas palavras do escritor Stephen Levy, foi "súbito, transformador, decisivo e, para os investidores do Google e seus funcionários, glorioso (...). Tornou-se vital para o Google, fundamentando todas as novas ideias e inovações concebidas pela empresa desde então".

No entanto, essa não é a parte esquisita da história. Porque, dentro do Google, havia uma pessoa fundamental para quem esse incidente não teve muito significado – para quem os eventos daquele fim de semana histórico são tão vagos que ele mal se lembra do que se passou. Essa pessoa, por acaso, é Jeff Dean.

Certo dia em 2013, o consultor Jonathan Rosenberg, do Google, procurou Dean por conta de um livro sobre o Google do qual seria coautor. Rosenberg queria ouvir a versão de Dean sobre a história e foi atrás dele – *Quero conversar com você sobre o AdWords, o bilhete de Larry, a cozinha* – esperando naturalmente que Dean seguisse a deixa e começasse a tecer reminiscências. Mas Dean não fez isso. Apenas fitou Rosenberg com uma expressão agradavelmente indiferente. Um tanto confuso, Rosenberg prosseguiu, mencionando detalhes e mais detalhes. Só então o rosto de Dean se iluminou com a luz do reconhecimento: *Foi sim!*

Não era a resposta que se esperaria obter de Dean. Seria mais ou menos o equivalente a Michael Jordan se esquecer de que ganhou seis títulos da NBA. Mas era como Dean se sentia em relação ao assunto na época e como se sente até hoje.

"Eu me lembro do que aconteceu", contou Dean. "Mas, para ser honesto, não guardei lembranças tão fortes porque não me pareceu tão importante. Nada que fosse especial ou diferente. Era normal. Aquele tipo de coisa acontecia o tempo todo."

Era normal. Os funcionários do Google interagiam exatamente da mesma forma que as crianças do jardim de infância no desafio do espaguete com marshmallow. Não gerenciavam seu status nem se preocupavam em saber quem estava no comando. O pequeno prédio produzia altos níveis de proximidade e interação cara a cara. A técnica de Page de provocar debates com todo o grupo sobre a solução de problemas difíceis enviava um poderoso sinal de identidade e de conexão, assim como os jogos de hóquei nos quais valia tudo e as grandes reuniões das sextas-feiras. (*Todos no grupo falavam e ouviam mais ou menos na mesma medida.*) Eles se comunicavam em falas curtas e diretas. (*Os integrantes se encaravam e as conversas e os gestos eram cheios de energia.*) O Google era uma verdadeira estufa de deixas de pertencimento. Seus integrantes trabalhavam lado a lado e se conectavam em segurança, imersos em seus projetos.

Apesar de ter saído na frente, a Overture, com seu baú de 1 bilhão de dólares, foi prejudicada pela burocracia. A tomada de decisões envolvia incontáveis reuniões e discussões sobre assuntos técnicos, táticos e estratégicos. Tudo tinha que ser aprovado por múltiplos comitês. Em matéria de pertencimento, provavelmente as notas da Overture seriam baixas. "Era um pandemônio", contou um funcionário para a revista *Wired*. O Google não ganhou a corrida por ser mais inteligente. Ganhou porque era mais seguro.*

---

* O padrão de Google/Overture não é exclusivo dessas duas empresas. Nos anos 1990, os sociólogos James Baron e Michael Hannan analisaram as culturas de base de quase 200 startups de tecnologia do Vale do Silício. Descobriram que a maioria seguia um entre três modelos básicos: o modelo das estrelas, o modelo profissional e o modelo do comprometimento. O modelo das estrelas se concentrava em encontrar e contratar as pessoas mais

★ ★ ★

Vamos examinar melhor como as deixas de pertencimento funcionam no cérebro. Digamos que eu lhe apresente um quebra-cabeça moderadamente complicado cujo objetivo é arranjar cores e formas em um mapa. Você pode trabalhar nele por quanto tempo quiser. Após explicar a tarefa, deixo você entregue ao trabalho. Dois minutos depois, apareço e lhe entrego um pedaço de papel com uma mensagem escrita à mão. Digo que a mensagem é de outro participante chamado Steve, alguém que você nunca viu. "Steve completou o quebra-cabeça e queria compartilhar uma dica com você", digo. Você lê a dica e volta ao trabalho. E é aí que tudo muda.

Sem um esforço consciente, você passa a se dedicar mais ao quebra-cabeça. Áreas mais profundas do cérebro começam a ser acionadas. Você fica mais motivado – duas vezes mais. Trabalha por um tempo 50% superior, com um nível muito significativo de energia e de apreciação. E o mais importante: o entusiasmo se mantém. Duas semanas depois, você está inclinado a assumir desafios semelhantes. Basicamente, aquele pedaço de papel o transformou em uma versão mais inteligente e sintonizada de si mesmo.

E a questão é: a dica de Steve não era de fato útil. Não continha nenhuma informação relevante. Todas as mudanças na motivação e no comportamento que você experimentou em seguida se deram porque você recebeu o sinal de que estava conectado a alguém que se importava com você.

---

inteligentes. O modelo profissional se concentrava em construir o grupo em torno de habilidades específicas. O modelo do comprometimento, por outro lado, visava desenvolver um grupo com valores compartilhados e fortes vínculos emocionais. Entre os três, o modelo do comprometimento era aquele que obtinha com consistência as mais elevadas taxas de sucesso. Quando a bolha da tecnologia estourou nos anos 2000, as startups que aplicavam o modelo do comprometimento sobreviveram em uma taxa bem superior às empresas com outros modelos e obtiveram ofertas públicas iniciais com frequência três vezes maior.

Outro exemplo do funcionamento das deixas de pertencimento pode ser obtido por meio de um experimento que poderia ser chamado de "Você entregaria seu telefone a um desconhecido?". Ele consiste em duas situações e uma pergunta:

SITUAÇÃO 1: Você está na chuva, em uma estação de trem. Um desconhecido se aproxima e diz com educação: "Pode me emprestar seu celular?"

SITUAÇÃO 2: Você está na chuva, em uma estação de trem. Um desconhecido se aproxima e diz com educação: "Lamento muito o transtorno causado por esta chuva. Pode me emprestar seu celular?"

PERGUNTA: Qual dos dois desconhecidos provavelmente suscitaria uma reação positiva de sua parte?

À primeira vista, não há muita diferença entre as duas situações. São dois desconhecidos fazendo um pedido idêntico que envolve uma prova de confiança. Além disso, o fator mais importante aqui parece ter menos relação com eles do que com *você*, ou melhor, com sua disposição natural para entregar um objeto valioso a um desconhecido. De modo geral, uma pessoa razoável poderia prever que as duas abordagens suscitariam basicamente as mesmas taxas de reação.

Uma pessoa razoável estaria enganada. Quando Alison Wood Brooks, da Harvard Business School, fez esse experimento, descobriu que a segunda situação fazia a taxa de reação dar um salto de 422%. Aquelas poucas palavras – *Lamento muito o transtorno causado por esta chuva* – transformavam o comportamento das pessoas. Funcionavam exatamente como a dica de Steve no experimento com o quebra-cabeça. Elas eram um sinal inconfundível: *Este* é um lugar seguro para se conectar. Você entrega o celular – e cria uma conexão – sem pensar.

"São efeitos colossais", afirma o Dr. Gregory Walton, de Stanford, que realizou o experimento da dica de Steve e outros. "São pequenas deixas que sinalizam um relacionamento e transformam totalmente o modo como as pessoas se relacionam, se sentem e se comportam."

Um dos exemplos mais vívidos do poder das deixas de pertencimento é um estudo realizado por um grupo australiano que examinou 772 pacientes que deram entrada no hospital depois de uma tentativa de suicídio. Meses depois da alta, a metade deles recebeu cartões-postais com a seguinte mensagem:

Prezado _____,

Faz pouco tempo que você esteve conosco no hospital Newcastle Mater e esperamos que tudo esteja bem. Se quiser nos escrever algumas linhas, ficaríamos felizes em receber notícias suas.

Atenciosamente,
[assinatura]

Ao longo dos dois anos seguintes, integrantes do grupo que recebeu os cartões-postais deram entrada no hospital novamente a uma taxa 50% inferior à do grupo de controle.

"Um pequeno sinal pode ter um efeito imenso", diz Walton. "Mas o mais importante é perceber que não se pode enviar uma deixa apenas uma vez. Trata-se de estabelecer relacionamentos, transmitindo o fato de que estou interessado em você e que todo o trabalho que fazemos juntos encontra-se no contexto desse relacionamento. É uma narrativa – e é preciso mantê-la viva. Não é muito diferente de um relacionamento romântico. Com que frequência você diz a seu parceiro que o ama? Ele pode saber que é verdade, mas mesmo assim é importante dizer repetidas vezes."

Essa ideia – de que o pertencimento necessita ser continuamente atualizado e reforçado – merece ser examinada mais detalhadamente. Se nosso cérebro processasse a segurança de modo lógico, não teríamos necessidade desses lembretes constantes. Mas o cérebro não emergiu de milhões de anos de seleção natural porque processava a segurança de forma lógica. Emergiu porque é obsessivo na vigilância contra perigos.

Essa obsessão tem origem em uma estrutura nas profundezas do cérebro. Chama-se amígdala e é nosso dispositivo de vigilância primitivo, que esquadrinha constantemente o ambiente. Quando sentimos a presença de uma ameaça, a amígdala aciona o botão de alarme, deflagrando a reação de luta ou fuga que inunda o corpo com hormônios estimulantes e encolhe o mundo que percebemos para que ele caiba em uma única pergunta: *O que preciso fazer para sobreviver?*

A ciência descobriu recentemente, porém, que a amígdala não se limita a responder apenas ao perigo – ela também desempenha um papel vital na construção de conexões sociais. Funciona assim: quando você recebe uma deixa de pertencimento, a amígdala muda de papel e começa a usar seu imenso poder neural inconsciente para construir e sustentar vínculos sociais. Identifica membros de seu grupo, fica ligada nas interações deles e se prepara para que haja envolvimentos significativos. Em uma fração de segundo, deixa de ser um cão de guarda raivoso para se transformar em um enérgico cão-guia com um único objetivo: garantir que você mantenha fortes vínculos com as pessoas do seu grupo.

Em exames de imagem do cérebro, esse momento é intenso e inconfundível, pois a amígdala se ilumina de um modo inteiramente diferente. "Tudo se transforma", diz Jay Van Bavel, neurocientista social da Universidade de Nova York. "No momento em que você faz parte do grupo, a amígdala se sintoniza com os demais membros e começa a acompanhá-los intensamente. Porque essas pessoas são valiosas para você. Eram desconhecidas antes, mas agora fazem parte de seu time, e isso muda toda a dinâmica. É uma enorme transformação – uma reconfiguração total do sistema motivacional e de tomada de decisões."

Tudo isso ajuda a revelar um paradoxo sobre a forma como o pertencimento funciona. Parece acontecer de dentro para fora, mas, na verdade, acontece de fora para dentro. Nosso cérebro social se ilumina quando recebe um acúmulo constante de deixas quase invisíveis: *Estamos próximos, estamos em segurança, compartilhamos um futuro.*

Então esse é um modelo para compreender como o pertencimento funciona: trata-se de uma chama que precisa ser alimentada continuamente por sinais de conexão segura. Quando Larry Page e Jeff Dean participaram dos desafios que envolviam toda a empresa, das reuniões no esquema vale-tudo e dos ruidosos jogos de hóquei, eles estavam alimentando essa chama. Quando Jonathan protegia o grupo da maçã podre contra o comportamento negativo de Nick, ele estava alimentando essa chama. Quando um desconhecido lamenta o transtorno causado pela chuva antes de pedir seu celular emprestado, ele está alimentando essa chama. A coesão acontece não quando os integrantes de um grupo são mais inteligentes, mas quando estão iluminados por sinais claros e constantes de conexão segura.

Esse modelo nos ajuda a abordar o pertencimento menos como um mistério do destino e mais como um processo que pode ser compreendido e controlado. Uma boa forma de explorar esse processo é examinando três situações em que esses laços surgiram apesar das condições avassaladoras. A primeira envolve os soldados em Flandres durante o inverno de 1914. A segunda é protagonizada por funcionários de um escritório em Bangalore, Índia. E a terceira tem relação com aquela que poderia ser a pior cultura do planeta.

3

A TRÉGUA DE NATAL, O EXPERIMENTO DE UMA HORA E OS *MISSILEERS*

A Trégua de Natal

DE TODOS OS CAMPOS DE BATALHA penosos e perigosos na história, talvez as trincheiras de Flandres durante o inverno de 1914 ocupem o primeiro posto da lista de piores. Os estudiosos militares nos contam que isso se deve ao fato de a Primeira Guerra Mundial ter marcado a interseção entre armas modernas e estratégia medieval. Mas, na verdade, se deu principalmente por causa da lama. As trincheiras de Flandres se localizavam abaixo do nível do mar, cavadas em um barro escorregadio tão encharcado que uma tempestade podia transformá-las em canais. Eram frias e miseráveis, um lugar ideal para a reprodução de ratazanas, pulgas, doenças e de todo tipo de pestilência.

A pior parte, porém, era a proximidade do inimigo. Tropas oponentes encontravam-se a algumas dezenas de metros de distância em muitos pontos e, às vezes, bem menos. (Em um lugar perto do monte Vimy, dois postos de observação encontravam-se separados por 7 metros.) Havia a ameaça constante de granadas e artilharia. Um fósforo aceso de modo descuidado era um convite para a bala de um atirador de elite.

Como escreveria o futuro primeiro-ministro inglês Harold Macmillan, que na época era um tenente dos granadeiros: "É possível olhar por quilômetros sem ver outro ser humano. Mas nesses quilômetros de campo espreitam (...) ao que parece milhares ou mesmo centenas de milhares de homens, planejando eternamente jogar um novo dispositivo de morte contra os outros. Sem jamais se apresentar, lançam uns nos outros balas, bombas, torpedos aéreos e morteiros."

Sob a lama residiam camadas mais profundas de ódio histórico entre os aliados e os alemães. Jornais ingleses e franceses imprimiam mitos fervorosos sobre o modo como os bárbaros alemães derretiam vítimas inocentes para transformá-las em sabão. Do outro lado, os estudantes alemães recitavam o "Hino do ódio", de Ernst Lissauer, que era apenas ligeiramente menos sutil:

Odiaremos a vós com um ódio duradouro,
Nunca abandonaremos nosso ódio,
Ódio na água e ódio no chão,
Ódio da cabeça e ódio da mão,
Ódio do martelo e ódio da coroa,
Ódio dos setenta milhões que se engasgam,
Amamos como se fôssemos um só, odiamos como se fôssemos um só
Temos um único inimigo...
INGLATERRA!

A guerra começou em agosto. Conforme as semanas e os meses passavam, os dois lados matavam e morriam sistematicamente, os corpos espalhados no arame farpado da terra de ninguém. À medida que o Natal se aproximava, vozes em capitais distantes debatiam um cessar-fogo temporário. Em Roma, o papa Bento apelou pela paz durante as festas. Em Washington, nos Estados Unidos, uma resolução do Senado solicitou uma pausa de 20 dias nas batalhas. Líderes militares dos dois lados rapidamente consideraram essa ideia impossível e informaram às tropas que eram esperados ataques-surpresa no Natal. Qualquer soldado que tentasse criar uma trégua ilícita, avisaram, acabaria na corte marcial.

Então, na véspera de Natal, algo aconteceu. É difícil determinar exatamente onde começou, mas pareceu ter sido espontâneo, ocorrendo de modo independente em diversos pontos do front. Começou com canções: algumas de Natal; outras, militares. Na maioria dos lugares, a cantoria se alternava entre os dois lados, que aplaudiam e vaiavam as interpretações dos rivais.

Algo mais estranho ainda aconteceu: os soldados começaram a deixar as trincheiras e se aproximar de modo amistoso. Nas imediações de uma cidadezinha chamada La Chapelle d'Armentières, soldados ingleses ouviram a voz de um alemão exclamar em inglês: "Sou um tenente! Cavalheiros, minha vida está em suas mãos, pois saí da trincheira e sigo em sua direção. Será que um de seus oficiais poderia me encontrar no meio do caminho?"

O fuzileiro Percy Jones concluiu que se tratava de um ataque-surpresa. Mais tarde escreveu:

Começamos a aprontar a munição e os fuzis, nos preparando para uma ação veloz. De fato, estávamos prontos para soltar algumas rajadas na maior das luzes quando (...) ouvimos palavras (provavelmente com a ajuda de um megafone). "Ingleses, ingleses. Não atirem. Vocês não atiram, nós não atiramos." E ele continuou com um comentário sobre o Natal. Estava tudo muito bem, mas tínhamos ouvido tantas histórias sobre a traição alemã que mantivemos vigilância estrita.

Não sei como aconteceu, mas pouco depois nossos rapazes acenderam as luzes e os soldados inimigos ficaram ocupados cantando canções entre si, pontuadas por magníficas salvas de palmas. A cena, do meu posto de sentinela, era realmente incrível. Bem em frente, havia três grandes luzes, com silhuetas perfeitamente visíveis em torno delas. As trincheiras alemãs (...) estavam iluminadas por centenas de luzinhas. A distância no lado esquerdo, onde nossas linhas faziam uma curva, algumas luzes mostravam as trincheiras da nossa Companhia A, onde homens cantavam ruidosamente "My Little Grey Home in the West" [Minha casinha cinzenta no Oeste]. No fim, os saxões saudaram com entusiasmo e ofereceram alguma canção alemã. Também cantaram uma de suas árias nacionais com a mesma melodia de "God Save the King" [Deus salve o rei]. Respondemos com o hino austríaco, recebido com muitos aplausos.

De volta ao Alto Comando Britânico, o marechal de campo Sir John French recebia relatos intrigantes a respeito de soldados alemães desarmados que "saíam correndo das trincheiras alemãs até as nossas, levando árvores de Natal sobre a cabeça". French emitiu ordens imediatas para "impedir qualquer recorrência de tal conduta" e apelou pelo "seu rigoroso cumprimento". A ordem não surtiu efeito. A trégua aumentou. Os soldados envolvidos pareciam não saber mais sobre o que estava acontecendo do que Sir John French. Viam o que se passava e participavam, e tudo ainda parecia ser completamente inexplicável. Diários de soldados dos dois lados se referiam ao surrealismo do evento, muitos o descrevendo como se estivessem sonhando acordados.

Por muitos anos, historiadores presumiram que a história da Trégua de Natal tinha sido exagerada, um exemplo isolado supervalorizado por jornalistas tolos. Ao investigarem com mais profundidade, porém, descobriram que a situação oposta era verdadeira. A trégua foi bem maior do que havia sido relatado, envolvendo dezenas de milhares de homens ao longo de dois terços da linha mantida pelos britânicos. As interações incluíram comer, beber, cozinhar, cantar, jogar partidas de futebol, trocar fotos, fazer permutas e enterrar os mortos.* Nos anais da história

---

* Um soldado que não apreciou a trégua foi o cabo alemão Adolf Hitler, que estava na reserva, perto do front de Flandres. "Tal coisa não deveria acontecer durante a guerra", teria dito a seus colegas soldados que aderiram. "Não dispõem vocês de nenhum senso de honra germânica?"

existem pouquíssimos casos em que a violência absoluta se transformou tão completamente em aconchego familiar. A questão mais profunda é saber por que isso aconteceu.

A forma tradicional de explicar a Trégua de Natal é vê-la como uma história sobre como o significado compartilhado da data pode despertar o melhor da natureza humana. É um modo de pensar atraente, mas falha em explicar o que realmente aconteceu. Houve numerosas outras batalhas durante toda a história nas quais inimigos compartilhavam festas espirituais sem, no entanto, se envolverem em nada que remotamente se aproximasse desse nível de conexão.

A cena se altera, porém, se for observada pelas lentes das deixas de pertencimento. Um dos relatos mais detalhados pode ser encontrado em *Trench Warfare 1914-1918* (Guerra nas trincheiras 1914-1918), de Tony Ashworth. Ao longo de 288 páginas, Ashworth fornece o equivalente histórico de um replay em câmera lenta das forças que deflagraram a Trégua de Natal. Ele mostra que a ação não começou no Natal, e sim semanas antes, quando um fluxo constante de interações criou vínculos de segurança, identidade e confiança. Ashworth compara a chegada da Trégua de Natal à "súbita visão de um iceberg inteiro, visível a todos, inclusive aos não combatentes, que permaneceu praticamente submerso durante a maior parte da guerra".

Ashworth detalha a proximidade física dos dois lados. Embora essa proximidade provocasse violência, também criava conexão por meio dos cheiros da cozinha e dos sons de vozes, risos e canções. Os soldados dos dois lados ficaram cientes de que seguiam os mesmos ritmos diários e as mesmas rotinas de refeições, reabastecimento e rodízio de tropas. Todos viviam a combinação de uma rotina entorpecedora com o terror brutal que compõe a vida militar. Odiavam o frio e a umidade. Tinham saudades de casa. Como descreve Ashworth: "O processo de empatia mútua entre os antagonistas foi facilitado pela proximidade na guerra de trincheiras e, depois, reforçado pelos pressupostos de cada um a respeito das ações prováveis dos outros, confirmados pelos eventos subsequentes. Além disso, ao conhecer o 'vizinho' da trincheira oposta, cada adversário percebeu que o outro suportava o mesmo estresse, reagia da mesma forma e, portanto, não era muito diferente de si."

Tréguas microscópicas começaram no início de novembro. Britânicos e alemães tinham o hábito de entregar as rações nas trincheiras mais ou menos no mesmo horário. Enquanto os soldados comiam, o tiroteio era interrompido. No dia seguinte, o mesmo acontecia exatamente na mesma hora. E no outro dia. E no outro. As microtréguas se estenderam das refeições para outros comportamentos. Quando a chuva forte dificultava a movimentação, os dois lados paravam de lutar. Nas noites frias, em alguns setores, soldados dos dois lados se aventuravam a recolher palha seca para forrar o chão e dormir. Enquanto isso, ninguém atirava para que pudessem trabalhar em paz. Essas oportunidades de cessar-fogo passaram a incluir as linhas de suprimento (excluídas do conflito), as latrinas (idem) e o recolhimento das baixas depois de uma batalha.

Tais interações parecem casuais, mas, na verdade, cada uma envolve uma comunicação emocional de clareza inconfundível. Um lado para de atirar e se expõe. O outro percebe essa vulnerabilidade, mas não faz nada. Toda vez que isso acontece, os dois experimentam o alívio e a gratidão gerados pela conexão segura – *Eles me viram*.

As conexões aumentaram. Em diversos setores, certas áreas eram consideradas como "fora de alcance" para os atiradores de elite e demarcadas com bandeiras brancas. Uma unidade inglesa de artilharia fez relatos sobre seu "atirador de elite de estimação" do lado controlado pelos alemães, que todo dia enviava "beijos de boa-noite" exatamente às 21h15 e então parava de atirar até a manhã seguinte. Em outro setor, um soldado da artilharia inglesa atirava com uma metralhadora ao ritmo de uma canção popular chamada "Policeman's Holiday" (Férias do policial) e seu oponente alemão respondia com o refrão. As trincheiras se transformaram em um verdadeiro laboratório de deixas de pertencimento. Cada uma, isoladamente, não teria gerado muito impacto. Mas em conjunto, repetidas dia após dia, essas deixas se combinaram para criar condições que prepararam o cenário para uma conexão mais profunda.

Nos relatos dos soldados, é possível acompanhar o fortalecimento dessas conexões. Certa manhã, depois de uma batalha violenta no final de novembro, Edward Hulse, capitão da Segunda Guarda Escocesa, escreveu sobre um inesperado momento de empatia:

> Na manhã seguinte ao ataque, houve um entendimento quase tácito de que não haveria tiroteios e, por volta das 6h15, vi aparecerem as cabeças e os ombros de oito ou nove alemães. Em seguida, três deles engatinharam para fora do baluarte e começaram a arrastar alguns dos nossos, que estavam mortos ou inconscientes. (...) Transmiti a ordem para que nenhum dos meus homens atirasse e isso parece ter se cumprido por toda a linha. Eu mesmo ajudei um dos homens e ninguém atirou em mim.

Esse incidente parece ter afetado Hulse, que semanas depois, de um posto atrás das linhas, começou a conceber um plano. Ele escreveu:

> Voltamos para as trincheiras amanhã e deveremos ficar nelas no dia de Natal. Com ou sem alemães (...) vamos ter uma festa e tanto, com pudim de ameixa para todos do batalhão. Montei uma pequena comitiva que, comandada pela minha voz retumbante, vai assumir posição nas nossas trincheiras no ponto em que estamos mais próximos dos inimigos, a cerca de 80 metros, e, a partir das 22 horas, vamos oferecer ao inimigo todo tipo imaginável de canção em coral, de cânticos natalinos a canções tradicionais. (...) Meus companheiros estão achando a ideia muito divertida e raramente demonstram insatisfação quando falamos do assunto. Nosso objetivo será afogar os acordes agora excessivamente familiares de "Deutschland über Alles" e de "Wacht am Rhein", que ouvimos das trincheiras deles todas as noites.

Os alemães reagiram com o próprio bombardeio musical. Algumas canções eram bem parecidas e as latinas eram idênticas. Do ponto de vista psicológico, transmitiam um significado que tanto um lado quanto o outro compreendiam, uma explosão compartilhada de fé e de identidade.

Hulse saiu e encontrou um major alemão que ocupava a mesma posição que ele. Os alemães ajudaram os ingleses a enterrar os mortos e o comandante alemão entregou a Hulse uma medalha e algumas cartas que pertenciam a um capitão inglês morto, que caíra na trincheira alemã na semana anterior. Tomado pela emoção, Hulse tirou seu lenço de seda e entregou-o ao alemão. "Foi absolutamente assombroso", escreveria mais tarde, "e, se tivesse visto tal cena em um cinematógrafo, eu teria jurado que era falsa!"

A alguns quilômetros de distância, perto do bosque Ploegsteert, o cabo John Ferguson, acocorado na trincheira, tentava entender o que estava ocorrendo. Escreveria mais tarde:

> Gritamos para lá e para cá até que o Velho Fritz [o oficial alemão] saiu com dificuldade da trincheira e, acompanhado por mais três do meu setor, fomos encontrá-lo. (...) "Venham para a luz", chamou, e, quando nos aproximamos, vimos que ele tinha uma lanterna na mão, que ligava e desligava para nos guiar.
>
> Trocamos apertos de mãos desejando um feliz Natal e logo estávamos conversando como se nos conhecêssemos há muitos anos. Estávamos diante das armações de arame deles e cercados de alemães – Fritz e eu no meio, conversando, e Fritz ocasionalmente traduzindo para os amigos aquilo que eu dizia. Ficamos no meio do círculo, como oradores de esquina. (...) Quando não conseguiam falar em nossa língua, eles se faziam compreender por meio de gestos e todos pareciam se dar bem. E ali estávamos rindo e conversando com os mesmos homens a quem havíamos tentado matar apenas algumas horas antes!

Hulse e Ferguson, como tantos outros, ficaram espantados. Mas não era de fato espantoso. No momento em que ingleses e alemães saíram de seus esconderijos e se encontraram naquele campo, a conversa entre eles já estava em andamento havia muito tempo, com os dois lados enviando saraivadas de deixas de pertencimento que estimulavam suas amígdalas com uma mensagem simples: *Somos iguais. Estamos em segurança. Eu irei até a metade do caminho se você também for.* E foi o que fizeram.

(Infelizmente, o capítulo final dessa história é menos inspirador, mas igualmente informativo. Os generais dos dois lados, ao saberem da trégua, puseram fim nela com relativa facilidade. Ordenaram ataques, fizeram rodízio das tropas para acabar com as confraternizações e destruíram depressa as fundações de pertencimento que haviam se erguido com tanta força. No Natal seguinte, os dois lados lutaram como sempre.)

O experimento de uma hora

Se fosse preciso escolher um ambiente oposto ao das trincheiras de Flandres, a central telefônica WIPRO, em Bangalore, na Índia, poderia se candidatar. A WIPRO é um modelo bem-sucedido de central de atendimento. É organizada. É altamente eficiente. Os dias consistem no mesmo trabalho que acontece em centrais telefônicas por todo o mundo: alguém telefona com problemas relacionados a um dispositivo ou serviço e os agentes da WIPRO tentam resolvê-los. A WIPRO (pronuncia-se UIP-rou) é um bom lugar para se trabalhar sob quase todos os aspectos. Oferece salários competitivos e instalações de alta qualidade. A empresa trata bem os funcionários, fornecendo boa alimentação, transporte e atividades sociais. No entanto, no fim da década de 2000, a WIPRO enfrentava um problema persistente: seus funcionários partiam aos bandos, em uma taxa de 50% a 70% ao ano. Deixavam a empresa pelos motivos habituais – eram jovens ou arranjavam um emprego diferente – e por motivos que ninguém conseguia definir muito bem. No fundo, faltava uma ligação forte com o grupo.

Os líderes da WIPRO tentaram corrigir o problema ampliando os incentivos. Aumentaram os salários, acrescentaram benefícios e divulgaram o prêmio recebido pela empresa como um dos melhores lugares para se trabalhar na Índia. Todas essas ações faziam sentido – mas nenhuma delas ajudou. Os funcionários continuavam a pedir demissão no mesmo ritmo.

Então, no outono de 2010, com a ajuda dos pesquisadores Bradley Staats, Francesco Gino e Daniel Cable, decidiram realizar um pequeno experimento. Funcionou assim: algumas centenas de novos contratados foram divididas em dois grupos, além do costumeiro grupo de controle. O Grupo 1 recebeu o treinamento padrão e uma hora adicional cujo foco era a identidade da WIPRO. Eles assistiram a uma palestra sobre os sucessos da empresa, foram apresentados a um representante da "prata da casa" e responderam a perguntas sobre suas primeiras impressões. No fim daquela hora, eles receberam um suéter com o nome da empresa bordado.

O Grupo 2 também recebeu o treinamento padrão e uma hora adicional na qual se tratou não apenas da empresa, mas também dos funcionários. Foram feitas perguntas como: *Qual é a característica que o torna único e leva você a ter os momentos mais felizes e o melhor desempenho no trabalho?* Em um exercício breve, foi pedido que imaginassem que estavam perdidos no mar e considerassem com que habilidades específicas poderiam contribuir para a situação. No fim da hora, receberam o suéter com o nome deles bordado, além do nome da empresa.

Staats não esperava que o experimento revelasse grande coisa. Um alto nível de desgaste é a norma no universo das centrais de atendimento e as taxas de desgaste da WIPRO estavam firmemente alinhadas com as médias do setor. Além disso, Staats não tendia a acreditar que uma intervenção de apenas uma hora de duração pudesse exercer impacto de longo prazo. Com formação em engenharia e experiência de cinco anos como analista no Goldman Sachs, Staats está longe de ser um acadêmico dado a devaneios. Ele sabe muito bem como as coisas funcionam no mundo real.

"Eu estava certo de que nosso experimento apresentaria um efeito pequeno, se é que teria algum", diz Staats. "Eu encarava o processo de integração em termos racionais, transacionais, informacionais. Você aparece no novo emprego no primeiro dia e há um processo objetivo para aprender como agir, como se comportar, e é tudo."

Sete meses depois, quando os números apareceram, Staats ficou "completamente chocado", em suas palavras. Os funcionários do Grupo 2 se mostraram 250% mais propensos a continuar trabalhando na WIPRO em comparação aos do Grupo 1 e 157% mais propensos do que os do grupo de controle. A hora adicional de treinamento havia transformado o relacionamento dos integrantes do Grupo 2 com a empresa. Eles passaram de descompromissados a engajados em um nível bem mais profundo. A questão era: por quê?

A resposta está nas deixas de pertencimento. Os funcionários do Grupo 1 não receberam qualquer sinal que reduzisse a distância interpessoal entre eles e a WIPRO. Eles receberam muita informação sobre a empresa e a prata da casa, além de um belo suéter com o logotipo, mas nada que alterasse aquela distância fundamental.

Os funcionários do Grupo 2, por outro lado, receberam um fluxo constante de deixas de pertencimento individualizadas, voltadas para o futuro e estimulantes da amígdala. Todos esses sinais eram pequenos – uma pergunta pessoal sobre os melhores momentos na vida profissional, um exercício para revelar suas habilidades individuais, um suéter com seu nome bordado. Esses sinais não exigiram muito tempo para serem transmitidos, mas fizeram imensa diferença, pois criaram uma fundação de segurança psicológica que gerou conexão e identidade.

"Meu antigo modo de pensar sobre essa questão estava errado", diz Staats. "O fato é que existe uma série de efeitos que acontecem quando estamos felizes em fazer parte de um grupo, quando somos parte da criação de uma estrutura autêntica que nos permita ser mais como somos. Todo tipo de benefício decorre dessas primeiras interações."

Conversei com Dilip Kumar, um dos funcionários da WIPRO que participaram do experimento. Eu esperava que ele compartilhasse lembranças vívidas, mas falar com ele sobre a sessão de orientação foi bem parecido com a conversa que tive com Jeff Dean sobre a solução para o AdWords: seu senso de pertencimento era tão forte que ele praticamente se esqueceu de que o experimento acontecera. "Para ser honesto, não me lembro de muita coisa sobre aquele dia, mas recordo que me pareceu motivador", disse Kumar. Ele riu. "Acho que deve ter funcionado porque ainda estou aqui e definitivamente gosto disso."

O oposto do pertencimento

Embora seja útil nos dedicarmos ao exame de culturas bem-sucedidas, é igualmente útil viajar para a outra extremidade do espectro e examinar aquelas que fracassam. O caso mais instrutivo talvez seja aquele em que o grupo fracassa com tal consistência que se aproxima de um tipo de perfeição. É aí que encontramos a história da equipe encarregada dos mísseis Minuteman.

Os *missileers* são cerca de 750 homens e mulheres que trabalham como oficiais de lançamento de mísseis nucleares. Eles estão lotados em bases aéreas remotas em Wyoming, Montana e Dakota do Norte, e seu trabalho, para o qual são exaustivamente treinados, é controlar algumas das armas mais poderosas do planeta: 450 mísseis Minuteman III. Cada um deles tem mais de 18 metros de altura, pesa quase 40 toneladas e pode viajar a 24 mil quilômetros por hora para qualquer ponto do globo em 30 minutos, entregando uma carga de energia explosiva 20 vezes superior à da bomba de Hiroshima.

Os *missileers* fazem parte de um sistema criado no fim da década de 1940 pelo general Curtis LeMay, personagem extravagante cuja missão era transformar a força nuclear americana em uma máquina perfeitamente azeitada. "Cada homem é uma junta ou um cano; cada organização é um conjunto de transistores, de baterias de condensadores", escreveu LeMay. "Todos preparados, sem corrosão. Alertas." LeMay foi chamado de "o comandante mais duro do mundo ocidental" pela revista *Life* e sua confiança não conhecia limites. Certa vez ele embarcou em um bombardeiro com um charuto aceso. Quando um tripulante alertou que a nave poderia explodir, LeMay respondeu: "Ela não teria essa audácia."

O sistema de LeMay funcionou bem o bastante por várias décadas. No entanto, de uns anos para cá, falhas começaram a ocorrer com regularidade cada vez maior:

- Em agosto de 2007, equipes na base aérea de Minot carregaram por engano um bombardeiro B-52 com seis mísseis de cruzeiro contendo ogivas nucleares. A nave voou até a base aérea de Barksdale, na Louisiana, e ficou na pista durante várias horas, sem supervisão.
- Em dezembro de 2007, as equipes de lançamento de mísseis de Minot não passaram na inspeção subsequente. Os inspetores repararam que, na ocasião da visita, os funcionários da segurança de Minot estavam ocupados com jogos eletrônicos em seus telefones celulares.
- Em 2008, um relatório do Pentágono destacou "um declínio dramático e inaceitável" no compromisso da Força Aérea com a missão nuclear. Um oficial do Pentágono teria dito: "Isso me deixa de cabelo em pé."
- Em 2009, 30 toneladas de foguetes auxiliares acabaram em uma vala perto de Minot quando o caminhão articulado encarregado do transporte saiu da estrada.
- Em 2012, um estudo financiado pelo governo federal revelou altos níveis de esgotamento, frustração, ânimos exacerbados e abusos nas relações conjugais entre os *missileers*, além de demonstrar que os integrantes das forças nucleares acabavam na corte marcial em uma taxa mais de duas vezes superior àquela do restante da Força

Aérea. Como disse um dos *missileers* aos pesquisadores: "Não nos importamos se as coisas não andarem direito. Só não queremos arranjar confusão."
- Em 2013, os oficiais encarregados dos mísseis na base aérea de Minot receberam uma nota "mínima" – o equivalente a um 5 –, sendo que 3 entre 11 equipes foram consideradas "desqualificadas". Dezenove oficiais foram retirados do serviço de lançamento e obrigados a refazer os testes de proficiência. O tenente-general James Kowalski, comandante das forças nucleares, declarou que a maior ameaça nuclear para os Estados Unidos "é um acidente. O maior risco para a força é cometer alguma estupidez".
- Em 2014, as equipes de manutenção dos Minuteman provocaram um acidente envolvendo um míssil nuclear no silo.

A cada falha identificada, a reação dos comandantes era severa. Como afirmou o general Kowalski: "Não se trata de um problema de treinamento. Temos aqui um grupo de pessoas com problemas de disciplina." Depois de uma série de incidentes na primavera de 2013, o tenente-coronel Jay Folds escreveu para a turma de combate de Minot para dizer que haviam "caído (...) e é hora de voltarmos a nos levantar". Ele descreveu "a degeneração nas equipes" e a necessidade de "esmagar todos os violadores das regras". "Precisamos apertar o botão de reiniciar e reestruturar a força para tirá-los de suas zonas de conforto (que são zonas de conforto podres) e reconstruir do zero", escreveu Folds. "Desliguem as TVs e trabalhem duro para alcançar a excelência. (...) É melhor que estejam preparados para dar o seu melhor todos os dias. Precisam estar prontos a qualquer momento para qualquer avaliação, qualquer teste, qualquer visita, qualquer certificação, etc. Ficou no passado o ambiente acadêmico (ou o ambiente em que entregávamos tudo de bandeja a vocês porque achávamos que era assim que se cuidava de uma equipe) (...). Notifiquem-me imediatamente se qualquer oficial falar mal de um superior ou da cultura nova que estamos tentando reconstruir. Haverá consequências!"

Para quem está de fora parece uma reação significativa, de endurecimento, solicitando a participação de todos. Infelizmente, nada disso funcionou. Os erros continuaram a acontecer. Poucos meses depois do manifesto de Folds, o major-general Michael Carey, responsável pela supervisão dos mísseis balísticos intercontinentais dos Estados Unidos, foi dispensado por má conduta em uma viagem oficial a Moscou, durante a qual, segundo um relatório da Força Aérea, ele teria se apresentado alcoolizado várias vezes e provocado diversas situações constrangedoras. Pouco depois, uma investigação da Força Aérea na base de Malmstrom indiciou dois *missileers* por posse ilegal, uso e distribuição de cocaína, ecstasy e da droga conhecida como "sais de banho". Quando os investigadores tiveram acesso aos celulares dos oficiais acusados, descobriram um elaborado sistema para fraudar os testes de proficiência, deflagrando uma nova investigação que terminou envolvendo 34 *missileers* de Malmstrom, além de outros 60 que sabiam do sistema e não o denunciaram.

Todos concordam que a cultura dos *missileers* está arruinada. A grande pergunta é saber *por quê*. Se você acha que a cultura é uma extensão do caráter de um grupo – seu DNA –, sua tendência será encarar os *missileers* como sujeitos preguiçosos, egoístas e sem caráter. Isso leva ao tipo de solução de endurecimento que a liderança da Força Aérea tentou emplacar. O fracasso dessas medidas parece apenas confirmar o pensamento original: os *missileers* são, de fato, preguiçosos, imaturos e egoístas.

Entretanto, se examinarmos essa cultura pelas lentes das deixas de pertencimento, a história muda de figura. As deixas de pertencimento não têm relação com o caráter ou com a disciplina, e sim com o desenvolvimento de um ambiente que responda às perguntas básicas: *Estamos conectados? Compartilhamos um futuro? Estamos em segurança?* Vamos examiná-las uma a uma.

Estamos conectados? É difícil conceber uma situação com menos conexão física, social e emocional do que aquela enfrentada pelos *missileers*. Eles passam turnos de 24 horas, aos pares, em silos gelados, apertados, com tecnologia dos tempos do presidente Eisenhower. "Essas coisas estão por aqui há anos", um deles me disse. "Passam por limpezas, mas nem tanto assim. Há vazamentos de esgoto. Existe amianto em toda parte. Todo mundo odeia estar aqui."

Compartilhamos um futuro? Quando os silos foram construídos, os *missileers* eram parte crucial da defesa dos Estados Unidos, assim como seus colegas pilotos. Receber uma ordem de lançamento emitida pelo presidente era uma possibilidade real. Servir na equipe era considerado um passo importante para uma carreira no comando espacial, no comando de combate aéreo e em outras áreas. Mas o fim da Guerra Fria mudou o futuro dos *missileers*. Eles estavam em treinamento para uma missão que não existia mais. Não chega a surpreender que as possibilidades de progresso na carreira para eles tenham sido reduzidas drasticamente ou desaparecido.

"Está na cara", diz Bruce Blair, ex-*missileer* que se tornou pesquisador do Programa de Ciência e Segurança Global na Universidade de Princeton. "Ninguém quer permanecer com os mísseis. Não há oportunidades de promoção. Ninguém vai chegar ao posto de general trabalhando com os mísseis. E mais: foram eliminadas algumas das opções de treinamento multidisciplinar disponíveis para outros comandos, o que transmitiu a mensagem de que quem está ali está empacado na ilha dos brinquedos quebrados."

"Nos primeiros meses, é um tanto empolgante", contou outro ex-*missileer*. "Mas a graça passa bem depressa. Você faz a mesma coisa inúmeras vezes. Percebe que nada vai mudar, que nada vai mudar nunca."

Estamos em segurança? O maior risco no mundo dos *missileers* não está ligado aos mísseis, mas ao constante bombardeio de testes de proficiência, certificações e prontidão nuclear que exigem um grau próximo da perfeição e podem arruinar suas carreiras. Esses testes com frequência envolvem a memorização de um fichário com 10 centímetros de espessura recheado de folhas duplas contendo códigos de lançamento. Eles precisam acertar 100% em determinadas partes do teste ou não são aprovados.

"As listas de controle são tão longas e detalhadas que são quase impossíveis. São bizarramente rígidas, rigorosas. É desumano", diz Blair. "Ou você é perfeito, ou você é um vagabundo. O resultado é que, quando sai da vista dos superiores e viaja para um remoto centro de controle subterrâneo com apenas outra pessoa, você fecha aquela porta de segurança de oito toneladas. Todos os padrões são abandonados e você começa a usar atalhos."

Segundo um *missileer* que conversou comigo, "todos os desvios são tratados como violação de uma ordem de lançamento presidencial. Um erro crítico? Você está acabado. É o sujeito de merda. Não existe nada que seja considerado um trabalho notável. Ou você faz corretamente, ou é punido. Se admitir um erro ou pedir ajuda, arruína sua reputação. Todo mundo anda com ar de filhote assustado. Então se entra em um ciclo infindável de avaliações. Algo ruim acontece. Todos gritam, berram, então instituem mais avaliações, o que deixa todo mundo mais desmoralizado, mais cansado, e assim cometem-se mais erros".

Tudo isso contribui para formar uma tempestade perfeita de deixas de não pertencimento, nas quais não há conexão, nem futuro, nem segurança. Vista por esse ângulo, a cultura dos *missileers* não é resultado de uma falta interna de disciplina e caráter, mas de um ambiente construído especificamente para destruir a coesão. De fato, os ex-oficiais que entrevistei eram inteligentes, eloquentes e sensíveis, pessoas que pareciam ter encontrado uma vida bem-sucedida e mais plena quando deixaram para trás a arruinada cultura dos *missileers*. A diferença não estava nas características do caráter deles, e sim na falta de segurança e de pertencimento da cultura.

É útil comparar a cultura disfuncional dos *missileers* com aquela de seus colegas nos submarinos nucleares da Marinha. À primeira vista, os dois grupos parecem mais ou menos similares. Ambos passam uma grande quantidade de tempo em isolamento do restante da sociedade, ambos estão encarregados de memorizar e de executar protocolos tediosos e ambos estão orientados para missões de controle de segurança nuclear da Guerra Fria, que ficou no passado. A diferença, porém, encontra-se na densidade das deixas de pertencimento em seus respectivos ambientes. Os marinheiros nos submarinos têm proximidade física, participam de atividades propositivas (patrulhas globais que incluem missões que não são apenas de controle) e têm a perspectiva de avançar na carreira e galgar os mais altos postos da hierarquia da Marinha. Como resultado, a frota de submarinos nucleares até agora tem evitado a maioria dos problemas que afligem os *missileers* e, em muitos casos, conseguiu desenvolver culturas de alto desempenho.

Até aqui, exploramos o processo para criar o pertencimento. Agora vamos nos voltar para questões práticas para a aplicação do processo no mundo real. Faremos isso ao conhecer dois líderes que construíram o pertencimento em seus grupos utilizando métodos completamente diferentes, mas dotados da mesma eficiência. Em primeiro lugar, um técnico de basquete nos dará uma visão detalhada da habilidade de desenvolver relacionamentos. Em seguida, um bilionário do varejo muito pouco convencional explicará como cria o pertencimento em um nível mais elevado, por meio de sistemas e do design.

4

COMO CONSTRUIR O PERTENCIMENTO

O criador de relacionamentos

Há algum tempo um escritor chamado Neil Paine decidiu determinar quem era o melhor técnico da National Basketball Association (NBA) da era moderna. Ele concebeu um algoritmo que usava métricas de desempenho dos jogadores para prever quantos jogos um time deveria ganhar. Esmiuçou os números de todos os treinadores desde 1979 para medir "vitórias acima da expectativa" – isto é, o número de vezes que a equipe de um treinador ganhou um jogo que, quando avaliado apenas pelas habilidades dos participantes, não poderia ter aquele resultado. Em seguida, ele criou um gráfico com os resultados.

De modo geral, o gráfico de Paine retrata um mundo ordeiro e previsível. A maioria dos treinadores ganha mais ou menos o número de jogos que deveria, considerando-se as habilidades dos jogadores – exceto um deles. Seu nome é Gregg Popovich, técnico do San Antonio Spurs. Ele reside solitário em um dos extremos do gráfico, praticamente um planeta à parte. Sob sua liderança, o Spurs ganhou nada menos que 117 jogos além daqueles que deveria ter vencido, uma taxa que está acima do dobro da do treinador mais próximo. É por isso que o Spurs é considerado a equipe esportiva mais bem-sucedida dos Estados Unidos nas últimas duas décadas, vencendo cinco campeonatos e um percentual de jogos superior ao do New England Patriots, do St. Louis Cardinals ou de qualquer grande time de que se tem registro. O título do gráfico de Paine é "Gregg Popovich é impossível".

Não é difícil compreender por que os times de Popovich vencem, pois a evidência está diante de todos, na quadra. O Spurs realiza com consistência diversos pequenos comportamentos altruístas – o passe a mais, o alerta para a defesa, o movimento incansável – que colocam o comportamento do time acima dos interesses individuais. Isso é ainda mais impressionante quando se leva em conta que o egoísmo é incentivado na NBA. Em 2013, os pesquisadores Eric Uhlmann e Christopher Barnes analisaram nove temporadas de jogos do campeonato, comparando o comportamento dos jogadores durante a temporada regular ao dos *play-offs*. Descobriram que os jogadores que acertavam um arremesso nos *play-offs* recebiam uma remuneração adicional de US$ 22.044,55 por cesta. Aqueles que passavam a bola para um colega que fazia um arremesso perdiam US$ 6.116,69. O ato de passar a bola em vez de arremessar é o equivalente a entregar US$ 28.161,24 para um companheiro de equipe.

LeBron James disse: "Eles não pensam em si. Os caras se mexem, passam a bola; se você tem oportunidade, você chuta. Mas é tudo em nome do time e nunca se trata do indivíduo." Jogar contra o Spurs era "como ouvir Mozart", declarou Marcin Gortat, do Washington Wizards. O que é difícil de entender é como Popovich conseguia tal façanha.

Aos 70 anos, Popovich é um sujeito durão, das antigas, e assumidamente autoritário. Um produto forte como o aço da Academia da Força Aérea americana, que valoriza a disciplina acima de tudo. Sua disposição já foi comparada à de um buldogue mal-humorado, dono de um temperamento que poderia ser descrito como "vulcânico", com boa parte da lava sendo canalizada para os astros da equipe. Algumas das erupções mais famosas estão reunidas no YouTube com títulos como "Popovich berra e destrói Tiago Splitter", "Popovich manda Danny Green calar a boca" e "Popovich furioso com Tony Parker". Como é possível que um técnico rabugento e exigente consiga criar o time mais coeso no esporte?

Uma resposta comum é que o Spurs tem uma estratégia inteligente para alistar e desenvolver indivíduos generosos, esforçados e imbuídos de espírito coletivo. Trata-se de uma explicação tentadora, pois a equipe claramente faz um esforço consciente para selecionar indivíduos de excelente caráter. (A ficha usada pelos *scouts* inclui um quadradinho onde está escrito ao lado "Não é um Spurs". Se houver uma marca no quadrado, significa que o jogador não será considerado, por mais talentoso que seja.)

Mas a explicação não resiste a um exame mais demorado. Muitos outros times da NBA fazem esforços semelhantes para identificar, selecionar e desenvolver indivíduos dedicados, com pensamento coletivo e de excelente caráter. Além disso, um número significativo de Spurs não se encaixava exatamente no perfil de escoteiro. Quando Boris Diaw jogava para o Charlotte Bobcats, por exemplo, era criticado por ser preguiçoso, festeiro e estar acima do peso. Patty Mills foi liberado de seu time chinês por supostamente ter fingido uma lesão no tendão do jarrete. E Danny Green foi cortado do Cleveland em parte por causa de sua displicência na defesa do time.

Assim, o Spurs não estava simplesmente selecionando jogadores generosos ou obrigando-os a jogar dessa forma. Algo estava fazendo os jogadores – até aqueles que se mostravam egoístas em outros lugares – se comportarem de modo generoso ao vestir o uniforme do Spurs. A pergunta é: O que seria?

É a manhã de 4 de abril de 2014 e o clima no ginásio de treinamento de San Antonio está tenso. Na noite anterior, em um dos jogos mais importantes da temporada regular, o Spurs fora derrotado por 106 a

94 por seu arquirrival, o Oklahoma City Thunder. O problema, porém, não foi a derrota em si, mas a forma como aconteceu. O jogo começara promissor, com o Spurs à frente com 20 a 9. Então o time implodira com uma chuva de arremessos errados e bolas perdidas, incluindo vários passes do ala armador Marco Belinelli. O resultado foi justamente o tipo de derrota desmoralizante que a equipe desejava evitar às vésperas dos *play-offs*. Agora, no começo do treino, há tensão no ar e um sentimento de inquietação.

Gregg Popovich adentra o ginásio. Veste uma camiseta deformada da lanchonete Jordan's, de Ellsworth, no Maine, e um short grande demais para ele. O cabelo é ralo e encaracolado e ele carrega uma bandeja de papelão com frutas e um garfo de plástico. No rosto, um sorriso torto. Parece mais um tio desgrenhado em um piquenique do que um general exercendo o comando. Então ele pousa a bandeja e começa a andar em volta do ginásio, conversando com os jogadores. Popovich toca em seus cotovelos, ombros e braços. Fala em diversos idiomas. (O Spurs tem jogadores de sete países). Ele ri. Os olhos brilham, são sábios, ativos. Quando alcança Belinelli, o sorriso fica maior e ainda mais torto. Diz algumas palavras e, quando Belinelli responde brincando, eles se envolvem em uma breve luta de mentirinha. É uma cena estranha. Um treinador de 65 anos, com a cabeça branca, enfrentando um italiano de cabelos encaracolados de 1,96 metro de altura.

"Tenho certeza de que isso foi pensado de antemão", diz R. C. Buford, gerente-geral do time, que trabalha com Popovich há 20 anos. "Ele queria ter certeza de que Belinelli estava bem. É o jeito como Pop lida com todos os relacionamentos. Ele os inspira."

Quando Popovich quer se conectar com um jogador, ele chega perto o bastante para que seu nariz quase encoste no do outro. É praticamente um desafio – uma disputa de intimidade. À medida que o aquecimento prossegue, ele continua vagando, fazendo conexões. Um ex-jogador aparece e Popovich se ilumina, o rosto se abrindo em um largo sorriso. Conversam por cinco minutos, atualizando as notícias da vida, dos filhos e dos colegas. "Amo você, irmão", diz Popovich quando se despedem.

"Muitos treinadores podem berrar ou ser legais, mas o que Pop faz é diferente", diz o treinador assistente Chip Engelland. "Ele faz duas coisas sem parar. Diz a verdade para você, sem enrolação, e então ama você até o fim."

O relacionamento de Popovich com Tim Duncan, astro veterano do Spurs, é um bom exemplo. Antes de selecionar Duncan na primeira triagem geral no *draft* da NBA de 1997, Popovich voou até St. Croix, nas Ilhas Virgens americanas, para conhecer o astro universitário. Não foi apenas um encontro – eles passaram quatro dias juntos viajando pela ilha, visitando a família de Duncan e seus amigos, nadando no oceano e conversando sobre tudo na face da Terra – menos basquete. Não é o procedimento normal entre treinadores e jogadores. A maioria dos treinadores e dos jogadores interage em períodos curtos, intensos e muito bem calculados. Mas Popovich queria se conectar, saber mais e ver se Duncan era o tipo de pessoa durona, generosa e humilde o bastante para servir como esteio para a construção de um novo time. Duncan e Popovich desenvolveram uma relação semelhante à de pai e filho, com muita confiança e nenhuma frescura, que fornece um modelo vívido para os outros jogadores, sobretudo quando se trata de absorver as verdades pronunciadas por Popovich a todo volume. Como vários Spurs declaram: Se Tim consegue aguentar o estilo de treinamento de Pop, como eu não poderia?

Minutos antes, a equipe do Spurs havia se reunido na sala de vídeo para rever o jogo contra o Oklahoma City. Os jogadores se sentaram, agitados, esperando que Popovich detalhasse os pecados da noite anterior, que mostrasse o que tinham feito de errado e o que poderiam melhorar. Mas, quando Popovich iniciou o vídeo, a tela se iluminou com um documentário da CNN sobre o cinquentenário da Lei do Direito de Voto. A equipe assistiu em silêncio à história que se desenrolava: Martin Luther King Jr., Lyndon Johnson e as marchas de Selma. Quando terminou, Popovich fez perguntas. Ele sempre faz perguntas e sempre do mesmo tipo: pessoais, diretas, voltadas para o panorama geral. *O que achou disso? O que teria feito na mesma situação?*

Os jogadores pensaram, responderam, assentiram. O clima na sala mudou e se tornou mais parecido com um seminário, uma conversa. Houve diálogo. Ninguém se surpreendeu porque esse tipo de coisa acontece o tempo todo no Spurs. Popovich criaria conversas parecidas sobre a guerra na Síria, a mudança de governo na Argentina, o casamento gay, racismo institucional, terrorismo – não importa o assunto, desde que transmita a mensagem que ele deseja passar: existem coisas maiores do que o basquete, com as quais todos estamos conectados.

"É tão fácil se manter isolado do mundo quando se é um atleta profissional", diz Buford. "Pop usa esses momentos para nos conectar. Ele ama o fato de sermos provenientes de tantos lugares diferentes. Isso poderia nos afastar, mas ele garante que todos se sintam conectados e envolvidos em algo maior."

"Abrace-os e apoie-os", é o que Popovich costuma explicar para seus assistentes. "Precisamos abraçá-los e apoiá-los."

Boa parte da conexão acontece em torno da mesa de jantar, pois Popovich é obcecado por comida e vinho. Essa obsessão pode ser mensurada de diversas maneiras: pelo tamanho de sua adega doméstica, pela sociedade em um vinhedo no Oregon e pela presença constante do Food Network na televisão de seu escritório. Mas sobretudo pelo modo como ele usa comida e vinho para fazer uma ponte e construir relacionamentos com os jogadores.

"Comida e vinho não são apenas comida e vinho", afirma Buford. "São os instrumentos dele para criar e sustentar uma conexão, e Pop realmente faz a conexão acontecer de modo intencional."

Os integrantes do Spurs fazem refeições juntos praticamente com a mesma frequência com que jogam basquete. Em primeiro lugar, há jantares da equipe, reuniões regulares com todos os jogadores. Há também jantares menores do grupo, com alguns jogadores se encontrando. Além disso, há os jantares do treinador, que acontecem todas as noites em que estão na estrada antes de um jogo. Popovich planeja, escolhe os restaurantes, às vezes até dois por noite, para explorar. (Piada interna: a bulimia é um pré-requisito para o trabalho.) Não são refeições para serem consumidas e esquecidas. No fim da temporada, cada jogador recebe um livro com encadernação em couro contendo os menus e os rótulos dos vinhos de cada jantar.

"Você está sentado no avião e de repente uma revista aterrissa no seu colo. Você ergue os olhos e é Pop", diz Sean Marks, ex-assistente técnico do Spurs, atualmente no posto de gerente-geral do Brooklyn Nets. "Ele marcou com círculo algum artigo sobre sua cidade natal e quer saber se ele é preciso, onde você gosta de comer e o tipo de vinho que gosta de beber. E logo está sugerindo lugares aonde você deveria ir e fazendo reservas para você e sua esposa ou namorada. Aí você vai e ele quer saber tudo, que vinho tomaram, o que você pediu, e sugere mais um lugar. É assim que começa. E nunca termina."

Uma concepção equivocada sobre culturas altamente bem-sucedidas é que são ambientes felizes e cheios de leveza. Na maior parte dos casos, não é assim. São lugares com muita energia e envolvimento, mas no fundo os integrantes são orientados menos para a conquista da felicidade do que para a solução conjunta de problemas difíceis. Essa tarefa envolve muitos momentos de feedback sincero e verdades desconfortáveis quando se confronta a lacuna entre o lugar onde o grupo se encontra e o lugar onde deveria se encontrar. Larry Page criou um desses momentos ao fixar na cozinha do Google o bilhete dizendo que os anúncios não prestavam. Popovich dá esse tipo de retorno a seus jogadores todos os dias, em geral em alto e bom som. Mas como Popovich e outros líderes conseguem fornecer feedbacks tão duros e verdadeiros sem causar os efeitos colaterais da dissidência e da decepção? De que são feitos os melhores feedbacks?

Há alguns anos, uma equipe de psicólogos de Stanford, Yale e Columbia pediu que alunos do segundo segmento do ensino fundamental escrevessem uma redação para que depois os professores fornecessem diferentes tipos de feedback. Os pesquisadores descobriram que um tipo particular de feedback estimulava o esforço dos alunos e seu desempenho de tal forma que o chamaram de "feedback mágico". Aqueles que o recebiam escolhiam revisar seus trabalhos com frequência bem maior do que os outros e o desempenho deles se desenvolvia de modo significativo. Não se tratava de um procedimento complicado. Na verdade, consistia em apenas uma frase:

Estou fazendo estes comentários porque tenho expectativas muito altas e sei que você pode cumpri-las.

Só isso. Apenas 15 palavras. Nenhuma delas contém qualquer informação sobre como aprimorar o trabalho. Entretanto, são poderosas porque comunicam uma sequência de deixas de pertencimento. De fato, ao examinar a frase com mais atenção, é possível identificar três deixas separadas:

1. Você faz parte deste grupo.
2. Este grupo é especial, pois temos padrões elevados.
3. Acredito que você está à altura desses padrões.

Esses sinais fornecem uma mensagem clara que ilumina o cérebro inconsciente: *Aqui é um lugar seguro onde posso me esforçar*. Também permitem que vislumbremos o motivo pelo qual os métodos de Popovich são tão eficientes. A comunicação dele consiste em três tipos de deixa de pertencimento:

- Conexão próxima e pessoal (linguagem corporal, atenção e comportamento que podem ser traduzidos como: *Eu me importo com você*).

- Feedback do desempenho (instrução incansável e críticas que podem ser traduzidas como: *Temos padrões elevados*).
- Perspectiva ampla (conversas sobre temas como política, história e comida que podem ser traduzidas como: *A vida é maior do que o basquete*).

Popovich alterna esses três sinais para conectar-se à sua equipe de um jeito que lembra um habilidoso diretor de cinema e sua câmera. Primeiro ele faz um close, criando uma conexão individualizada. Depois, trabalha a meia distância, mostrando aos jogadores a verdade sobre seu desempenho. Por fim, ele abre o ângulo e apresenta o contexto mais amplo em que a interação acontece. Individualmente, cada um desses sinais teria um efeito limitado. Mas, juntos, criam um fluxo constante de feedback mágico. Cada jantar, cada cotovelada, cada seminário improvisado sobre política e história contribui para a construção de uma narrativa relacional: *Você é parte deste grupo. Este grupo é especial. Eu acredito que você é capaz de alcançar esse padrão*. Em outras palavras, a gritaria de Popovich funciona, em parte, porque não é apenas gritaria. Ela acontece acompanhada por uma série de outras deixas que afirmam e fortalecem o tecido dos relacionamentos.

Quando se pergunta aos Spurs sobre o momento mais marcante de coesão da equipe, muitos deles dão a mesma resposta estranha. Eles não mencionam uma noite em que houve vitória, e sim quando sofreram sua mais dolorosa derrota.

Aconteceu em Miami, no dia 18 de junho de 2013. O Spurs estava prestes a ganhar o quinto título da NBA, em uma virada histórica, com uma liderança de três jogos a dois em uma melhor de sete contra o Miami Heat, favoritíssimo. Antes de entrar na quadra, o Spurs estava confiante o bastante para reservar um grande salão privativo no Il Gabbiano, um de seus restaurantes preferidos.

Desde o primeiro lance, o jogo seis estava duríssimo, com a liderança se alternando entre um time e o outro. Então, perto do fim do quarto tempo, o Spurs fez uma sequência dramática de 8 a 0 para assumir a liderança com 94 a 89, faltando 28,2 segundos para terminar a partida. O Heat murchava na quadra. A arquibancada estava em silêncio. O campeonato parecia resolvido. Segundo as estatísticas, as chances de vitória do Spurs naquele momento eram de 66 a 1. Nas laterais da quadra, os seguranças começaram a se organizar, com cordões na mão para isolar a área para a comemoração. No vestiário do Spurs, os empregados colocaram garrafas de champanhe em baldes de gelo e cobriram os armários com tecido plastificado.

Então aconteceu o desastre.

LeBron James tentou uma bola longa e errou, mas o Heat ficou com o rebote e James conseguiu converter a cesta de três pontos: 94 a 92. O Spurs foi cobrar uma falta e acertou apenas um dos dois lances livres, ficando três pontos na dianteira quando faltavam 19 segundos. O Miami Heat tinha apenas uma chance para tentar empatar o jogo. A defesa do Spurs veio com tudo, pressionando o Heat e obrigando James a tentar os lances de três pontos, que ele errava feio. Por um segundo, enquanto a bola dançava no aro, o jogo pareceu ter chegado ao fim. Mas nesse momento Chris Bosh, também do Heat, roubou o rebote e jogou a bola depressa para seu colega Ray Allen, em um canto. Allen deu um passo para trás e marcou uma cesta de três pontos com uma bola tão veloz que mais parecia uma adaga. Empate. A disputa foi para a prorrogação, na qual o Heat, reenergizado, manteve a pressão. O placar final foi 103 a 100. O Spurs deixou para trás uma vitória quase certa e vivenciou uma das derrotas mais acachapantes na história da NBA.

O time ficou em estado de choque. Tony Parker sentou-se com uma toalha sobre o rosto, chorando. "Nunca tinha visto nosso time tão abatido", disse ele depois. Tim Duncan ficou caído no chão, incapaz de se mover. Manu Ginobili não conseguia encarar ninguém. "Era como a morte", disse Sean Marks. "Estávamos arrasados."

Os jogadores e o corpo técnico presumiram naturalmente que a equipe cancelaria o encontro no Il Gabbiano e voltaria para o hotel para se recuperar. Mas Popovich tinha outros planos. "A reação de Pop foi chamar: 'Família!'", contou Brett Brown, técnico assistente, a um repórter algum tempo depois. "'Todos para o restaurante. Direto para lá.'"

Popovich se dirigiu para lá antes do time em um carro com Marks. Quando chegaram ao restaurante vazio, Popovich começou a trabalhar, preparando o espaço. Providenciou a mudança na posição das mesas – queria que os jogadores ficassem reunidos no centro, com o corpo técnico por perto, cercados por um círculo externo de familiares. Ele então começou a fazer os pedidos de aperitivos e pratos que sabia que os jogadores gostavam. Escolheu o vinho e solicitou que os garçons o abrissem. Então se sentou.

"Parecia a pessoa mais triste que eu já tinha visto", recorda-se Marks. "Sentado na cadeira, sem dizer nada, ainda arrasado. Então – e eu sei que isso vai parecer estranho – era possível ver que estava processando toda a situação, mudando de humor. Ele tomou um gole do vinho e respirou fundo. Era possível ver que estava superando suas emoções e começando a se concentrar nas necessidades da equipe. Naquele exato momento, o ônibus parou diante do restaurante."

Popovich se levantou e saudou todos os jogadores à medida que passavam pela porta. Alguns receberam um abraço, outros ganharam um sorriso, outros ainda, uma piada ou um leve toque no braço. O vinho foi servido. Sentaram-se e comeram juntos. Popovich circulou pelo salão, conectando-se com um jogador de cada vez. Mais tarde, haveria quem dissesse que ele se comportou como o pai da noiva em uma cerimônia de casamento, dando atenção a todo mundo, agradecendo, apreciando o trabalho de todos. Não houve discursos, apenas uma série de conversas íntimas. Naquele momento que poderia ter sido recheado de frustração, recriminação e raiva, ele os inspirou. Conversaram sobre o jogo. Alguns choraram. Começaram a sair de seus silêncios particulares e a superar a perda, voltaram a se conectar. Chegaram a rir.

"Eu me lembro de vê-lo fazendo isso e de que não conseguia acreditar", diz R. C. Buford. "No fim da noite, as coisas pareciam quase normais. Éramos uma equipe de novo. Foi a maior façanha que já testemunhei no mundo dos esportes, sem exceção."

5

COMO PROJETAR O PERTENCIMENTO

O arquiteto da estufa

Tony Hsieh não era uma criança comum. Era inteligente, tocava quatro instrumentos musicais e tirava nota máxima em todas as disciplinas praticamente sem abrir os livros. Hsieh (pronuncia-se Chei) também era tímido, preferindo ficar sozinho com seus pensamentos a socializar. Gostava de quebra-cabeças e adorava a sensação de encontrar soluções criativas para problemas difíceis. Seu programa de televisão favorito era *MacGyver: Profissão perigo*, cujo herói era um agente secreto inventivo que usava objetos do cotidiano para superar dilemas impossíveis e fazer a justiça prevalecer. Essa ideia – de que problemas difíceis poderiam ser resolvidos com inventividade e elegância – tinha imenso apelo. Ainda muito cedo, Hsieh passou a adotar o estilo de MacGyver em sua vida.

Por exemplo, quando seus pais o mandaram estudar piano, violino, trompete ou trompa francesa, ele deu um jeito criando um método que consistia em gravar seus estudos musicais em fitas cassete e depois reproduzi-las com a porta fechada, para que seus pais inocentes imaginassem que ele estava praticando com afinco. No ensino médio, ele criou um jeito de fazer o sistema telefônico da escola realizar ligações gratuitas para um serviço de mensagens eróticas (aumentando por pouco tempo sua popularidade entre os meninos).

Hsieh continuou aplicando sua inventividade em Harvard, fosse nos estudos (ele reunia anotações de aulas e as vendia por 20 dólares cada) ou nos lanches noturnos (comprou fornos de pizza e as vendia por um preço menor do que as lojas da região). Depois da formatura, foi cofundador de uma empresa de software chamada Link Exchange, comprada pela Microsoft em 1998. Àquela altura, aos 25 anos, ele tinha milhões de dólares no bolso e não precisaria trabalhar nem mais um dia de sua vida. Então começou a procurar outra coisa para resolver.

Encontrou o que buscava no site de vendas ShoeSite.com. A princípio, não parecia ser um investimento particularmente inteligente – afinal, eram os primórdios nada promissores do e-commerce, a era das bolhas estouradas de fracassos como o site Pets.com. Mas Hsieh viu aí a oportunidade de renovar o sistema. Decidiu apostar em um empreendimento que reinventaria o varejo on-line por meio de uma cultura empresarial forte e marcante. Queria construir uma atmosfera de "diversão e bizarrice". O site ofereceria não apenas sapatos, mas também aquilo que Hsieh chamou de "contatos pessoais e emocionais", tanto dentro da empresa quanto fora dela. Alguns meses depois de fazer o investimento inicial, Hsieh se tornou o CEO. Mudou o nome da empresa para Zappos.

As coisas não foram bem para a Zappos no começo. O negócio enfrentou os mesmos problemas que todos os novos negócios costumam ter – fornecedores, logística, operação. Em dado momento, vários funcionários estavam vivendo no apartamento de Hsieh em São Francisco. Mas, no início dos anos 2000, as coisas começaram a melhorar, a princípio devagar e depois com uma velocidade atordoante. Em 2002, as receitas foram de 32 milhões de dólares; em 2003, 70 milhões; em 2004, 184 milhões. A empresa se mudou para Las Vegas e continuou a crescer, chegando a faturar 1,1 bilhão de dólares em 2009. Hoje, a Zappos, vendida para a Amazon, conta com 1.500 funcionários e faturamento de 2 bilhões de dólares. Costuma ser consistentemente elencada entre as melhores empresas para se trabalhar no país e atrai centenas de candidatos para cada vaga disponível. É mais fácil entrar em Harvard do que arranjar emprego na Zappos.

Em 2009, Hsieh aventurou-se além do comércio ao adquirir um quarteirão de 113 mil metros quadrados no centro de Las Vegas, no entorno da sede da Zappos, com o objetivo audacioso de impulsionar sua revitalização. Não se tratava da Las Vegas glamourosa encontrada no Strip. Era um amontoado desolador de cassinos de terceira classe, estacionamentos vazios e hotéis decadentes que, como afirmou um observador, aspiravam a ser classificados na categoria de ruína. Ele queria ver se era possível usar seus dons de MacGyver em uma cidade – ou melhor, empregar os princípios da Zappos para reconstruir um centro urbano devastado.

Antes de me encontrar com Hsieh, visito seu apartamento, localizado no 23º andar de um prédio próximo. Não estou sozinho, mas na companhia de uma dúzia de pessoas e um guia. Hsieh, personificando o espírito da Zappos de abertura radical, permite que grupos de visitantes passeiem por sua cozinha, sua sala de estar, pelo exuberante "quarto da selva", com as paredes e o teto cobertos de plantas, e pelos bares bem abastecidos, criando uma estranha sensação de intimidade ao verem uma barra de granola comida pela metade pelo bilionário sobre o balcão da cozinha e suas meias largadas no chão.

Em seguida, na parede da sala de estar, vemos o plano: um enorme mapa de satélite do Projeto Centro da Cidade, com os contornos em amarelo vivo e cada lote designado com o que parece ser um conjunto de possibilidades sempre em modificação. Em uma parede adjacente estão grudadas várias centenas de bilhetes coloridos rabiscados com ideias para esses lotes: ÁREA COMUM CRIATIVA... TUDO FUNCIONA COM ENERGIA SOLAR... PARQUE PARA CÃES... DESTILARIA DA PREFEITURA...

JARDIM COMUNITÁRIO. A sensação é de que está em andamento um jogo incrivelmente complexo – uma espécie de Sim City acontecendo em tempo real, na qual Hsieh é ao mesmo tempo o designer e o jogador.

Uma hora depois, em um lugar chamado Parque dos Contêineres, nós nos encontramos. Hsieh é um homem tranquilo, com a cabeça quase raspada e olhar firme e atento. Escolhe as palavras com cuidado e, se houver uma pausa na conversa, espera com paciência infinita até que o interlocutor a preencha. Diversas pessoas próximas o descrevem com a mesma metáfora: ele é como um alienígena de inteligência superior que veio para a Terra e descobriu como os humanos funcionam. Eu pergunto a ele como tudo aconteceu.

"Tento ajudar as coisas a acontecerem de modo orgânico", diz ele. "Se tudo for organizado do jeito certo, a conexão acontece." Ele se senta e gesticula no Parque dos Contêineres, a mais nova joia da coroa do Projeto Centro da Cidade. Alguns meses antes, não havia nada no local. Agora é um ponto de encontro animado e acolhedor, construído com contêineres de carga coloridos convertidos em lojas e butiques. Do lado de fora, encontra-se uma gigantesca escultura de metal de um louva-a--deus que emite fogo pelas antenas. À nossa volta, centenas de pessoas felizes passeiam aproveitando o sol do fim de tarde. Logo mais, à noite, Sheryl Crow fará um show no local. Embora o Projeto Centro da Cidade tenha encontrado dificuldades, as primeiras etapas tiveram algum sucesso: o projeto levantou 754 milhões de dólares em projetos públicos e privados, forneceu assistência a 92 negócios e toda aquela área foi tomada por uma nova vibração.

Conversamos durante algum tempo. Faço perguntas e Hsieh oferece respostas. A interação não flui de forma muito suave porque ele parece considerar a conversa como uma ferramenta rudimentar demais para a comunicação. Um diálogo típico acontece assim:

Eu: Como você iniciou este projeto?
Hsieh: Gosto de sistemas, eu acho. [Pausa de 10 segundos]

Eu: Quais modelos e ideias o inspiraram?
Hsieh: Muitas ideias diferentes, de lugares diferentes. [Pausa de 20 segundos]. Essa é uma pergunta realmente difícil de responder.

Ele não estava tentando ser difícil: as palavras é que simplesmente não davam conta do recado. Então ele sugeriu que déssemos uma volta e um instante depois tudo mudou. Ele pareceu se encher de vida enquanto se movimentava pelas ruas, encontrando gente, conversando com as pessoas, apresentando-as para mim e para os outros. Hsieh tinha uma conexão com todo mundo e, o que era mais impressionante, procurava construir conexões entre as pessoas. No intervalo de 45 minutos, eu o vi conectar um diretor de cinema, um produtor de um festival musical, um artista, o dono de uma churrascaria e três funcionários da Zappos com alguém com quem deveriam falar, uma empresa que deveriam conhecer, alguém que compartilhava o mesmo hobby ou um evento que poderia interessá-los. Ele era como uma versão humana de um aplicativo social e fazia cada conexão com a mesma vibração positiva, leve e discreta. E tinha o dom de fazer essas conversas parecerem absolutamente normais e, graças a essa normalidade, torná-las especiais.

"Ele é muito inteligente, mas o que há de mais inteligente nele é que ele pensa mais ou menos como um menino de 8 anos", diz Jeanne Markel, diretora de cultura do Projeto Centro da Cidade. "Ele deixa tudo muito simples e positivo quando se trata de gente."

"Eu me lembro de uma vez que estava com ele e que, por algum motivo, passou pela minha cabeça que a gente devia ter um dirigível da Zappos", diz Joe Mahon, gerente de marketing do Projeto Centro da Cidade. "Eu não estava pensando em um dirigivelzinho, mas em alguma coisa enorme, como o dirigível da Goodyear. Hoje, pensando bem, vejo que era uma ideia completamente maluca. Mas Tony nem pestanejou. Quero dizer, nem hesitou. Disse 'Boa ideia' e continuamos a falar do assunto."

Por baixo da abordagem pouco convencional de Hsieh encontra-se uma estrutura matemática baseada no que ele chama de conexões. Definidas como encontros pessoais fortuitos, essas conexões são, para ele, a essência de qualquer organização, o principal motivador da criatividade, da comunidade e da coesão. Ele estabeleceu a meta de ter mil horas "de conexão" por ano para si mesmo e 100 mil horas de conexão por acre dentro do Projeto Centro da Cidade (113 mil metros quadrados são o equivalente a 28 acres). Essa métrica explica por que ele fechou a entrada lateral para o quartel-general da Zappos, conduzindo as pessoas para uma entrada única. E é por isso que, durante uma festa recente, ele começou a ter uma sensação desagradável – as pessoas estavam reunidas em grupos isolados, sem se misturar. Percebeu que era a mobília que bloqueava o fluxo e, segundos depois, ele mesmo empurrava um grande sofá pelo chão. Então começou a mudar mesas e luminárias de posição e, em pouco tempo, já havia alterado totalmente a arrumação do cômodo. "Foi a única vez que vi um bilionário mudando móveis de lugar", brinca um amigo dele.

"Isto aqui é como uma estufa", diz Hsieh. "Em algumas estufas, o líder interpreta o papel da planta que todas as outras plantas desejam ser. Mas não é o meu caso. Não sou a planta que todos aspiram ser. Meu trabalho é arquitetar a estufa."

Meu trabalho é arquitetar a estufa. Essa é uma forma útil de vislumbrar como Hsieh cria o sentimento de pertencimento porque subentende a existência de um processo. "É provável que eu diga a palavra *conexão* milhares de vezes por dia", diz. "Faço isso porque o objetivo não é contar quantas acontecem, mas mudar a mentalidade para deixar claro que esses encontros fortuitos são o que realmente importa. Quando uma ideia se torna parte da linguagem, ela se torna parte do pensamento basal das pessoas."

Ao conversar com quem está dentro da estufa de Hsieh, parece que estão sob a influência de um poderoso ímã. "Não é algo lógico", diz o Dr. Zubin Damania, radiologista que deixou uma cátedra em Stanford para chefiar a clínica de saúde de Hsieh. "Ele é como o Morpheus, do filme *Matrix*, quando entrega a pílula que permite que se veja o mundo como ele é pela primeira vez."

"É meio impossível de explicar", diz Lisa Shufro, que trabalha no Projeto Centro da Cidade. "Você se conecta com todas essas pessoas e não sente isso na cabeça, sente na boca do estômago. É uma sensação de possibilidade e ele cria isso por onde passa."

"Ele sabe tão bem como as pessoas se conectam que isso funciona de forma inconsciente para ele", diz Maggie Hsu, da equipe executiva do Projeto. "A esta altura, isso é tão frequente para ele que é como se não pudesse parar. Eu já perguntei a Tony muitas e muitas vezes: Por que as pessoas seguem você por aí? Por que correspondem? E ele responde: 'Não faço ideia.'"

A história de Hsu é típica. Há alguns anos ela era uma bem-sucedida consultora na McKinsey quando ouviu falar do Projeto Centro da Cidade. Curiosa, mandou um e-mail e Hsieh respondeu com um convite para que ela passasse alguns dias na cidade. Hsu apareceu, esperando a agenda habitual de reuniões, encontros e visitas guiadas. O que recebeu foi um e-mail de duas linhas seguido por uma lista de oito nomes.

Encontre estas pessoas, dizia a mensagem de Hsieh. *Então pergunte a elas com quem mais você deveria se encontrar.*

Hsu ficou perplexa. "Perguntei para ele: 'É isso? Não há mais nada que eu deva fazer?' E ele respondeu: 'Você vai entender.' E tinha razão – tudo foi acontecendo. Era como se eu estivesse recebendo um tipo de sinal que ficava cada vez mais forte à medida que conversava com as pessoas, até ficar loucamente forte, de tal forma que eu não consegui resistir. Acabei me mudando para cá. Não foi nada lógico. Era como se eu tivesse que fazer isso."

Normalmente não pensamos sobre pertencimento em grandes grupos dessa forma. Em geral, quando se pensa sobre pertencimento em grandes grupos, imagina-se grandes comunicadores que criam uma visão vívida e atraente para que outros a sigam. Mas não é isso que está acontecendo aqui. De fato, Hsieh não é nem um pouco carismático, não se comunica particularmente bem e suas ferramentas são de uma simplicidade escolar – *Encontre as pessoas. Você vai entender*. Então por que funciona tão bem?

Durante a Guerra Fria, os Estados Unidos e a União Soviética conduziram uma corrida que durou décadas com o intuito de desenvolver armas e sistemas de satélites cada vez mais poderosos. Nas duas nações, dentro de centenas de projetos governamentais e da iniciativa privada, equipes de engenheiros passavam milhares de horas trabalhando fervorosamente para resolver problemas complicados que ninguém tentara solucionar antes. No meio dessa corrida, o governo americano decidiu examinar a eficiência desse processo. Solicitou uma pesquisa para entender por que certos projetos de engenharia eram bem-sucedidos e outros falhavam. Uma das primeiras pessoas a tentar formalmente executar essa pesquisa foi um jovem professor do MIT chamado Thomas Allen.

Allen não era o típico acadêmico isolado em sua torre de marfim. Era um garoto de classe média, criado em Nova Jersey, que havia se formado pela minúscula Upsala College e então se alistara no Corpo de Fuzileiros Navais, durante a Guerra da Coreia. Quando deixou o serviço militar, trabalhou para a Boeing e depois foi para o MIT fazer pós-graduação dupla em ciência da computação e administração, o que o colocava na posição perfeita para realizar a pesquisa solicitada pelo governo. ("Eu nem sabia que havia um diploma em administração quando cheguei [ao MIT]", diz ele. "Assisti a algumas aulas, gostei e então algumas pessoas me convenceram a fazer um doutorado.") Allen começou a pesquisa localizando o que chamou de "projetos gêmeos", nos quais duas ou mais empresas de engenharia enfrentavam o mesmo desafio complexo, por exemplo, descobrir como guiar mísseis balísticos intercontinentais ou fazer a comunicação com um satélite. Ele mediu a qualidade das soluções e tentou encontrar os fatores que os projetos bem-sucedidos tinham em comum.

Um padrão ficou imediatamente aparente: os projetos mais bem-sucedidos eram aqueles conduzidos por conjuntos de indivíduos que formavam aquilo que Allen chamou de "grupo de grandes comunicadores". A química e a coesão no interior desses grupos pareciam aquelas que existiam entre Larry Page e Jeff Dean no Google. Tinham uma habilidade para navegar problemas complexos com velocidade impressionante. Allen revirou os dados para descobrir como essas pessoas haviam desenvolvido essa habilidade. Tinham escrito para os mesmos periódicos? Possuíam os mesmos níveis de inteligência? Eram da mesma faixa etária? Haviam frequentado as mesmas universidades ou conquistado o mesmo nível de certificação? Possuíam mais experiência ou tinham maior habilidade de liderança? Todos esses fatores pareciam fazer sentido, mas Allen não encontrou nada que fosse um fator determinante da coesão. Exceto um.

A distância entre as mesas de trabalho.

A princípio, ele não acreditou. A química de grupo é um processo tão complexo e misterioso que ele queria que a razão para ela existir fosse igualmente complexa e misteriosa. Mas quanto mais explorava os dados, mais clara era a resposta. O que mais importava na criação de uma equipe de sucesso tinha menos relação com a inteligência e a experiência e mais com a disposição das mesas.

"Algo tão simples quanto o contato visual é muito, muito importante, mais importante do que se pode imaginar", diz Allen. "Se você pode ver os outros ou mesmo a área onde trabalham, você se lembra deles e isso gera uma série de efeitos."

Allen decidiu ir mais fundo, medindo a frequência das interações em relação à distância. "Podíamos examinar a frequência com que as pessoas se comunicavam e ver onde se localizavam em relação aos outros", diz ele. "Podíamos identificar, apenas pela frequência, sem saber a posição, quem ficava em cada andar. Ficamos realmente surpresos diante da rapidez com que isso se perdia quando se mudavam para um andar diferente. O fato é que a separação vertical é algo muito sério. Se você fica em um andar diferente em algumas organizações, é como se estivesse em outro país."

Quando Allen fez um gráfico da frequência de interação em relação à distância, acabou com uma linha que parecia uma colina íngreme. Era quase vertical no alto e achatada embaixo. Ficou conhecida como a Curva de Allen.*

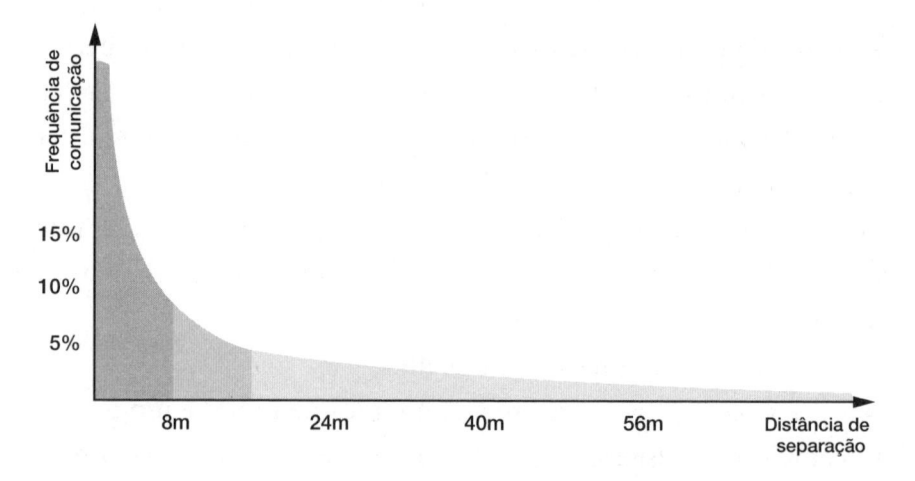

```
Frequência de
comunicação
    │
    │
    │
    │
15% │
10% │
 5% │
    └────────────────────────────────────────→
      8m    24m    40m    56m    Distância de
                                   separação
```

A principal característica da Curva de Allen é a súbita descida que ocorre na marca de 8 metros. Em distâncias inferiores a 8 metros, a frequência de comunicação chega a sair do gráfico. Se nosso cérebro operasse de modo lógico, poderíamos esperar que a frequência e a distância se alterassem em uma taxa constante, produzindo uma linha reta. Mas, como demonstrou Allen, nosso cérebro não opera de modo lógico. Certas proximidades deflagram imensas modificações na frequência de comunicação. Aumente a distância para 50 metros e a comunicação acaba, como se alguém fechasse uma torneira. Diminua para 6 metros e

---

* A Curva de Allen repercute outra famosa métrica social, o Número de Dumbar, que reflete o limite cognitivo do número de pessoas com quem podemos ter um relacionamento social estável (cerca de 150). Os dois parecem sublinhar a mesma verdade: nosso cérebro social é construído para focalizar e reagir a um número relativamente pequeno de pessoas localizadas a uma distância finita de nós. Não por acaso, 45 metros também é a distância aproximada a partir da qual não conseguimos mais reconhecer um rosto a olho nu.

a frequência dispara. Em outras palavras, a proximidade funciona como uma espécie de droga da conexão. Chegue perto e a tendência para a conexão é acionada.

Como os cientistas têm destacado, a Curva de Allen segue a lógica evolucionária. Durante a maior parte da história humana, a proximidade continuada é um indicativo de pertencimento – afinal, não ficamos perto de alguém constantemente a menos que seja seguro para as duas partes. Estudos indicam que as comunicações digitais também obedecem à Curva de Allen. Estamos bem mais propensos a enviar mensagens de texto, e-mails e interagir virtualmente com pessoas que se encontram fisicamente próximas. (Um estudo descobriu que trabalhadores que compartilhavam um mesmo local mandavam quatro vezes mais e-mails do que aqueles que não compartilhavam e, como resultado, concluíam os projetos 32 vezes mais rápido.)

Tudo isso nos dá uma perspectiva melhor para compreender o que Tony Hsieh tem em mente. Está alavancando a Curva de Allen. Seus projetos tendem a ter sucesso pelas mesmas razões que os projetos dos grupos criativos são bem-sucedidos: a proximidade ajuda a criar as eficiências da conexão. As pessoas em sua órbita se comportam como se estivessem sob a influência de algum tipo de droga porque, na verdade, elas estão.

Durante nossas conversas, pergunto a Hsieh como ele recruta novas pessoas para o Projeto Centro da Cidade. "Se há pessoas interessadas e nós estamos interessados nelas, nós as convidamos a vir para cá", diz ele. "Fazemos as coisas de um jeito meio engenhoso. Providenciamos um lugar para se hospedarem de graça e não dizemos muito. Elas chegam aqui, circulam, veem o que está acontecendo e algumas decidem se juntar a nós. As coisas meio que acontecem."

"Qual é o percentual daquelas que acabam se mudando para cá?"

Ele faz uma longa pausa. "Provavelmente 1 em 20." A princípio esse número não parece tão impressionante: apenas 5%. Então você pensa no que está sob esse número. Uma centena de desconhecidos visitarão Hsieh e, depois de algumas conversas e um punhado de interações, cinco deles deixarão suas casas para trás e entrarão para esse grupo que acabaram de conhecer. Hsieh construiu uma máquina que transforma desconhecidos em uma tribo.

"É engraçado como isso acontece", diz Hsieh. "Nunca digo muita coisa. Não faço qualquer grande tentativa de vender alguma ideia. Apenas deixo que experimentem o lugar e espero o momento certo. Então olho para eles e pergunto: 'E aí, quando vai se mudar para Vegas?'" Ele sorri. "E alguns deles se mudam mesmo."

6

IDEIAS PARA AÇÃO

Construir um ambiente de segurança não é uma habilidade que se aprenda de um jeito robótico, seguindo instruções passo a passo. Trata-se de uma habilidade fluida, que exige improviso – mais ou menos como aprender a passar a bola para um companheiro de time durante um jogo de futebol. Exige que se reconheça padrões, que se tenha reações rápidas e que se transmita o sinal correto no momento certo. E, como qualquer habilidade, possui uma curva de aprendizado.

Essa curva de aprendizado se aplica até aos cientistas que estudam o pertencimento. Por exemplo, Will Felps, autor do estudo da maçã podre (veja no Capítulo 1), descreveu como as percepções de sua pesquisa afetaram o modo como ele se comunicava em sua vida pessoal. "Eu costumava fazer um monte de pequenos comentários astutos na conversa, querendo ser engraçado, às vezes cortando as pessoas", diz ele. "Agora percebo como esses sinais podem impactar o grupo de forma negativa. Por isso tento demonstrar que estou ouvindo. Quando falam, fico olhando para os rostos, fazendo sinais com a cabeça, e digo 'O que quer dizer com isso?' ou 'Poderia me falar mais sobre o assunto' e peço opiniões sobre o que devemos fazer, estimulando as pessoas a se abrirem."

Amy Edmondson (que também conhecemos no Capítulo 1) vem estudando a segurança psicológica em uma ampla gama de ambientes de trabalho. "Eu não costumava pensar se estava fazendo as pessoas se sentirem seguras", diz ela. "Agora penso nisso o tempo todo, em especial no início de qualquer interação, e presto atenção constante, principalmente se há alguma mudança ou tensão. Faço de tudo para garantir que as pessoas se sintam seguras."

Felps e Edmondson falam da mesma verdade: criar segurança tem relação com a sintonia em momentos pequenos e sutis e na comunicação de sinais dirigidos para pontos críticos. O objetivo deste capítulo é fornecer algumas dicas de como fazer isso.

Reitere várias vezes que você está prestando atenção. Quando visitei culturas bem-sucedidas, encontrava a mesma expressão no rosto dos ouvintes. Era assim: cabeça ligeiramente inclinada para a frente, olhos que não piscavam e sobrancelhas arqueadas. Os corpos ficavam parados e se aproximavam de quem falava com propósito. O único som proferido era um fluxo constante de afirmativas – *Isso, É, Entendi* – que encorajavam quem falava a seguir em frente e entregar mais informação. "A postura e a expressão são incrivelmente importantes", disse Ben Waber, ex-aluno de Alex Pentland no doutorado que fundou a Humanyze, uma consultoria de análise social. "É a maneira como provamos que estamos em sincronia com alguém."

Da mesma forma, é importante evitar as interrupções. A harmonia no revezamento, como vimos, é um poderoso indicador de desempenho coeso do grupo. As interrupções estilhaçam as interações suaves que são a essência do pertencimento. Afetam tanto a coesão que Waber emprega parâmetros de avaliação de interrupção como uma ferramenta no treinamento de vendas. "Quando se pode demonstrar para alguém os números indicando que os maiores vendedores raramente interrompem as pessoas e avaliá-los com base nessa escala, é possível transmitir uma mensagem poderosa", diz ele. Claro, nem todas as interrupções são negativas. As sessões criativas, por exemplo, costumam conter séries de interrupções. O principal é fazer uma distinção entre as interrupções que nascem da empolgação mútua e aquelas enraizadas na falta de consciência e de conexão.

Desde o início deixe claro o fato de que você está sujeito a erros – especialmente se for um líder. Em qualquer interação, temos uma tendência natural a esconder as fraquezas para parecer competentes. Para criar segurança, essa é a jogada errada. Você deve se abrir, mostrar que comete erros e solicitar contribuições de todos com comentários do tipo "Esta é apenas a minha opinião" ou "Claro que eu poderia estar enganado", ou "O que não estou conseguindo enxergar?" e também "O que você acha?".

R. C. Buford, gerente-geral do San Antonio Spurs, é um dos mais bem-sucedidos executivos da história dos esportes. Mas, ao observá-lo em ação, é possível confundi-lo com um assistente. Ele é um sujeito tranquilo e afável do Kansas que faz perguntas, ouve com muita atenção e irradia humildade. No início de nossas conversas, ele mencionou a proximidade das aposentadorias de diversos astros da equipe e disse: "Estou absolutamente apavorado com o futuro." Ele poderia ter se vangloriado dos sistemas de seleção e desenvolvimento da organização, falado do progresso de jovens jogadores ou das trocas inteligentes que fizeram, ou ainda comentado sobre o poder da cultura que ergueram. Mas não fez nada disso admitiu que estava apavorado. Esse tipo de sinal não é uma mera admissão de fraqueza. É também um convite para criar uma conexão mais profunda, porque provoca uma reação no ouvinte: *Como posso ajudar?*

"Para criar segurança, os líderes precisam solicitar ativamente a participação", diz Edmondson. "É difícil levantar a mão e dizer 'Tenho uma sugestão, mas não sei se vai funcionar'. E também é difícil não responder a uma pergunta genuína de um líder que pede opinião ou ajuda."

Abrace o mensageiro. Um dos momentos mais cruciais para criar segurança é quando o grupo compartilha notícias ruins ou recebe um feedback duro. Nessas situações, é importante não apenas tolerar as notícias ruins, mas acatá-las. "Você conhece o ditado que diz 'Não atire no mensageiro'?", pergunta Edmondson. "Na verdade, não basta não atirar nele. Você deve abraçar o mensageiro e deixar que todos saibam quão necessário é o feedback. Assim, você pode ficar tranquilo que eles se sentirão seguros para dizer a verdade na próxima vez."

Visualize as futuras conexões. Um hábito que percebi em grupos bem-sucedidos era fazer prévias dos relacionamentos vindouros, fazendo conexões pequenas mas significativas entre o agora e uma visão do futuro. O time de beisebol St. Louis Cardinals, por exemplo, é famoso por sua cultura e habilidade de transformar jovens jogadores em talentos da liga principal. O Johnson City (Tennessee) Cardinals é a divisão mais baixa do St. Louis. Um dia, em um ônibus da equipe do Tennessee, um dos treinadores do Cardinals, sentado na primeira fila, gesticulava para a televisão que mostrava o time principal jogando.

"Vocês conhecem aquele arremessador?"

Os jogadores olharam para a tela. Vestida com um uniforme impecavelmente branco, encontrava-se a figura heroica de Trevor Rosenthal, jovem astro que havia se tornado o arremessador principal dos Cardinals. No ano anterior, ele tinha jogado na World Series.

"Há três anos", disse o treinador, "ele estava sentado bem aí onde vocês estão hoje."

Foi tudo que disse. Não foi muito – levou apenas uns cinco segundos. Mas foi uma mensagem poderosa, pois ligava os pontos entre o lugar onde os jogadores se encontravam e aquele para onde se dirigiam. *Há três anos ele estava sentado bem aí onde vocês estão hoje.*

Exagere nos agradecimentos. Quando se entra em culturas muito bem-sucedidas, o número de agradecimentos ouvidos parece ligeiramente exagerado. No fim de cada temporada de basquete, por exemplo, o técnico do Spurs, Gregg Popovich, leva cada um de seus astros para um canto e agradece a ele por permitir que seja seu treinador. As palavras exatas são: *Obrigado por permitir que eu o treine.* Faz pouco sentido do ponto de vista lógico – afinal, tanto Popovich quanto o jogador foram amplamente recompensados e não é como se o jogador tivesse uma opção. Mas esse tipo de situação acontece o tempo todo em grupos muito bem-sucedidos porque é mais uma afirmação do relacionamento do que propriamente um agradecimento.

Por exemplo, quando visitei a KIPP Infinity, uma escola notável no Harlem, em Nova York, testemunhei professores que agradeciam aos outros sem parar. Os professores de matemática receberam camisetas comemorando o Dia do Pi como presente surpresa do assistente administrativo. E mais, Jeff Li, que ensina matemática para o oitavo ano, enviou o seguinte e-mail para os demais professores de matemática do departamento:

Queridos professores de matemática que eu tanto amo,

Na verificação número 7, um teste intermediário sobre funções lineares (parte do principal trabalho de base desta série), a turma que se forma em 2024 superou os resultados das duas turmas anteriores em uma avaliação semelhante. Vejam os dados abaixo:

Turma de 2022: 84,5
Turma de 2023: 87,2
Turma de 2024: 88,7

Sei que isso é o resultado da melhora na qualidade de ensino em todas as séries, desde o quinto ano... por isso quero agradecer por serem professores maravilhosos, que se esforçam para melhorar a cada ano. Está funcionando!

Jeff

Embora tantos agradecimentos possam parecer exagerados, existem fortes bases científicas indicando que isso incita o comportamento cooperativo. Em um estudo realizado por Adam Grant e Francesco Gino, pediu-se aos participantes que ajudassem um aluno fictício chamado "Eric" a escrever uma carta de apresentação para se candidatar a um emprego. Depois de ajudá-lo, metade dos participantes recebeu um bilhete de agradecimento de Eric; a outra metade recebeu uma resposta neutra. Em seguida, o grupo recebeu o pedido para ajudar "Steve", outro aluno. Aqueles que receberam o agradecimento de Eric escolheram ajudar Steve com duas vezes mais frequência do que aqueles que receberam a resposta neutra. Em outras palavras, um pequeno agradecimento fez com que as pessoas se comportassem de maneira bem mais generosa com alguém completamente desconhecido. Isso acontece porque os agradecimentos não são apenas uma expressão de gratidão. São deixas de pertencimento cruciais que geram uma sensação contagiante de segurança, conexão e motivação.

Na minha pesquisa, vi algumas vezes a pessoa mais poderosa do grupo expressar gratidão a um dos integrantes menos poderosos. Por exemplo, o chef de cozinha Thomas Keller, que comanda restaurantes de renome mundial, como French Laundry e Per Se, tem como hábito agradecer ao lavador de pratos na inauguração de suas casas, destacando o fato de que o desempenho do restaurante depende da pessoa que executa a tarefa mais simples. Urban Meyer, treinador do Ohio State no campeonato de futebol americano de 2015, usou o mesmo método na celebração após o título, no Ohio Stadium, com a presença de dezenas de milhares de alunos e fãs. Todos presumiam que ele começaria a comemoração apresentando os principais jogadores que haviam levado o time ao sucesso. Em vez disso, Meyer apresentou um jogador desconhecido, chamado Nik Sarac, um reserva da defesa que, no início da temporada, tinha aberto mão de sua bolsa para que Meyer pudesse entregá-la a alguém que tivesse mais condições de ajudar o time. Meyer destacou Sarac pelo mesmo motivo que Keller destacou os lavadores de prato – *Aqui está esta pessoa que não é celebrada, mas que torna nosso sucesso possível.*

Seja cuidadoso no processo de contratação. A decisão em relação a quem entra ou quem não entra é um dos sinais mais poderosos que qualquer grupo emite, e os bem-sucedidos tratam das contratações com toda a seriedade. A maioria desenvolveu processos longos e rigorosos que buscam avaliar a compatibilidade de perfil, a contribuição (por meio de pesquisa profunda sobre experiências anteriores e de interações extensas com um grande número de pessoas do grupo) e o desempenho (cada vez mais medido por testes). Alguns grupos, como a Zappos, também acrescentaram uma camada extra de deixas de pertencimento: após a conclusão do treinamento, eles oferecem aos novatos um bônus de 2 mil dólares para pedirem demissão (cerca de 10% dos novos funcionários aceitam a oferta).

Elimine as maçãs podres. Os grupos que estudei tinham uma tolerância extremamente baixa ao comportamento das maçãs podres e, talvez o mais importante, eram bons em se referir a esses comportamentos. Os líderes do All-Blacks, da Nova Zelândia, time de rúgbi ranqueado como um dos mais bem-sucedidos do planeta, conquistaram sua posição com uma regra que diz com simplicidade: "Nada de cretinos." É simples e por isso é eficiente.

Crie espaços seguros e ricos em conexões. Os grupos que visitei eram uniformemente obcecados pelo design como uma alavanca para a coesão e a interação. Foi o que vi no átrio projetado por Steve Jobs na Pixar e nas salas de convivência da Equipe Seis do SEAL da Marinha americana, que ocupa instalações amplas que lembram salas de reuniões de hotel (embora recheadas com homens fortemente armados, esbanjando forma física). Também vi o mesmo cuidado aplicado em recursos menores e mais simples, como máquinas de fazer café.

Há alguns anos, o Bank of America lutava contra o esgotamento das equipes de suas centrais de atendimento telefônico. Chamaram Ben Waber para fazer uma análise sociométrica, que concluiu que os trabalhadores andavam altamente estressados e que a melhor solução para esse estresse seria que passassem algum tempo juntos longe das mesas de atendimento. Waber recomendou alinhar os horários das equipes de tal modo que compartilhassem da mesma pausa de quinze minutos para o cafezinho todos os dias. Também fez com que a empresa comprasse máquinas de café melhores e as instalasse em lugares mais convenientes para o agrupamento de funcionários. O efeito foi imediato: um aumento de 20% na produtividade e uma redução na rotatividade da mão de obra, que foi de 40% para 12%. Waber também supervisionou intervenções nos refeitórios corporativos: a simples substituição de mesas de quatro lugares por outras com dez lugares gerou um aumento de produtividade de 10%. A lição de todos esses estudos é a mesma: criar espaços que propiciem a conexão entre as pessoas.

"Costumávamos delegar o serviço de alimentação a uma empresa terceirizada", disse Ed Catmull, presidente e cofundador da Pixar (da qual falaremos mais no Capítulo 16). "Não considerávamos o preparo de comida como parte de nosso negócio principal. Mas, quando se contrata uma empresa terceirizada de alimentação, ela quer ganhar dinheiro, e a única forma de fazer isso é diminuindo a qualidade da comida ou do serviço. Não são pessoas más nem gananciosas. É um problema estrutural. Foi por esse motivo que decidimos assumir esse trabalho e dar aos nossos funcionários alimentação de alta qualidade a um preço razoável. Agora temos comida boa de verdade e as pessoas ficam por aqui em vez de sair e têm conversas e encontros que ajudam nosso negócio. É bem simples. Percebemos que a alimentação na verdade faz parte do nosso negócio principal."

Garanta que todos tenham voz. Assegurar que todos tenham voz é algo fácil de dizer, mas difícil de implementar. É por isso que muitos grupos bem-sucedidos utilizam mecanismos simples que encorajam, destacam e valorizam contribuições de todos. Por exemplo, muitos seguem a regra de que nenhuma reunião pode acontecer sem que todos os participantes compartilhem algo. Outros fazem apresentações regulares do trabalho recente, quando qualquer um pode dar sua opinião. (A Pixar chama isso de Dailies [Diárias], amplas reuniões matinais em que todos têm a chance de oferecer sugestões e feedback em relação ao material criado recentemente.) Outros estabelecem fóruns periódicos, nos quais qualquer um pode levantar uma questão ou fazer uma pergunta aos líderes do grupo, por mais polêmica que possa ser. Mas não importa a força da regra, o principal é ter líderes que buscam a conexão e garantem que as vozes sejam ouvidas.

Um bom exemplo é o método de Michael Abrashoff, capitão da Marinha americana que assumiu o comando do destróier *USS Benfold* em 1997. Na época, o *Benfold* tinha um desempenho avaliado entre os mais baixos da Marinha. Uma de suas primeiras providências foi ter encontros individuais de 30 minutos com cada um dos 310 marinheiros da embarcação. (Ele precisou de seis semanas para concluir todas as reuniões.) Abrashoff fazia três perguntas para cada marinheiro:

1. O que você mais gosta no *Benfold*?
2. O que você menos gosta?
3. O que você mudaria se fosse o capitão?

Sempre que Abrashoff recebia uma sugestão que considerava ser possível implementar de imediato, ele anunciava a mudança pelo sistema de comunicação da embarcação, dando crédito ao autor da ideia. Durante os três anos seguintes, graças a essa estratégia e a outras medidas (detalhadas em seu livro *It's your ship* [É o seu navio]), o *Benfold* se tornou um dos navios mais bem cotados da Marinha americana.

Recolha o lixo. Em meados da década de 1960, o time de basquete masculino da UCLA vivia um dos períodos de maior sucesso na história dos esportes, após ganhar 10 títulos em 12 anos. Certo dia, Franklin Adler, membro da equipe técnica do time, viu algo estranho: John Wooden, o lendário treinador principal, estava recolhendo lixo no vestiário. "Ali estava um homem que havia vencido três campeonatos nacionais", disse Adler, "um homem que já estava imortalizado no Hall da Fama como jogador, um homem que havia criado e vivia o auge de uma dinastia... curvando-se e recolhendo lixo no chão do vestiário."

Wooden não era o único a fazer isso. Ray Kroc, fundador do McDonald's, era famoso por recolher o lixo. "Todas as noites, ele era visto descendo a rua, caminhando perto da sarjeta, recolhendo quaisquer embalagens e copos do McDonald's que encontrava pelo caminho", contou o ex-CEO da empresa Fred Turner ao escritor Alan Deutschman. "Ele chegava à loja com as mãos cheias de copinhos e papéis. Vi o Ray passar uma manhã de sábado limpando o escorredor do balde do esfregão com uma escova de dentes. Ninguém prestava atenção ao maldito escorredor porque todos sabiam que aquilo era apenas o balde do esfregão. Mas Kroc viu todas as sujeirinhas que se juntavam nas ranhuras e queria limpá-las para que o escorredor funcionasse melhor.

Eu encontro sempre esse mesmo padrão. O treinador Billy Donovan, da Universidade da Flórida (agora com o Oklahoma City Thunder), limpava Gatorade derramado no chão. Mike Krzyzewski, da Duke, e Tom Coughlin, do New York Giants, faziam o mesmo. Os líderes do All--Blacks, time de rúgbi, formalizaram esse hábito como um dos valores da equipe chamado de "varrendo os galpões". Seus líderes fazem tarefas braçais como a limpeza e a arrumação dos vestiários – e, no caminho, fornecem um modelo vibrante da ética de união e trabalho de equipe.

É o que eu chamaria de humildade muscular – uma mentalidade que busca formas simples de servir ao grupo. Recolher o lixo é um exemplo, mas os mesmos tipos de comportamento existem em relação a vagas de estacionamento designadas (de modo igualitário, sem lugares reservados para os líderes), ao assumir as contas nas refeições (os líderes fazem isso todas as vezes) e ao proporcionar igualdade nos salários, em especial nas startups. Essas são ações poderosas não apenas porque são morais ou generosas, mas também porque emitem um sinal mais amplo: *estamos juntos nisso tudo*.

Valorize os momentos de transição. Quando entramos em um novo grupo, nosso cérebro decide depressa se vai estabelecer uma conexão. Por isso as culturas bem-sucedidas valorizam esses momentos mais do que quaisquer outros. Por exemplo, suponha que você acabou de ser contratado pela Pixar, seja como diretor ou como barista no café da empresa. No primeiro dia, você e um pequeno grupo de novatos são recepcionados na sala onde os filmes costumam ser exibidos. Pedem a você que se sente na quinta fileira – porque é ali que os diretores se sentam. Em seguida, são ditas as seguintes palavras: *Não importa o que você era antes: a partir de agora você é um cineasta. Precisamos de sua ajuda para fazer filmes melhores.* "É uma mensagem tremendamente forte", diz Mike Sundy, que trabalha no gerenciamento de dados. "Você se sente transformado." Mais que isso, trata-se de uma realidade na Pixar. Samantha Wilson, contratada inicialmente como barista, anos depois assumiu o posto de gerente de conteúdo, tendo trabalhado em *Divertida mente*, *Up – Altas aventuras* e *Carros 2*.

O Oklahoma City Thunder, bem-sucedida equipe de basquete da NBA, faz uso parecido do seu primeiro dia. Oklahoma City é um local improvável para uma franquia de esporte profissional: é uma cidade relativamente pequena, isolada, mais conhecida pelos tornados do que pela vida noturna. Quando se é contratado pelo Thunder, como jogador ou empregado, a primeira coisa que acontece é ser levado ao monumento que honra as vítimas do atentado a bomba ocorrido em 1995 na cidade. Caminha-se à beira de um espelho-d'água. Observam-se 168 cadeiras esculpidas, uma para cada vítima.

O gerente-geral, Sam Presti, comanda a visita com frequência. Não fala muito. Simplesmente deixa que os novatos andem e sintam o ar solene do local. Depois, perto do fim da visita, ele sugere aos jogadores que olhem para as arquibancadas durante os jogos e se lembrem de que muitas daquelas pessoas foram diretamente afetadas pela tragédia. É um momento pequeno. Mas faz imensa diferença pelo mesmo motivo que o experimento na central de atendimento da WIPRO fez diferença. Envia uma fortíssima deixa de pertencimento no exato momento em que as pessoas estão mais propensas a recebê-la.

Claro que os momentos de transição não acontecem apenas no primeiro dia. Acontecem todos os dias. Mas os grupos bem-sucedidos que visitei davam atenção ao acolhimento de quem chegava. Faziam pausas, se demoravam e reconheciam a presença da pessoa nova, valorizando aquele momento como algo especial: *Estamos juntos agora*.

Evite o feedback do tipo sanduíche. Em muitas organizações, os líderes costumam oferecer feedback segundo o tradicional método sanduíche: fala-se de um ponto positivo, trata-se então da área que necessita de melhorias e conclui-se com outro ponto positivo. Faz sentido na teoria, mas na prática costuma causar confusão, pois as pessoas tendem a focar inteiramente o lado positivo ou o lado negativo.

Nas culturas que visitei, não encontrei muitos feedbacks nesse modelo. Em vez disso, vi os dois aspectos serem trabalhados em processos diferentes. Lidavam com os pontos negativos pelo diálogo, primeiro perguntando se a pessoa queria o feedback, seguindo-se uma conversa focada no aprendizado, de mão dupla, sobre o crescimento necessário. Os pontos positivos eram abordados com manifestações claríssimas de reconhecimento e elogios. Os líderes com quem passei algum tempo compartilhavam uma grande capacidade de irradiar alegria quando encontravam um comportamento digno de elogios. Esses momentos de felicidade autêntica e calorosa funcionavam como o norte magnético, criando clareza, estimulando o pertencimento e orientando as ações futuras.

Aproveite a diversão. Isso é óbvio, mas sempre vale a pena mencionar, porque o riso não é apenas o riso. É o mais fundamental sinal de segurança e de conexão.

HABILIDADE 2

COMPARTILHAR VULNERABILIDADES

7

"DIGA-ME O QUE QUER E EU VOU AJUDAR"

Em 10 de julho de 1989, o voo 232 da United Airlines deixou Denver e se dirigiu para Chicago com 285 passageiros a bordo. O dia estava ensolarado, com temperatura amena e suave vento oeste soprando a 21 quilômetros por hora. Durante os primeiros 70 minutos da viagem, tudo foi perfeito. Ao sobrevoar Iowa, a tripulação, que consistia no capitão Al Haynes, no primeiro oficial Bill Records e no engenheiro de voo Dudley Dvorak, pôs a nave no piloto automático, almoçou e ficou batendo papo. Haynes, com 57 anos, era bom em jogar conversa fora. Texano discreto, ex-integrante do Corpo de Fuzileiros Navais, tinha um jeito simpático muito apreciado pelos demais tripulantes. A dois anos da aposentadoria, ele fazia planos para a próxima etapa de sua vida, quando pretendia pilotar uma *motorhome* pelo país na companhia de sua esposa, Darlene.

Então, às 15h16, ouviu-se uma ruidosa explosão na cauda. A aeronave sacudiu intensamente, começou a subir e a se inclinar severamente para a direita. Records agarrou uma das duas alavancas de controle, também conhecidas como manches, e disse: "Estou com o avião." Ao verificar os manômetros, a tripulação percebeu que a turbina de popa

– uma das três do DC-10 – não funcionava mais. Nesse meio-tempo, o avião continuava a se inclinar cada vez mais para a direita, apesar de todo o esforço de Records para corrigir o curso.

"Al", disse Records, tentando manter a calma na voz, "não consigo controlar a aeronave."

Haynes segurou seu manche. "Peguei", disse ele, mas não adiantou. Usou toda a força, mas os controles mal se alteraram. O avião continuou a se inclinar para a direita até parecer que estava quase sobre a asa.

Mais tarde os investigadores atribuiriam a explosão a uma fissura microscópica em uma hélice de dois metros de diâmetro no interior da turbina. As consequências da explosão, no entanto, foram muito além da simples perda do motor, que normalmente poderia ser superada. Estilhaços haviam cortado as linhas de controle hidráulico principal e auxiliar, com as quais os pilotos operavam os lemes, os estabilizadores e os flaps – em suma, a explosão destituíra os pilotos da capacidade de controlar o avião.

O Comitê Nacional de Segurança dos Transportes emprega o seguinte termo para esse tipo de evento: *falha catastrófica*. As companhias aéreas não se dão ao trabalho de treinar os pilotos para essas situações por dois motivos. Em primeiro lugar, são extremamente raras – as chances de se perder o sistema hidráulico principal *e* o auxiliar foram calculadas em 1 em 1 bilhão. Em segundo lugar, são invariavelmente fatais.

Haynes conseguiu conter o movimento em espiral com o uso das válvulas reguladoras de pressão de modo a aumentar a potência do motor na asa direita e diminuir na asa esquerda. O impulso assimétrico ajudou o avião a voltar devagar para uma posição de aparente equilíbrio, mas não ajudou em nada na solução do maior dos problemas: os controles não se mexiam. A aeronave estava oscilando pelos céus de Iowa como um aviãozinho de papel muito malfeito. Haynes e Records continuaram a lutar com os manches. Os comissários de bordo percorreram a cabine, tentando restaurar a tranquilidade. Uma família sacou a Bíblia e começou a rezar.

Na primeira classe, em um assento no corredor, um homem de 46 anos chamado Denny Fitch limpava o café derramado em seu colo na hora da explosão. Fitch trabalhava para a United como instrutor de pilotos. Passava os dias em um simulador de voo, ensinando a lidar com emergências. Ele procurou uma comissária e pediu a ela que informasse ao capitão que estava disposto a ajudar. A resposta veio depressa: *Mande-o para cá*. Fitch caminhou pelo corredor, abriu a porta da cabine e ficou com o coração apertado.

"Para mim, como piloto, a cena era inacreditável", disse ele para um repórter depois do ocorrido. "Os dois pilotos estavam com camisas de mangas curtas, os tendões saltando dos antebraços, as articulações brancas pelo esforço. (...) A primeira coisa que passa na cabeça é 'Deus do céu, vou morrer hoje'. A única pergunta que resta é: 'Quanto tempo vai levar até Iowa me atingir?'"

Fitch examinou os instrumentos tentando entender o que diziam. Nunca vira uma falha hidráulica completa antes e, como os pilotos, tinha dificuldade de compreender o que estava acontecendo. O engenheiro de voo Dvorak estava no rádio com o departamento de manutenção da United, buscando aconselhamento. Era o auge da confusão.

"Diga-me", falou Fitch para Haynes. "Diga-me o que quer e eu vou ajudar."

Haynes gesticulou em direção às válvulas de pressão dos motores, localizadas no console entre os dois pilotos. Enquanto Haynes e Records ocupavam as mãos com a luta contra os manches, alguém precisava operar as válvulas, para tentar manter o voo nivelado. Finch foi para a frente, ajoelhou-se entre os assentos e segurou-as com as duas mãos.

Ombro a ombro, os três começaram a fazer algo que nenhum piloto jamais fizera: voar um DC-10 sem qualquer controle. Eles começaram a se comunicar de um modo particular, com diálogos curtos e explosivos:

HAYNES: Tudo bem, vamos fazer esse patife descer um pouco mais.
FITCH: Ok, diminui um pouco sua força.

HAYNES: Alguém tem alguma ideia [sobre o que fazer a respeito do trem de pouso]? Ele [Dvorak] está falando [com a manutenção].

FITCH: [Dvorak] está falando [com a manutenção]. Vou acionar o sistema alternativo para você. Talvez possa até ajudá-lo. Se não tem fluido, não sei como os aerofólios vão ajudá-lo.

HAYNES: Assim como você, como nós vamos baixar o trem de pouso?

FITCH: Bem, pela ação da gravidade. A única coisa é que passamos para o sistema mecânico. As portas [do trem de pouso] estão abertas?

HAYNES: Ah-ham.

RECORDS: Também vamos ter problemas para parar.

HAYNES: Ah, é. Estamos sem freios.

RECORDS: Sem freios?

HAYNES: Bem, temos um pouco [de freio, mas não muito].

FITCH: [Frear] será de uma vez. Acione. Acione uma vez. É só o que dá pra fazer. Vou fazer uma curva para você. [Vou] dar para você uma curva para a esquerda, de volta ao aeroporto. Está bem?

HAYNES: Entendi.

[Alguns minutos depois]

HAYNES: Um pouquinho para a esquerda, para trás, para trás.

FITCH: Mantenha esse troço nivelado se puder.

HAYNES: Nivelado, benzinho, nivelado, nivelado...

DVORAK: Estamos virando.

FITCH: Mais potência, mais potência, dê mais potência.

RECORDS: Mais potência, potência total.

FITCH: Toda a força neles.

VOZ DESCONHECIDA: Virar para a direita, regulador de pressão ativado.

HAYNES: Podemos virar para a esquerda?

DVORAK (falando com Fitch): Quer este assento?

Fitch: Quero, se importa?
Dvorak: Não. Acho que você sabe o que está fazendo...

O termo que os pilotos usam para descrever esse tipo de comunicação curta é *notificação*. Uma notificação não é uma ordem ou um comando. Ela fornece contexto, informa sobre algo que foi percebido, dando destaque a um elemento discreto do mundo. As notificações são a forma mais humilde e mais primitiva de comunicação, o equivalente ao gesto de uma criança que aponta: *Eu vejo isso.* Ao contrário das ordens, elas carregam perguntas não ditas: *Você concorda? O que mais você vê?* Em uma decolagem ou aterrissagem típica, uma tripulação experiente faz uma média de 20 notificações por minuto.

Durante as interações depois da explosão, a tripulação improvisada do voo 232 comunicou-se a uma taxa de 60 notificações por minuto. Algumas das interações consistiam em perguntas grandes e abertas, feitas principalmente por Haynes. *Como vamos baixar o trem de pouso? (...) Alguém tem uma ideia?* Não são o tipo de pergunta que se esperaria ouvir de um capitão. Na verdade, são o oposto. Normalmente, a função de um capitão em uma emergência é estar no comando e transmitir capacidade e tranquilidade. No entanto, Haynes comunicava sem parar uma verdade bem diferente para sua tripulação: *Seu capitão não tem ideia do que está acontecendo nem de como resolver o problema. Você pode ajudar?*

Essa combinação de notificações e de perguntas abertas formou um padrão de interação que não era nem harmonioso nem gracioso. Acontecia aos trancos, inseguro e cheio de repetições. Conceitualmente, lembrava alguém tateando em uma sala escura, sentindo os obstáculos e se movendo habilidosamente em torno deles. *Também vamos ter problemas para parar... Ah, é. Estamos sem freios... Sem freios? Temos um pouco... Acione, acione uma vez.*

A tripulação do voo 232 resolveu uma série complexa de problemas interagindo dessa forma acidentada e insegura enquanto voava a 650 quilômetros por hora. Descobriram como distribuir da melhor forma a potência entre os dois motores e como tentar antecipar os movimentos de sucessivos mergulhos que a aeronave fazia. Eles se comunicaram com a cabine, os comissários, os passageiros, os controladores de voo, a manutenção e as equipes de emergência no solo. Escolheram rotas, calcularam trajetórias de descida, prepararam a evacuação e chegaram a fazer piadas. À medida que se aproximavam de Sioux City, os controladores de tráfego aéreo deram permissão para pouso em qualquer pista do aeroporto.

Alguns minutos depois, voando no dobro da velocidade normal de uma aterrissagem e descendo seis vezes mais rápido do que o padrão, o voo 232 tentou o pouso. A ponta de uma asa tombou e se cravou na pista, lançando o avião em uma cambalhota incendiária. O impacto foi terrível, mas 185 pessoas sobreviveram, entre elas a tripulação inteira. Alguns passageiros saíram caminhando dos destroços para dentro de um milharal. O fato de tantos passageiros terem sobrevivido foi considerado um milagre.

Nas semanas seguintes, como parte da investigação, o Comitê Nacional de Segurança dos Transportes colocou tripulações experientes em simuladores e recriou as condições enfrentadas pelo voo 232 no momento em que perdeu todo o sistema hidráulico. A simulação foi executada 28 vezes. Em todas elas, os aviões caíram, descendo em espiral até o chão sem se aproximarem de Sioux City.

Tudo isso sublinha uma estranha verdade. O sucesso da tripulação do voo 232 não se deve às habilidades individuais, mas à capacidade de combinarem essas habilidades e criar uma inteligência maior. Demonstraram que uma série de diálogos pequenos e humildes – *Alguém tem ideias? Diga-me o que quer e eu vou ajudar* – pode destravar a capacidade de desempenho de um grupo. A chave, como estamos prestes a aprender, envolve a disponibilidade para executar determinado comportamento que contraria todos os nossos instintos: compartilhar a vulnerabilidade.

★ ★ ★

Até aqui este livro se debruçou sobre o que poderia ser chamado de departamento do grude, explorando como grupos bem-sucedidos criam o pertencimento. Agora voltamos nossa atenção ao modo como grupos bem-sucedidos traduzem a conexão em uma cooperação confiante.

Quando se observa grupos extremamente coesos em ação, veem-se muitos momentos de cooperação fluida e confiante. Esses momentos costumam acontecer quando o grupo confronta um obstáculo difícil – por exemplo, uma equipe dos SEALs em uma pista de treinamento ou uma trupe de comediantes que improvisam um quadro. Sem comunicação nem planejamento, o grupo começa a se movimentar e a pensar como se fosse uma entidade única, descobrindo como superar o obstáculo do mesmo modo que um cardume se orienta em um recife de coral, como se estivessem ligados a um mesmo cérebro. É belo.

Quando se examina de perto, porém, também se percebe algo mais. Salpicados entre a harmonia e a fluência, encontram-se momentos que não parecem tão belos. São desajeitados, inconvenientes e cheios de perguntas difíceis. Eles contêm pulsos de profunda tensão enquanto as pessoas lidam com avaliações difíceis e lutam juntas para entender a situação. E mais, esses momentos não ocorrem por acidente. Acontecem de propósito.

Na Pixar, esses momentos desagradáveis são vividos nas chamadas reuniões do BrainTrust. O BrainTrust é o método de avaliar e aprimorar os filmes da Pixar durante seu desenvolvimento. (Cada um deles passa pelo BrainTrust cerca de meia dúzia de vezes, em intervalos regulares.) A reunião se dá entre o diretor do filme e alguns cineastas e produtores veteranos, que assistem à versão mais recente e oferecem opiniões sinceras. De longe, parece ser um obstáculo rotineiro. De perto, é mais como um doloroso procedimento médico – especificamente uma dissecação que destaca, identifica e analisa os defeitos da obra em detalhes.

Uma reunião do BrainTrust não é divertida. É a ocasião em que os diretores ouvem que falta emoção em seus personagens, que os roteiros são confusos e que as piadas não têm graça. Mas também é o momento em que aqueles filmes são aprimorados. "O BrainTrust é, de longe, a coisa mais importante que fazemos", disse o presidente da Pixar, Ed Catmull. "Baseia-se no feedback totalmente sincero."

Em ritmo e tom, as reuniões lembram a atmosfera no interior da cabine de comando do voo 232. Consistem em um fluxo constante de notificações sobre más notícias acompanhadas por algumas perguntas importantes e assustadoras – *Alguém aqui sabe como pousar esse troço?* Os participantes passam a maior parte do tempo de cenho franzido e lutando para entender o fato de que o filme, naquele momento, não funciona. "Nenhum dos nossos filmes presta, a princípio", revela Catmull. "O BrainTrust é quando entendemos por que isso acontece e é também quando eles começam a prestar."

Com os SEALs, força de operações especiais da Marinha dos Estados Unidos, os momentos de desconforto e honestidade acontecem na chamada *After-Action Review* (AAR; Avaliação Após a Ação). Essas reuniões são realizadas imediatamente após cada missão ou sessão de treinamento: os integrantes da equipe baixam as armas, pegam um lanche e um copo d'água e começam a falar. Como acontece nos BrainTrusts, eles identificam e analisam os problemas e ainda enfrentam perguntas diretas e desagradáveis: *Por que falhamos? O que cada um de nós fez e por que fizemos isso? O que faremos diferente da próxima vez?* As reuniões AAR podem ser sofridas, dolorosas e repletas de emoção e incerteza.

"Não são muito divertidas", disse Christopher Baldwin, ex-operador da Equipe Seis do SEAL da Marinha americana. "Podem ficam tensas, às vezes. Nunca vi ninguém partir para a briga, mas pode chegar perto disso. No entanto, é provavelmente a coisa mais importante que fazemos juntos, além das missões em si, porque é quando entendemos o que de fato se passou e como melhorar."

Embora os SEALs e a Pixar gerem esses momentos de modo estruturado, outros grupos utilizam métodos mais informais e mais orgânicos. Na Gramercy Tavern, restaurante de Nova York com funcionários que poderiam ser comparados a uma equipe dos SEALs para o mundo gastronômico, observei Whitney Macdonald quando faltavam alguns minutos para o momento que ela antecipava havia muito tempo: seu primeiríssimo turno como garçonete no salão. A turma que chegava para almoçar fazia fila na calçada e ela estava empolgada e um pouco nervosa.

Scott Reinhardt, assistente do gerente-geral, aproximou-se dela – para um discurso motivacional, supus.

Eu estava errado. "Muito bem", disse Reinhardt olhando fixamente e de modo penetrante para Whitney. "A única coisa que sabemos sobre o dia de hoje é que não vai ser perfeito. Quero dizer, *poderia* ser perfeito, mas as chances são muito, muito, muito grandes de que isso não aconteça."

Um brilho de surpresa atravessou o rosto de Whitney. Ela havia treinado para aquele dia durante seis meses, aprendendo todos os mínimos detalhes do trabalho, e esperava ter um bom desempenho. Havia trabalhado como atendente nos bastidores, tomado notas, assistido a reuniões de montagem de escalas, acompanhado turno após turno. Agora ouvia em termos bem claros que estava destinada a fracassar.

"Então vou lhe dizer como saberemos se você teve um bom dia", prosseguiu Reinhardt. "Se pedir ajuda dez vezes, saberemos que foi bom. Se você tentar fazer tudo sozinha..." Ele interrompeu a frase, mas a implicação estava clara: *será uma catástrofe*.

À primeira vista, esses momentos constrangedores na Pixar, no SEAL e na Gramercy Tavern não fazem sentido. Esses grupos parecem criar intencionalmente interações desagradáveis, dolorosas, que aparentam ser o oposto da cooperação harmoniosa. No entanto, o fascinante é que essas interações desagradáveis e até dolorosas geram um comportamento altamente coeso e uma relação de confiança necessários para a cooperação harmoniosa. Vamos examinar mais a fundo como isso acontece.

8

O LAÇO DA VULNERABILIDADE

Imagine que você e um desconhecido perguntem um ao outro as questões dos dois conjuntos a seguir:

Conjunto A
- Qual foi o melhor presente que você ganhou e por quê?
- Descreva o último bichinho de estimação que você teve.
- Onde cursou o ensino médio? Como era sua escola nessa época?
- Quem é seu ator (ou atriz) favorito?

Conjunto B
- Se uma bola de cristal pudesse lhe dizer a verdade sobre você, sobre sua vida, o futuro ou qualquer outra coisa, o que gostaria de saber?
- Existe alguma coisa que você sonha fazer há muito tempo? Por que ainda não fez?
- Qual é a maior realização de sua vida?
- Quando foi a última vez que cantou sozinho? Quando cantou para outra pessoa?

À primeira vista, os dois conjuntos de perguntas têm muito em comum. Ambos pedem que se revelem informações pessoais, que se contem histórias, que haja compartilhamento. No entanto, se você passasse por essa experiência (o formulário completo contém 36 perguntas), perceberia duas diferenças. A primeira é que, ao examinar o Conjunto B, você se sentiria mais apreensivo. Seus batimentos cardíacos se acelerariam. O desconforto seria maior. Você coraria, hesitaria ou talvez risse de nervoso. (Não é fácil, afinal de contas, dizer para um desconhecido algo importante com que você sonhou a vida inteira.)

A segunda diferença é que o Conjunto B faria você e o desconhecido se sentirem mais próximos um do outro – cerca de 24% mais próximos do que o Conjunto A, de acordo com os autores da experiência.* Enquanto o Conjunto A permite que se permaneça na zona de conforto, o Conjunto B gera confissão, desconforto e autenticidade que derrubam as barreiras entre as pessoas e as levam a um grau de conexão mais profundo. Enquanto o Conjunto A gera informação, o Conjunto B gera algo mais potente: vulnerabilidade.

Em algum nível, sabemos intuitivamente que a vulnerabilidade tende a estimular a cooperação e a confiança. Mas talvez não percebamos como esse processo funciona de forma poderosa e segura, em particular quando se trata de interações de grupo. Por isso é útil conhecer o Dr. Jeff Polzer, professor de comportamento organizacional em Harvard que passou boa parte de sua carreira examinando como pequenas interações sociais aparentemente insignificantes podem ter um efeito-cascata em grupos.

"As pessoas tendem a pensar na vulnerabilidade de forma sentimental, mas não é o que está acontecendo", diz Polzer. "Trata-se de enviar

---

* As perguntas foram desenvolvidas pelos psicólogos Arthur e Elaine Aron. Em sua versão completa, a Geração Experimental de Proximidade Interpessoal também inclui quatro minutos durante os quais cada participante fita silenciosamente os olhos do outro. O experimento original foi feito com 71 pares de desconhecidos e um dos pares acabou se casando. (Todos os integrantes do laboratório foram convidados para a cerimônia.)

um sinal realmente claro de que você tem vulnerabilidades e que gostaria de receber ajuda. E, se esse comportamento se torna um modelo para os outros, você pode deixar as inseguranças de lado e passar a trabalhar, começar a confiar nos outros e ajudá-los. Se você nunca teve um momento vulnerável como esse, por outro lado, então as pessoas tentarão esconder as próprias fraquezas e cada tarefa mínima se torna uma ocasião para que as inseguranças se manifestem."

Polzer indica que a vulnerabilidade tem menos relação com quem manifesta e mais com quem recebe. "A segunda pessoa é a chave", diz ele. "Elas aceitam e revelam as próprias fraquezas ou as escondem e fingem que não têm nenhuma? Isso faz uma enorme diferença no resultado." Polzer se tornou habilidoso na identificação do momento em que o sinal atravessa o grupo. "É possível até observar quando as pessoas relaxam e se conectam, começando a ter confiança. O grupo capta a ideia, diz 'Tudo bem, vamos adotar esse modo' e começa a se comportar segundo essas regras, de acordo com a norma que diz que não há problema em admitir a fraqueza nem em dar e receber ajuda."

A interação que ele descreve pode ser chamada de laço de vulnerabilidade. Uma troca compartilhada de fraquezas é o tijolo mais básico para construir cooperação e confiança. Os laços de vulnerabilidade parecem rápidos e espontâneos a distância, mas, quando examinados de perto, todos seguem os mesmos passos discretos:

1. Pessoa A envia um sinal de vulnerabilidade.
2. Pessoa B detecta esse sinal.
3. Pessoa B reage sinalizando as próprias vulnerabilidades.
4. Pessoa A detecta esse sinal.
5. Estabelece-se uma norma. A proximidade e a confiança aumentam.

Considere a situação de Al Haynes no voo 232. Ele era o comandante do avião, a fonte de poder e de autoridade a quem todos procuravam em busca de segurança e orientação. Quando a explosão liquidou os controles, seu instinto foi de desempenhar esse papel – agarrar o manche e dizer "Estou com ele". (Mais tarde ele diria que "essas três palavras foram a coisa mais idiota que eu disse em toda a minha vida".) Se ele tivesse continuado a interagir com sua tripulação desse modo, o voo 232 estaria perdido. Mas Haynes mudou de rumo. Foi capaz de fazer algo ainda mais difícil: enviar um sinal de vulnerabilidade, comunicar à tripulação que precisava dela. Para isso, usou apenas quatro palavras:

Alguém tem uma ideia?

Do mesmo modo, quando o instrutor de pilotos Denny Finch entrou na cabine de comando, poderia ter tentado dar ordens e assumir o controle – afinal, ele sabia tanto, ou talvez até mais, sobre procedimentos de emergência quanto o próprio Haynes. Em vez disso, ele fez o contrário: colocou-se explicitamente sob as ordens de Haynes e da tripulação, sinalizando seu papel como ajudante:

Diga-me o que quer e eu vou ajudar.

Cada um desses pequenos sinais levou apenas alguns segundos para ser transmitido. Mas foram vitais porque mudaram a dinâmica, permitindo que duas pessoas diferentes funcionassem como uma só.

É útil olhar essa mudança em detalhes. Coincidentemente, cientistas realizaram um experimento com esse mesmo objetivo, chamado de Jogo do Doar ou Não Doar. Funciona assim: você e outra pessoa, que você não conhece, recebem quatro fichas. Cada uma vale um dólar se for guardada, mas dois dólares se for dada para a outra pessoa. O jogo consiste em uma decisão: quantas fichas dar à outra pessoa?

Não é uma decisão simples. Se você der todas, pode acabar sem nenhuma. Se for como a maioria das pessoas, acabará dando em média 2,5 fichas para um desconhecido – resultado com um ligeiro viés para a cooperação. O interessante, porém, é o modo como as pessoas tendem a se comportar quando os níveis de vulnerabilidade aumentam um pouco.

Durante um experimento, pediram aos participantes que fizessem uma curta apresentação em uma sala cheia de gente instruída pelos cientistas a permanecer impassível e silenciosa. Logo depois eles brincaram do Jogo do Doar ou Não Doar. Você poderia esperar que os participantes que passaram por essa experiência difícil reagiriam tornando-se menos cooperativos, mas aconteceu o contrário: os níveis de cooperação daqueles que se apresentaram aumentaram em 50%. Aquele momento de vulnerabilidade não reduziu a disposição de cooperar, ampliou-a. O oposto também é verdadeiro: ao aumentar a sensação de poder das pessoas – isto é, manipular a situação de modo que se sintam mais fortes –, a disposição para a cooperação reduziu-se drasticamente.

O elo entre vulnerabilidade e cooperação se aplica não apenas aos indivíduos, mas também aos grupos. Em uma experiência realizada por David DeSteno, da Northeastern University, foi pedido aos participantes que realizassem uma tarefa longa e tediosa em um computador preparado para sair do ar no momento em que eles estivessem concluindo. Naquele momento, um de seus colegas (que, na verdade, era da equipe de pesquisadores) se aproximava, observava o problema e generosamente dedicava-se a "consertar" o computador, evitando que o participante tivesse que reinserir os dados. Em seguida, os participantes disputavam o Jogo do Doar ou Não Doar. Como se poderia esperar, eles eram significativamente mais cooperativos com a pessoa que havia consertado o computador. Mas o curioso é que eles eram igualmente cooperativos com completos desconhecidos. Em outras palavras, os sentimentos de confiança e proximidade deflagrados pelo laço de vulnerabilidade foram transferidos com força total para alguém que, por acaso, estava naquela sala. O laço de vulnerabilidade, em outras palavras, é contagiante.

"Achamos que a confiança é estável, mas a cada momento seu cérebro está vasculhando o ambiente e fazendo cálculos para saber se você pode confiar nas pessoas à sua volta e estabelecer vínculos com elas", explica DeSteno. "A confiança depende do contexto. E o que a dirige é a sensação de que você é vulnerável, precisa dos outros e não pode fazer as coisas sozinho."

Em geral, pensamos sobre a confiança e a vulnerabilidade como pensamos sobre estar na solidez do chão e saltar no desconhecido: primeiro construímos a confiança e *então* saltamos. Mas a ciência está nos mostrando que entendemos as coisas ao contrário. A vulnerabilidade não vem depois da confiança – ela a precede. Saltar no desconhecido, quando feito com outras pessoas, faz o chão sólido da segurança se materializar sob nossos pés.

Pergunta: Como você faria para encontrar 10 grandes balões vermelhos deixados em lugares secretos espalhados pelos Estados Unidos?

Não é uma pergunta fácil. Foi concebida pelos cientistas da Agência de Projetos Avançados de Pesquisa de Defesa (DARPA, do inglês Defense Advanced Research Projects Agency), uma divisão do Departamento de Defesa americano cuja tarefa é auxiliar os militares a se prepararem para futuros desafios tecnológicos. O Desafio do Balão Vermelho, anunciado pela DARPA em 29 de outubro de 2009, foi projetado para imitar dilemas da vida real, como o terrorismo e o controle de epidemias, e oferecia um prêmio de 40 mil dólares para o primeiro grupo que descobrisse a localização correta dos 10 balões. A imensidão da tarefa – 10 balões em mais de 8 milhões de quilômetros quadrados – levou alguns a acharem que a DARPA havia ido longe demais. Um analista veterano da Agência Nacional de Inteligência Geoespacial declarou que era uma tarefa "impossível".

Dias depois do anúncio, centenas de grupos se inscreveram, representando a grande diversidade das mentes mais inteligentes do país: hackers, empreendedores de mídias sociais, empresas de tecnologia, departamentos de pesquisa de universidades. A imensa maioria usou uma abordagem lógica: construíram ferramentas para enfrentar o problema. Eles desenvolveram motores de busca para analisar tecnologia de fotografia por satélite; recorreram às suas redes sociais e de negócios; lançaram campanhas de publicidade; desenvolveram um software aberto e encorajaram as comunidades de caçadores de balões nas mídias sociais.

A equipe do Media Lab do MIT, por sua vez, não fez nada disso, porque só descobriu o desafio quatro dias antes da data marcada para o início. Um grupo de alunos, liderado pelo pesquisador Riley Crane, percebeu que não havia tempo para montar uma equipe, criar tecnologia nem fazer nada que se parecesse com uma abordagem organizada. Então, em vez disso, eles assumiram outra estratégia. Construíram um site na internet que trazia o seguinte convite:

> Ao se inscrever para fazer parte da Equipe do MIT no Desafio do Balão Vermelho, você receberá um link personalizado como http://balloon.mit.edu/seunomeaqui para convidar seus amigos.
> Convide todo mundo para se inscrever usando seu convite pessoal. Se alguém que você convidar, ou alguém que esse alguém convidar (... e assim por diante) ganhar dinheiro, você também vai ganhar!
> Vamos dar 2 mil dólares por balão para o primeiro que nos enviar as coordenadas corretas, mas não para por aí – também vamos dar mil dólares para quem convidou essa pessoa. E vamos dar 500 dólares para quem convidou esse outro e 250 dólares para quem convidou o anterior, e assim por diante... (veja como funciona).

Comparada às ferramentas e à tecnologia sofisticadas empregadas pelos outros grupos, a abordagem da equipe do MIT era ridiculamente primitiva. Não havia organização estrutural, nem estratégia, nem software ou mesmo um mapa dos Estados Unidos para ajudar a localizar os balões. Não era uma equipe bem equipada – mais parecia um apelo rabiscado às pressas e enfiado em uma garrafa lançada no oceano da internet: "Se você encontrar, por favor, nos ajude!"

Na manhã de 3 de dezembro, dois dias antes do começo do desafio, o MIT pôs o site no ar. Durante algumas horas, nada aconteceu. Então, às 15h42 daquele dia, as pessoas começaram a se associar. As conexões despontaram inicialmente em Boston e então explodiram, irradiando-se para Chicago, Los Angeles, São Francisco, Minneapolis, Denver, Texas e muito além, até a Europa. Vista como um *time lapse*, a propagação das conexões lembrava a concatenação espontânea de um gigantesco sistema nervoso, com centenas de pessoas novas aderindo ao esforço com o passar de cada hora.

Precisamente às 10 horas do dia 5 de dezembro, pelo fuso da Costa Leste dos Estados Unidos, a DARPA colocou os balões nos lugares secretos, que variavam da praça Union no centro de São Francisco a um campo de beisebol na periferia de Houston, no Texas, e um parque arborizado perto de Christiana, Delaware. Milhares de equipes entraram em ação e os organizadores se prepararam para uma longa espera. Estimaram que levaria até uma semana para que uma das equipes descobrisse a localização precisa dos 10 balões.

Oito horas, 52 minutos e 41 segundos depois, o desafio estava encerrado. A equipe do MIT encontrou os 10 balões e fez isso com a ajuda de 4.665 pessoas – ou, como disse Peter Lee, um dos organizadores da DARPA, "uma imensa participação por um dinheirinho de nada". O método primitivo, improvisado, da mensagem na garrafa havia derrotado participantes bem mais equipados e criado uma onda veloz e profunda de trabalho em grupo e cooperação motivados.

A razão para isso era simples. Todos os outros times usaram uma mensagem lógica, baseada em incentivos: *Junte-se a nós neste projeto e você pode ganhar dinheiro*. Esse sinal parece motivador, mas não encoraja a cooperação – na verdade, faz o contrário. Se contar para outras pessoas sobre a busca, você reduz ligeiramente suas chances de ganhar o prêmio em dinheiro. (Afinal, se outros encontrarem os balões e você não, eles é que receberão toda a recompensa.) Essas equipes pediam a vulnerabilidade dos participantes enquanto permaneciam invulneráveis.

A equipe do MIT, por outro lado, sinalizou sua vulnerabilidade ao prometer que todos que estivessem ligados à descoberta de um balão vermelho compartilhariam o prêmio. Em seguida, forneceu oportunidade para que as pessoas criassem redes de vulnerabilidade, alcançando seus amigos e pedindo que eles incluíssem os amigos *deles*. Ninguém ditou o que os participantes deveriam fazer ou como deveriam fazer, nem foram dadas a eles tarefas específicas ou uma tecnologia para usar. Apenas entregaram um link e deixaram que as pessoas fizessem com ele o que quisessem. E o que elas quiseram foi se conectar com muitas outras pessoas. Cada convite criou um novo laço de vulnerabilidade que conduziu à cooperação – *Ei, estou fazendo esse projeto maluco de caça aos balões e preciso de sua ajuda.*

Em outras palavras, o que fez diferença na cooperação não foi quantas pessoas alguém conseguia alcançar nem a qualidade da tecnologia de busca de balões criada – não tinha nada a ver com um indivíduo em particular. Tratava-se mais da eficiência com que as pessoas criavam relacionamentos de risco mútuo. O Desafio do Balão Vermelho não era sequer uma competição de tecnologia. Era, como todos os esforços que buscam criar cooperação, uma competição de compartilhamento de vulnerabilidades.

A história do Desafio do Balão Vermelho nos parece surpreendente porque a maioria de nós encara a vulnerabilidade como uma condição a ser escondida. Mas a ciência mostra que, quando se trata de criar cooperação, a vulnerabilidade não é um risco, mas uma exigência psicológica.

"Para que realmente servem os grupos?", pergunta Polzer. "A ideia é que podemos combinar nossos pontos fortes e usar nossas habilidades de modo complementar. Ser vulnerável elimina a estática do caminho e propicia que façamos o trabalho juntos, sem preocupações nem hesitações. Isso nos permite trabalhar como uma unidade."

Depois de conversar com Polzer e com outros cientistas que estudam a confiança, comecei a identificar laços de vulnerabilidade em outros lugares que visitei. Às vezes eram diálogos curtos, rápidos. Um treinador de beisebol profissional começou a preleção de abertura da temporada dizendo aos jogadores: "Estou tão nervoso por falar com vocês hoje." Os jogadores reagiram com sorrisos de simpatia – também estavam nervosos. Às vezes, esses laços assumem a forma de objetos físicos, como o Mural do Fracasso construído pela Dun & Bradstreet Credibility Corporation – um quadro no qual as pessoas podem compartilhar momentos em que falharam.

Às vezes eram hábitos de líderes aparentemente invulneráveis, como a mania de Steve Jobs, fundador da Apple, de começar as conversas dizendo: "Aqui está uma ideia maluca." ("E às vezes eram mesmo", recorda-se Jonathan Ive, vice-presidente sênior de design da Apple, em sua homenagem a Jobs. "Realmente malucas. Às vezes eram verdadeiramente terríveis.") Cada laço era diferente, mas todos compartilhavam um padrão mais profundo: um reconhecimento dos limites, uma profunda percepção da natureza grupal do esforço. O sinal enviado era o mesmo: *Você tem um papel aqui. Preciso de você.*

"É por isso que boas equipes tendem a fazer um bocado de coisas radicais juntas", diz DeSteno. "Um fluxo constante de vulnerabilidade dá a elas uma noção mais rica e mais confiável de seu grau de confiabilidade, e cria uma aproximação maior para que possam assumir ainda mais riscos. Fornece uma base para o crescimento."

O mecanismo da cooperação pode ser resumido da seguinte forma: *Trocas de vulnerabilidades, que naturalmente tendemos a evitar, funcionam como o caminho pelo qual a cooperação confiante é construída.* Essa ideia é útil porque nos permite vislumbrar o mecanismo do trabalho em equipe por dentro. A cooperação, como veremos, não surge do nada. É um músculo coletivo desenvolvido de acordo com um padrão específico de interação repetida que é sempre o mesmo: um círculo de pessoas envolvidas em um processo arriscado, ocasionalmente doloroso e, por fim, compensador por se mostrarem vulneráveis juntas.

A ideia dos laços de vulnerabilidade tem utilidade imediata porque ajuda a iluminar as conexões entre mundos que parecem disparatados. Por exemplo, por que certos grupos de comediantes fazem tanto sucesso? Como foi estruturada a quadrilha de ladrões mais famosa do mundo? E qual a relação entre carregar por aí um tronco muito pesado e criar as melhores equipes de forças especiais no planeta?

9

OS SUPERCOOPERADORES

A máquina de confiança de Draper Kauffman

Uma das características que diferenciam as equipes SEAL da Marinha americana é a combinação de sigilo e adaptabilidade. Elas conseguem atravessar paisagens perigosas e complexas em absoluto silêncio. Essa é uma das razões pelas quais seus integrantes foram escolhidos para assumir operações como a missão de matar Osama bin Laden, a missão de resgate do capitão Richard Phillips no *Maersk Alabama*, além de milhares de missões menos divulgadas porém igualmente arriscadas. Os SEALs chamam essa combinação de "jogar basquete de rua". Como qualquer boa equipe de rua, não precisam falar muito nem seguir uma estratégia predeterminada: apenas jogam o jogo.

"Uma vez dividimos uma missão com os Rangers", contou um ex--comandante da Equipe Seis, referindo-se às equipes de forças especiais do Exército. "O comandante dos Rangers e eu ficamos juntos [em uma base próxima] observando [o vídeo do drone com] as imagens da missão. O tempo todo o comandante dos Rangers ficou no rádio com seus homens. Ele falava, dava ordens... 'Faça isso, fique atento àquilo.' Agia como um técnico do lado de fora da quadra, berrando jogadas. Em determinado momento esse comandante notou que eu não estava dizendo uma palavra sequer e me lançou um olhar de quase incredulidade. Era como se perguntasse: *Por que não está dizendo o que seus homens devem fazer?* Foi muito marcante. Nossos homens e os deles estavam na mesma missão. Ele falava o tempo todo e nós não dizíamos nada. E a resposta era: *Porque não precisamos.* Sei que meus homens vão resolver os problemas sozinhos."

Nos círculos militares, existem diversas teorias para explicar por que os SEALs são tão habilidosos nesse basquete de rua. Há quem aponte os rigores do programa de seleção, aquela pirâmide íngreme de treinamento mental, emocional e físico da qual apenas um pequeno percentual de candidatos emerge. Outros atribuem o sucesso à alta qualidade dos indivíduos atraídos para a unidade e à busca incessante pelo aprimoramento.

Todas essas teorias fazem sentido, mas não são suficientes para explicar o desempenho dos SEALs. Treinar para a Força Delta do Exército, por exemplo, é igualmente difícil e ainda mais seletivo. (Há uma taxa de 95% de desistência, contra 67% dos SEALs.) Outros grupos de operações especiais atraem indivíduos de qualidade excepcional e também buscam o aprimoramento incessante. Por que então os SEALs trabalham tão bem juntos? Na busca pela resposta, em algum momento se chega à história de um sujeito franzino, míope, incrivelmente teimoso, rejeitado pela Marinha. Seu nome era Draper Kauffman.

Kauffman nasceu em 1911, filho único do lendário almirante James "Stormy" Kauffman. Era o que os psicólogos modernos chamariam de criança com TOD (Transtorno de Oposição Desafiante). Ele tinha total ciência do que era esperado dele e costumava fazer o contrário. Aos 5 anos, arranjou encrenca por ficar fora de casa até tarde. "Seja rápida e bata logo em mim para que eu possa sair de novo e brincar", disse ele à mãe. Aluno medíocre, recriminado pelo pai por sua preguiça, Kauffman formou-se em 1933 na Academia Naval. Quando seus problemas de visão o impediram de seguir para o oficialato, ele deixou a Marinha e arranjou emprego em uma empresa de navegação.

Depois, com a aproximação da Segunda Guerra Mundial, ele saiu do emprego para que pudesse se voluntariar a uma vaga de motorista de ambulância no American Volunteer Ambulance Corps (Corpo Americano de Voluntários de Ambulância). Os pais e a irmã, temendo por sua segurança, escreveram cartas pedindo que reconsiderasse. Sua reação foi solicitar um posto no lugar mais perigoso possível: o trecho norte da linha Maginot, onde Hitler reunira suas tropas para invadir a França. Pouco depois da chegada de Kauffman, em fevereiro de 1940, a invasão começou.

O primeiro trabalho de Kauffman foi dirigir a ambulância pelo campo de batalha recolhendo os feridos. Ele não estava preparado para a caótica realidade da guerra. "Nunca teria feito isso se soubesse como seria", escreveu. "Tantas bombas explodiam na estrada à minha frente (...) que meu único instinto era dirigir o mais rápido que podia e quase destruí o veículo ao fazê-lo. Depois de transferirmos [os feridos] para outra ambulância que os levaria ao hospital, eu me sentei no banco do motorista e comecei a tremer feito vara verde."

Mais ou menos nessa época, Kauffman encontrou um grupo de soldados franceses que representavam tudo que ele não era. O Corps Franc era um grupo de elite formado por voluntários cuja missão era esgueirar-se por trás das linhas inimigas, interromper comunicações, fazer prisioneiros e criar tumulto. Eram organizados em pequenas equipes, carregando armamentos leves e explosivos. Kauffman ficou impressionado com o relacionamento fraterno entre eles, que excedia em muito qualquer coisa que ele tivesse encontrado em seus tempos na Academia Naval. "Ou você era aceito pelo Corps Franc, ou não era, e existia um abismo entre as duas coisas", escreveu ele para a família. "Não havia nada que não fariam por você. Se um membro da patrulha caísse em uma armadilha e estivesse com outros cinco, os cinco atacariam 50 alemães para tentar libertar o homem encurralado."

Durante seis semanas, Kauffman passou dias e noites com o Corps Franc, testemunhando seus rituais noturnos de brindar os mortos e seu sangue-frio sob fogo inimigo. "Você passa a chamar um homem de 'amigo' bem depressa quando a situação é difícil", escreveu. "Isso chegou ao auge certo dia, quando recolhi Toine [um integrante dos Corps] no campo, sem metade do rosto, um braço em frangalhos e sem o pé esquerdo. Quando atingimos a luz do Poste de Secours, quase cedi e ele não me ajudou em nada ao dar uma piscadela com o olho que sobrava e apertar minha mão com a boa."

Depois que a linha Maginot foi invadida, Kauffman viajou para a Grã-Bretanha e ofereceu-se como voluntário para a unidade de desarmamento de bombas da Reserva Naval britânica. Em junho de 1943, voltou aos Estados Unidos e entrou para a Reserva Naval americana. Correram comentários sobre aquele tenente franzino com talento para o desarmamento de bombas. Ele acabou sendo enviado para Fort Pierce, na Flórida, com a tarefa de selecionar e treinar soldados para unidades de demolição submarina, que penetrariam nas defesas alemãs ao longo da costa francesa e do norte da África. Esperava-se que Kauffman seguisse a cartilha da Marinha para o treinamento de equipes especializadas: algumas semanas de seleção e treinamento moderadamente rigoroso, supervisionado por oficiais. No entanto, ele abandonou o modelo e decidiu recriar o Corps Franc.

Primeiro, Kauffman instituiu a Semana do Inferno, um programa de seleção de sete dias com os níveis de dor, medo e confusão encontrados na linha Maginot, incluindo travessias a nado de seis quilômetros em mar aberto, corridas com obstáculos, treinamento de combate homem a homem, corridas de 16 quilômetros, pouquíssimas horas de sono e um curioso exercício que consistia em levantar um poste telefônico, algo que ele havia visto os comandos britânicos empregarem para desenvolver a força e o trabalho em equipe. Quem sobrevivia à Semana do Inferno (25% a 35% da turma) recebia treinamento especializado durante 8 a 10 semanas, quando aprendiam e aprimoravam as habilidades mais refinadas que usariam no trabalho de campo.

Em segundo lugar, Kauffman estabeleceu que todos os aspectos dos treinamentos seriam baseados no trabalho em grupo. Em vez de trabalhar sozinhos, os soldados eram colocados em grupos de seis (o número que cabia nos botes de borracha da Marinha) e ficavam juntos durante todo o treinamento. E mais, cada equipe tinha que ser autossuficiente, capaz de contornar ou superar qualquer obstáculo sem depender de um comando central.

Em terceiro lugar, Kauffman eliminou a distinção hierárquica entre oficiais e praças. Em seu programa, todos participavam do treinamento, independentemente do posto. Isso, claro, incluía Kauffman. Os recrutas da primeira turma deram uma olhada naquele comandante míope e desajeitado e chegaram à mesma conclusão: não havia como aquele sujeito chegar ao fim. Mas ele demonstrou que estavam errados.

"Estávamos testando [Kauffman] o tempo todo", escreveu Dan Dillon, integrante da primeira turma de demolição, "mas meu respeito por ele se aprofundou porque muitos oficiais dirão a você o que fazer, mas não farão o mesmo. Esse homem (...) pede sugestões. Se são boas, ele as usa (...). E participa de tudo (...). Nas tarefas mais difíceis, mais podres que enfrentamos, ele está lá, fazendo tudo com o resto de nós. Como não respeitá-lo?"

As equipes que concluíram o programa de treinamento improvisado de Kauffman fizeram sucesso desde o início, da praia de Omaha até o Pacífico. Na década de 1960, quando o presidente John Kennedy expandiu os programas de guerra não convencional, o programa de treinamento de Kauffman foi usado como modelo para o que viriam a ser as Equipes do SEAL, e permanece assim até hoje. Tudo isso contribui para criar uma situação inusitada: as equipes militares mais sofisticadas e eficientes do mundo estão sendo formadas a partir de um programa nada científico, obsoleto, primitivo e cuja essência nunca mudou desde os anos 1940.

"Chamo isso de 'genialidade inconsciente'", diz um oficial de treinamento dos SEALs. "As pessoas que criaram o programa original não compreendiam muito bem *por que* esse era o melhor método para desenvolver equipes, mas compreendiam que *era* o melhor método. Seria tão fácil agora voltar atrás e mudar as coisas, modernizá-las de algum jeito. Mas não fazemos isso porque gostamos dos resultados."

Se você visitar um dos centros de treinamento dos SEALs, encontrará os postes telefônicos de Kauffman. Estão empilhados nas dunas próximas das pistas de obstáculos em Coronado e Virginia Beach. Parecem os restos de um projeto de construção, mas os comandantes consideram-nos objetos sagrados. "Treinamento físico com troncos é a lente pela qual é possível ver tudo que acontece aqui", afirma Tom Freeman, um comandante dos SEALs (seu nome real foi trocado para manter sua privacidade). "Captura a essência de todas as evoluções, pois se trata de trabalho em equipe."

O treinamento físico não é complicado. Basicamente, consiste em seis soldados executando uma variedade de manobras que mais parecem a construção de um celeiro por um grupo Amish (religiosos que não utilizam nenhuma tecnologia, nem mesmo eletricidade). Eles erguem, carregam e rolam as toras. Movem-nas de um ombro para o outro, empurram-nas com os pés. Fazem abdominais enquanto as seguram, ficam de pé durante longos períodos enquanto mantêm os troncos no alto, com os braços esticados. Não há estratégia nem técnica, nada que exija níveis mais elevados de pensamento, habilidade ou reflexo. O que diferencia o treinamento físico com troncos é a capacidade de criar duas condições: intensa vulnerabilidade e profunda interconexão. Vamos examiná-las individualmente.

Em primeiro lugar, a vulnerabilidade. Na linguagem dos SEALs, você não *pratica* o treinamento físico com troncos. Você *se submete*. No amplo estoque de dor que compõe a preparação dos SEALs, o treinamento físico com troncos causa um dos maiores e mais puros níveis de agonia. "Em algumas ocasiões, quando os instrutores dizem que é para estar na Pista O em 30 minutos, você percebe: 'Maldição, vamos nos submeter ao treinamento físico com troncos'", diz Freeman. "Mandam você almoçar primeiro, para se abastecer e temer o que está por vir. A pior parte é a antecipação. Você faz 30 segundos de uma evolução que vai durar 90 minutos, seus ombros ardem e você percebe que ainda tem uma hora e meia pela frente."

Em segundo lugar, a interconexão. O peso (cerca de 115 quilos) e o comprimento (três metros) criam uma inércia colossal. Executar manobras coordenadas exige que cada integrante da equipe aplique a quantidade de força correta no momento certo, e a única forma de fazê-lo é prestando muita atenção nos colegas. Conceitualmente, é como tentar girar um bastão com uma das mãos: se seus dedos e o polegar funcionarem direito, no tempo adequado, a tarefa é simples. Se o tempo de um dedo for errado, mesmo que seja por uma fração de segundo, é impossível. É por isso que uma equipe fisicamente mais fraca, trabalhando em sincronia, pode ter sucesso, enquanto grupos maiores e mais fortes podem desmoronar, do ponto de vista físico e mental.

Essas duas condições se combinam e transmitem uma sensação muito particular: o ponto em que a vulnerabilidade se encontra com a interconexão. Você passa por uma dor imensa, a centímetros de seus colegas, perto o bastante para sentir a respiração deles na sua nuca. Quando um colega vacila ou erra, você sente e sabe que eles também podem sentir se acontecer o mesmo com você. Chega-se a uma escolha: você pode se concentrar em si mesmo ou na equipe e na tarefa.

Quando o exercício é malfeito, o tronco tomba e rola, os participantes brigam entre si e as emoções esquentam. Quando vai bem, parece harmonioso e tranquilo. Mas essa harmonia é uma ilusão, pois sob a superfície existe uma comunicação acontecendo. Assume a forma de comentários quase invisíveis. Alguém perde a força e aqueles que estão ao lado ajustam os esforços para que o tronco permaneça firme e estável. Alguém solta e os colegas no mesmo instante compensam a diferença. Uma conversa viaja para lá e para cá pelas fibras do tronco:

1. Um colega vacila.
2. Os outros sentem e reagem assumindo mais dor, em nome do grupo.
3. O equilíbrio é recuperado.

Graças a Draper Kauffman, essa troca de vulnerabilidade e de interconexão é tecida em todos os aspectos do treinamento dos SEALs e é valorizada em um conjunto de valores pétreos. Tudo é feito em grupo. Aqueles que estão em treinamento devem acompanhar os outros o tempo todo. Não existe pecado maior do que perder alguém de vista. Durante exercícios em barco, os recrutas mudam de posição e de papéis de liderança o tempo todo. As atuações cronometradas nas corridas supostamente devem ser realizadas dentro de um padrão inegociável, mas sabe-se que os instrutores abrem exceções para corredores que diminuíram o ritmo para ajudar os outros, pois valorizam a disposição de alguém que é capaz de assumir um risco pelo bem da equipe.

"Somos todos favoráveis a buscar o microevento", diz Freeman. "Toda evolução é uma lente para procurar por momentos de trabalho em equipe e acreditamos que, se uma série de oportunidades for costurada, vai ficando claro quem serão os bons companheiros. Isso vem à tona nos momentos mais estranhos. Por exemplo, digamos que estão atrasados e que levarão uma bronca dos instrutores. Tem alguém que simplesmente insiste para que todos se apressem e sai correndo? Ou ele para e diz: 'Olhem só, levaremos uma bronca pelo atraso de qualquer maneira, então vamos checar nosso equipamento para estarmos 100% prontos quando a gente aparecer.' Há algo nesse segundo cara que a gente quer. Queremos ficar com ele porque ele não está pensando em si. Está pensando na equipe."

Visto desse modo, não surpreende que haja um alto nível de cooperação entre os SEALs. É praticamente inevitável. Eles cooperam bem porque o programa de treinamento de Kauffman gera milhares de microeventos que constroem a proximidade e a cooperação. "É mais do que trabalho em equipe", diz Freeman. "Você concorda em se abrir. Todos na sua equipe sabem quem você é, porque está tudo às claras. E, se você fizer bem, isso constrói um nível de confiança que é exponencialmente mais alto do que se pode obter em qualquer outro lugar."

O poder do Harold

Em uma noite de 1999, Lorne Michaels, produtor de *Saturday Night Live*, deixou sua cobertura no lado oeste da Rua 69 em Nova York e dirigiu-se ao sul, até uma parte decadente de Chelsea. Entrou então em um teatro com 60 lugares que, até meses antes, havia sido o lar do clube de striptease Harmony Burlesque, conhecido pelas performances com nudez completa. Cheiros misteriosos pairavam no ar. O depósito de lixo perto da entrada dos fundos estava cheio de ratos. Em três anos, os inspetores municipais fechariam o teatro por violações ao código de segurança contra incêndio. Mas, naquela noite, Michaels não prestava atenção no cenário. Viera para caçar talentos.

Michaels operava no ecossistema da comédia como colecionador de orquídeas: procurava, localizava e reunia os melhores espécimes. No passado, localizara brotos de notável talento em sua cidade natal, Toronto, no Second City em Chicago, no ImprovOlympic e em outros locais. Mas, nos últimos meses, uma nova espécie de comediante havia chegado: grupos sagazes, corajosos, com alta inteligência verbal e inventividade atrevida. Colonizavam o mundo do entretenimento com uma velocidade avassaladora, a vanguarda de uma invasão que estrelaria e/ou assinaria os roteiros de *The Office, The Daily Show, 30 Rock, The Colbert Report, Parks and Recreation, Community, Conan, Key & Peele, Broad City, Bob's Burgers, New Girl, The League, Girls* e *Veep* – sem falar de filmes como *O âncora, Ricky Bobby, As apimentadas* e *Missão madrinha de casamento*, entre outros. Eles se intitulavam Upright Citizens Brigade (UCB, Brigada dos cidadãos de bem).

O que havia de notável na UCB, na perspectiva de Michaels, era sua profundidade. Enquanto a maioria dos grupos de improviso produzia um pequeno número de equipes incríveis, a UCB produzia dezenas, todas capazes de atuar com habilidade marcante. E mais, à primeira vista, a UCB não parecia ser muito diferente de Second City, ImprovOlympic ou de qualquer outra trupe de comediantes. Todas foram influenciadas pelo já falecido e lendário Del Close; ofereciam aulas de improvisação para criar um sistema que as abastecia com novos talentos; compartilhavam uma estética irreverente, que desafiava os limites. De fato, a única diferença perceptível era o fato de que a UCB treinava seus comediantes quase exclusivamente com um jogo de improvisação estranho e difícil chamado Harold.

A maioria dos jogos de improvisação se baseia na simplicidade e na velocidade – criando esquetes rápidos em resposta às provocações da plateia –, mas o Harold é diferente por ser longo e complexo. Exige oito pessoas, contém nove cenas entrelaçadas e dura cerca de 40 minutos – uma eternidade no mundo do improviso, que parece marcado por um transtorno do déficit de atenção. O Harold é difícil de ensinar e de aprender e, assim, costuma terminar em fracassos espetaculares. Del Close fez a famosa comparação entre um Harold bem-sucedido e um grupo de pessoas que tropeçam ao mesmo tempo em uma escadaria e terminam todas de pé. Na maioria das vezes, porém, as pessoas apenas tropeçam.

A estrutura de um Harold é a seguinte:

- Abertura em grupo
- Primeiro *beat*: Cenas 1A, 1B, 1C (duas pessoas em cada cena)
- Jogo em grupo
- Segundo *beat*: Cenas 2A, 2B, 2C
- Jogo em grupo
- Terceiro *beat*: cenas 3A, 3B, 3C

Não se preocupe se não conseguir acompanhar – de certo modo, a ideia é essa, porque em um Harold é preciso desenvolver na correria as cenas que interligam tudo, com outras sete pessoas, de um jeito que todas as cenas A se conectem, todas as cenas B se conectem e assim por diante. Exige que se preste bastante atenção no que a UCB chama de "jogo", ou núcleo cômico de cada cena, e que todos esses fios soltos fiquem na mente, lembrando das conexões anteriores enquanto se constroem as novas.

Diferentemente de outros grupos, a UCB não costumava atuar em Harolds de vez em quando. Eram obcecados por eles. Havia equipes de Harold, noites de Harold, aulas de Harold, competições de Harold, práticas de Harold, bem como práticas dedicadas a analisar cada elemento do Harold. As paredes do teatro estavam cobertas com fotos dos melhores grupos de Harold. Como afirmou um observador, o relacionamento da UCB com os Harolds era mais ou menos o relacionamento da Igreja Católica com a celebração da missa. Tudo isso gerou uma situação curiosa: a UCB estava criando alguns dos grupos cômicos mais coesos do planeta ao passar um tempo imenso realizando uma atividade que produzia principalmente dor e constrangimento.

Para descobrir mais, vou a uma noite de Harold no novo teatro da UCB (sem cheiros nem ratos), no lado oeste da Rua 26, em Chelsea. Encontro um assento e começo a conversar com minha vizinha, uma mulher chamada Valerie, que, como boa parte da plateia, está matriculada nas aulas da UCB esperando entrar para um grupo de Harold algum dia. Ela não veio para se divertir, mas para aprender. "Estou prestando atenção principalmente na técnica", diz ela. "Como as pessoas reagem sob pressão. Estou trabalhando muito as minhas reações, tentando reagir de modo autêntico às pessoas, e não de acordo com velhos hábitos."

O espetáculo começa: três times, cada um apresentando um Harold. Depois de cada performance, Valerie oferece uma análise ultrarrápida. "Isolado demais", sussurra ela depois de um Harold que envolvia uma mulher com fones de ouvido no metrô cantando uma música de Adele aos berros. "Ela não deu espaço para que ninguém mais se conectasse. Ela queria apenas fazer uma piada e não havia espaço para os outros seguirem."

"Direto demais", sussurra Valerie depois do segundo Harold, que envolvia uma máquina de café que usava sua inteligência artificial para seduzir a namorada de seu dono. Ela explica que um bom Harold não permanece trancado no mesmo espaço narrativo, mas permite que os intérpretes saltem para situações completamente diferentes.

"Esse foi incrível", sussurra Valerie depois do terceiro Harold, que envolveu um vampiro, uma família em férias e um casal que dá à luz um brinquedinho sexual vivo. "Eles realmente se apoiaram. Viu como alguns deles apenas deixaram que as coisas acontecessem sem se envolver demais? Adoro isso."

Quando Del Close desenvolveu o Harold na década de 1970, escreveu as seguintes regras:

1. Todos são atores coadjuvantes.
2. Sempre contenha seus impulsos.
3. Nunca entre em uma cena a não ser que você seja necessário.
4. Salve seu colega, não se preocupe com a peça.
5. Sua principal responsabilidade é dar apoio.
6. Trabalhe com o máximo do seu cérebro o tempo inteiro.
7. Nunca subestime a plateia nem seja condescendente.
8. Não faça piadas.
9. Confie. Confie em seus colegas atores para lhe dar apoio. Confie que serão capazes de resolver a situação se você jogar pesado com eles. Confie em si mesmo.
10. Evite julgar o que está acontecendo a não ser que seja para ajudar, para dar melhor continuidade ou para avaliar como você pode apoiar do ponto de vista criativo se o seu apoio for solicitado.
11. OUÇA.

Todas as regras são orientações para reprimir instintos egoístas que poderiam transformar o ator no centro das atenções ou para servir aos colegas atores (*dar apoio, salvar, confiar, ouvir*). É por isso que as regras de Close são tão difíceis de seguir e também por isso que são tão úteis para a construção da cooperação. Um Harold coloca o ator diante de uma plateia, pede que ele contrarie todos os instintos naturais de seu cérebro e que, em vez disso, se entregue com generosidade ao grupo. Em resumo, é a versão da comédia para o treinamento físico com troncos.

"Você precisa se desapegar da necessidade de ser engraçado, de ser o centro dos acontecimentos", diz Nate Dern, ex-diretor artístico da UCB. "Você precisa ser capaz de ficar nu, de ficar sem ter o que dizer, de modo que as pessoas possam descobrir as coisas juntas. Dizem que as mentes devem estar vazias, mas não é bem assim. Elas devem ficar abertas."

A UCB também é única em abordar os Harolds como se fossem uma modalidade esportiva. Essa mentalidade é refletida na terminologia. Existem treinadores, e não diretores; práticas, e não ensaios; e cada Harold é seguido por um rigoroso feedback bem parecido com uma reunião AAR ou do BrainTrust. "Uma parte é positiva, mas é principalmente uma crítica", diz Dern. "Coisas como 'Você não ouviu a ideia de seu parceiro de cena'. Ou 'Você passou como um trator e não deixou que seu parceiro fizesse contribuições'. É bastante intenso. Para um artista, é duro, pois você já sabe quando fez uma apresentação ruim e aí seu treinador vem lhe dizer todas as coisas que deram errado."

"Em todas as outras formas de improviso, é possível se virar com seu charme", diz Kevin Hines, supervisor acadêmico da UCB de Nova York. "Com o Harold, não. É implacável. E é por isso que aqueles que fazem sucesso aqui costumam ser extremamente dedicados."

Em outras palavras, o Harold é um exercício de inteligência grupal em que se experimenta, repetidas vezes, a intercessão pura e dolorosa da vulnerabilidade e da interconexão. Visto dessa forma, o brilhantismo da UCB no palco e na tela não é acidental. É produto de milhares de microeventos, milhares de saltos interpessoais que foram feitos e apoiados. Esses grupos são coesos não por uma questão natural, mas porque construíram, peça a peça, os músculos mentais compartilhados para se conectar e cooperar.

"Eles pensam com um único cérebro"

Por volta do ano 2000, as joalherias mais exclusivas do mundo começaram a ser alvo de um novo tipo de ladrão. Eles operavam em plena luz do dia, nos bairros de comércio mais elegantes, bem à vista das câmeras de segurança. O método normalmente era o mesmo: entravam nas lojas vestidos como consumidores ricos e, em seguida, usavam martelos para arrebentar as vitrines de joias, levando apenas as gemas mais valiosas. Os roubos eram muito bem planejados e executados – a maioria levou menos que 45 segundos. Embora por vezes os ladrões fossem duros com os guardas e os clientes, não eram adeptos de tiroteios e usavam a criatividade nas fugas. Em Londres, partiram em um Bentley com motorista. Em Tóquio, usaram bicicletas. Um criminologista descreveu o trabalho deles como "artístico". Eram jovens e os boatos diziam que vinham da Sérvia e de Montenegro, partes da antiga Iugoslávia, consumida pela guerra. A polícia os chamava de Panteras Cor-de-Rosa, pois em um roubo de 2003, em Londres, um desses grupos escondeu diamantes em um pote de hidratante facial – mesma tática usada no filme *O retorno da Pantera Cor-de-Rosa*.

- Paris, 2001: Um grupo de Panteras disfarçados de trabalhadores utilizou maçaricos para derreter a camada de segurança das janelas da principal loja da Boucheron, depois arrebentou as janelas e fugiu com joias no valor de 1,5 milhão de dólares.
- Tóquio, 2005: Um grupo de Panteras fingindo ser clientes ricos usou spray de pimenta para imobilizar os seguranças e levou joias no valor de 35 milhões de dólares.
- St. Tropez, 2005: Panteras com chapéus de sol e camisas floridas invadiram uma loja à beira-mar e levaram 3 milhões de dólares em joias. Partiram em uma lancha.
- Dubai, 2007: Quatro Panteras foram a bordo de dois Audis alugados até o elegante shopping Wafi e usaram os carros como aríetes

para invadir a joalheria Graff. (Tiveram o cuidado de desabilitar os *airbags* dos veículos, para que não fossem ativados.) Partiram com 3,4 milhões de dólares em joias.

- Londres, 2007: Quatro Panteras do sexo masculino se vestiram como mulheres de meia-idade, com perucas e roupas caras, roubaram uma loja Harry Winston e partiram com 105 milhões de dólares em esmeraldas, rubis e diamantes do tamanho de jujubas.

Quando se examinam os vídeos gravados com as cenas dos assaltos, as imagens formam uma sequência única e perfeita. Os Panteras se movimentam pelas lojas como água; suas ações são coordenadas, calmas, concentradas. Não se olham. Sabem aonde ir e o que fazer. Martelam as vitrines com calma e precisão, afastam o vidro partido e extraem os diamantes com uma eficiência ensaiada. Depois desaparecem como sombras.

As autoridades também ficaram impressionadas com algo mais: em uma categoria que não é exatamente reconhecida pela lealdade, os Panteras pareciam ter um vínculo genuíno entre si. Nas raras ocasiões em que foram presos, ficaram imunes às tentativas da polícia de fazê-los delatar os companheiros. Em 2005, um Pantera chamado Dragan Mikic escapou de uma prisão francesa quando um grupo de homens – possivelmente outros Panteras – usou escadas, fuzis e alicates para invadir a cadeia e libertá-lo. Como disse um promotor de justiça: "Esses caras não se importam de ir para trás das grades. Sabem que vão escapar." Como disse outro observador: "Eles pensam com um único cérebro."

À medida que aumentava a notoriedade dos Panteras, as pessoas começaram a questionar quem seriam e como se organizavam. A teoria mais popular era que faziam parte de um grupo de soldados que haviam lutado nas guerras da Iugoslávia. Alguns acreditavam que os Panteras eram ex-integrantes de uma unidade paramilitar chamada Tigres de Arkan, grupo abominável que trabalhava para o poderoso Slobodan Milosevic. Outros acreditavam que eram ex-integrantes da JSO, unidade de forças especiais da Sérvia.

De onde quer que tivessem vindo, parecia inquestionável a ideia de serem soldados comandados e controlados por alguma figura central. George Papasifakis, encarregado da Unidade de Crimes contra a Propriedade da Grécia, disse a um repórter: "Alguém definitivamente está manipulando os fios na Sérvia e alguém está encarregado de iniciar e educar membros mais jovens." É uma ideia empolgante, cinematográfica: uma organização secreta global formada por ex-integrantes de forças especiais que se transformam em supercriminosos, convocados para as missões por um líder misterioso. Essa narrativa faz sentido, pois temos a tendência de presumir que uma coordenação tão impecável exige treinamento especial, liderança poderosa e organização centralizada.

É uma teoria perfeitamente válida, mas tem um problema: está errada. No final da década, os trabalhos investigativos da polícia e de jornalistas aos poucos revelaram a verdade surpreendente. Os Panteras eram um grupo formado espontaneamente, organizado livremente, misturando gente de classe média, ex-atletas e autores de pequenos crimes. Um deles havia sido integrante da seleção juvenil de basquete da Sérvia. Outro tinha estudado direito. O que tinham em comum era a experiência de ter passado por uma guerra infernal, um instinto para a ação, fortes amizades e a percepção de que nada tinham a perder.

"A maioria deles cresceu junto, como amigos, em três cidades específicas", diz a jornalista e cineasta Havana Marking, que ajudou a revelar a história em seu documentário *Smash & Grab*. "A experiência de atravessar o regime comunista e depois passar pelo pesadelo caótico da guerra realmente criou um elo entre eles. No início eram principalmente contrabandistas. Faziam isso para sobreviver. Trabalhavam juntos naqueles ambientes e não era uma questão de dinheiro, e sim de sobrevivência. Aprenderam a falsificar documentos e a atravessar fronteiras, bem como outras habilidades. Tinham atração pela adrenalina, pela ação. É preciso compreender que o crime, nos Bálcãs, era algo que fazia parte da vida normal. Se o que se passou por lá não tivesse acontecido, essas pessoas teriam se transformado em empreendedores, advogados e jornalistas."

Cada equipe era constituída em torno de um conjunto de papéis bem definidos. Havia um *zavodnik*, um "sedutor" que fazia o reconhecimento do local (em geral, uma mulher); um *magare*, ou músculo para pegar as joias; um *jatak*, que providenciava a logística. Embora cada equipe tivesse um líder, ele não dava ordens. Em vez disso, a equipe operava segundo uma regra simples, explicada por um dos Panteras a Marking: "Todos nós dependemos uns dos outros."

Essa dependência mútua começava pelo modo como os Panteras se preparavam para cada roubo. Cada integrante da equipe (nunca superior a cinco ou seis) mudava-se para a cidade escolhida e recolhia informações sobre a loja-alvo. Moravam e trabalhavam juntos durante semanas de planejamento intensivo. Faziam o reconhecimento da loja, mapeavam as idas e vindas dos funcionários e esboçavam mapas do layout para mirar as pedras mais valiosas. E mais, cada Pantera dividia os custos de planejamento (o que não era insignificante: os gastos antecipados para o roubo de Tóquio foram de 100 mil dólares). Não contavam com nenhuma estrutura externa nem rede de proteção. Eles *eram* a estrutura e, se alguém falhasse, o grupo inteiro fracassaria.

Em outras palavras, os Panteras eram um pouco parecidos com comediantes fazendo um Harold ou com SEALs no treinamento físico com troncos – pequenos times resolvendo problemas em um constante estado de vulnerabilidade e interconexão. Como disse a Marking uma Pantera chamada Lela: "Um único erro meu seria a perdição de todos. Se eu fizesse algo errado, estaríamos condenados."

Para o filme, Marking entrevistou um homem e uma mulher que fizeram parte da mesma equipe de Panteras no passado, mas que não se viam havia anos. Ela observou como interagiam. "Eles não tinham se visto por muito tempo e estavam realmente felizes com o reencontro", diz ela. "Tinham uma amizade verdadeira e pareciam ser bem próximos. Sabe quando duas pessoas parecem completamente descontraídas quando estão juntas? Era assim que eles pareciam."

10

COMO CRIAR A COOPERAÇÃO EM PEQUENOS GRUPOS

As regras de Dave Cooper

SE ALGUÉM DECIDISSE partir em busca de equipes com o mais alto grau de desempenho no planeta, em algum momento acabaria em Dam Neck, Virgínia, lar dos descendentes de Draper Kauffman: os 300 SEALs da Marinha que compõem a Equipe Seis. E, ao perguntar a uma variedade de integrantes da ativa ou da reserva os nomes dos líderes mais admirados, os mesmos nomes seriam mencionados repetidas vezes. Mas aquele que apareceria com mais frequência seria o de Dave Cooper.

De certo modo, é surpreendente, porque Dave Cooper não possui nenhum talento óbvio que o torne diferente do restante da Equipe Seis. Cooper, que se aposentou em 2012, não é o mais esperto nem o mais forte. Não é o dono da melhor pontaria nem o melhor nadador. E também não é o melhor no combate corpo a corpo. Mas por acaso é o melhor em uma habilidade ao mesmo tempo difícil de definir e imensamente valiosa: ele é o melhor na criação de ótimas equipes.

"Coop é um sujeito muito inteligente que permaneceu nas trincheiras por muito tempo", diz Christopher Baldwin, ex-integrante da Equipe

Seis. "Não era uma dessas pessoas que subiu na cadeia de comando apenas por subir. Ele é um de nós. Ele via o cenário completo e sempre era possível conversar com ele."

"Existem alguns graúdos com quem ele bateu de frente e nem sempre ele segue as regras", diz outro integrante. "Mas, se estiver na equipe dele, vai perceber por que é tão eficiente."

Outro membro explica de modo mais sucinto: "Cooper é o cara."

Contam-me como Cooper trabalhou na Bósnia, na Somália, no Iraque e no Afeganistão, sempre em lugares que eram "animados", para usar o linguajar dos SEALs. Eles me contam como as equipes de Cooper funcionavam bem juntas e como costumavam ter sucesso quando tudo se transformava em um inferno – especialmente quando tudo se transformava em um inferno. Quanto mais falam, mais Cooper cresce na minha imaginação até se tornar um personagem gigantesco, uma combinação de Vince Lombardi e Jason Bourne.

Então nos encontramos para o almoço em um restaurante de Virginia Beach.

Cooper se revela um sujeito de altura mediana, de camisa de praia, short e chinelos, que mais parece um chefe de família típico dos subúrbios americanos. Como era de esperar, está em excelente forma física. Como não era de esperar, ele é tagarela e caloroso, com sobrancelhas que se juntam com ar de preocupação enquanto ele escuta. Como a maioria dos integrantes dos SEALs, Cooper se mantém com os cotovelos ligeiramente distantes do corpo, irradiando atenção, vasculhando o ambiente. Controlando o espaço, é como costumam dizer.

Ele escolhe uma mesa do lado de fora, para que possamos ver o movimento. Conversa com o garçom, ouvindo a lista de especiais do dia com calorosa intensidade. Então as sobrancelhas se juntam. "E aí, o que você quer saber?", pergunta.

Os antecedentes de Cooper, como acontece com a maioria dos seus colegas na Equipe Seis, são idiossincráticos. Foi criado em uma cidadezinha da Pensilvânia e cresceu querendo ser médico. Formou-se em biologia molecular na Juniata College, uma minúscula instituição de ensino liberal que permitia a presença de recrutadores das forças armadas apenas um dia por ano. Ele ouviu um professor de história falar sobre os SEALs e ainda podia recitar a frase que o fisgou: "Os SEALs são leitores altamente inteligentes e profícuos." Ficou fascinado e, depois da formatura, dirigiu-se para o treinamento. Sobreviveu à Semana do Inferno, passou no processo de seleção de Draper Kauffman e por mais uma seleção para entrar na Equipe Seis, em 1993.

Cooper pode contar muitas histórias – outras tantas, não – sobre a vida como um integrante da Equipe Seis. Mas, quando se pergunta sobre a organização de equipes, ele conta apenas uma. Aconteceu no Afeganistão, na véspera de ano-novo em 2001, em uma estrada deserta entre Bagram e Jalalabad. Cooper estava nessa estrada porque recebera ordem para acompanhar seu comandante em uma missão de reconhecimento de rota com outros três homens na qual dirigiriam de Bagram até Jalalabad e voltariam no mesmo dia.

A estrada era um pesadelo: uma faixa de 160 quilômetros infestada de explosivos, com frequência intransponível, infestada de bandidos e insurgentes. Mas o comandante de Cooper insistiu que deviam ir, esbanjando confiança enquanto delineava o plano: iriam a bordo de um Suburban blindado com pneus com reforço especial. Seriam velozes e discretos. Tudo ficaria bem. Cooper tinha suas dúvidas, mas respeitou a hierarquia e o seguiu.

Desde os primeiros quilômetros na saída de Bagram, as coisas começaram a sair dos trilhos. O caminho era pior do que imaginavam – em alguns lugares, parecia mais uma trilha de caminhada do que uma autoestrada. O veículo blindado movimentava-se a apenas alguns centímetros do chão e por isso eles passavam a maior parte do tempo quase se arrastando. Ao anoitecer, quando finalmente alcançaram Jalalabad, Cooper concluiu que ficariam ali e aguardariam o amanhecer. Em vez disso, o comandante anunciou que dariam meia-volta e retornariam para Bagram na mesma noite, para completar a missão conforme o planejado.

Cooper fez objeções – era uma má ideia, disse ele. A discussão esquentou. Cooper e o comandante levantaram a voz até que o comandante por fim resolveu invocar a hierarquia. Cooper se submeteu. Com o coração apertado, ele entrou no Suburban e o grupo partiu na escuridão da noite.

A emboscada aconteceu uma hora mais tarde. Um comboio de caminhões e jipes saiu da escuridão e cercou o veículo. O motorista de Cooper tentou escapar, mas os pneus reforçados não resistiram. Estavam dirigindo à beira de precipícios, no escuro, com fogo vindo de todas as direções. Um dos SEALs sangrava, com um ferimento na perna. Nas palavras de Cooper, era uma situação de merda.

Não houve escolha. Precisaram se render, saindo do veículo com os braços para o alto, certos de que seriam executados. "Por algum motivo, decidiram não atirar", diz Cooper. "Ou porque estavam com medo da retaliação, ou porque viram que não representávamos uma grande ameaça." Os insurgentes partiram na escuridão, levando os armamentos do grupo. Cooper e sua equipe conseguiram contatar unidades Delta e das forças especiais britânicas, que enviaram resgate aéreo algumas horas depois. Ele retornou para Bagram com uma segunda chance e uma nova visão de mundo.

"Aquela noite me colocou em um caminho diferente", diz Cooper. "A partir daquele momento, percebi que precisava descobrir formas de ajudar o grupo a funcionar com mais eficiência. O problema é que, sendo seres humanos, temos uma inclinação à autoridade que é incrivelmente forte e inconsciente... Se um superior nos diz para fazer algo, por Deus, costumamos segui-lo e fazer, mesmo quando é errado. Ter alguém que diz aos outros o que fazer não é um modo muito confiável de tomar boas decisões. Então como se criam condições em que isso não acontece, em que se desenvolve uma visão de colmeia? Como se desenvolvem formas de desafios mútuos, de fazer as perguntas certas e de não ceder à autoridade? Estamos tentando criar líderes entre líderes. E não se pode simplesmente dizer para as pessoas fazerem isso. É preciso criar condições para que possam começar a fazer isso."

A partir daquela noite em 2001, Cooper decidiu criar tais condições para suas equipes. Sua abordagem para criar uma cooperação saudável poderia ser descrita como uma campanha de insurreição contra a inclinação à autoridade. Ele percebeu que não bastava simplesmente criar espaço para a cooperação. Era preciso gerar uma série de sinais inconfundíveis que afastassem seus homens de tendências naturais e que os dirigissem à dependência mútua e à cooperação. "A natureza humana está constantemente trabalhando contra nós", diz ele. "É preciso contornar essas barreiras e elas nunca desaparecem."

Ele começou com coisas pequenas. Um novo integrante da equipe que o chamasse por seu título era corrigido depressa: "Pode me chamar de Coop, Dave ou Filho da Mãe, você escolhe." Quando Cooper dava sua opinião, tinha o cuidado de acrescentar frases que forneciam uma plataforma para que alguém o questionasse, como "Agora vamos ver se alguém encontra algum furo no que eu disse" ou "Digam-me o que está errado nessa ideia". Ele evitava dar ordens e em vez disso fazia muitas perguntas. *Alguém tem ideias?*

Durante as missões, Cooper procurava oportunidades para destacar a necessidade das manifestações de seus homens, em especial dos integrantes mais novos do grupo. Não era sutil. "Por exemplo, quando você se encontra em um ambiente urbano, as janelas são ruins", observa ele. "Você fica diante de uma janela e pode ser atingido por um atirador de elite sem nunca saber de onde veio o tiro. Então, se você é um novato e me vê diante de uma janela em Fallujah, o que vai dizer? Vai dizer para eu sair dali ou vai ficar em silêncio e deixar que eu leve um tiro? Quando faço essa pergunta para os novatos, eles dizem: 'Vou dizer para você sair dali.' Então eu digo: 'Pois bem, é exatamente como devem se comportar o tempo inteiro por aqui, em cada uma das decisões.'"

Cooper começou a desenvolver ferramentas. "Existem coisas que podem ser feitas", diz ele. "Passar tempo junto, na companhia dos outros – isso ajuda. Uma das melhores coisas que descobri para aprimorar a coesão dos integrantes do grupo é mandar que façam um treinamento difícil, bem difícil. Existe algo no ato de ficar pendurados em um despenhadeiro juntos, de ficar molhados e com frio e infelizes juntos, que faz com que uma equipe se aproxime."

Uma das ferramentas mais úteis era a Avaliação Após a Ação ou AAR (do inglês *After-Action Review*), a hora da verdade à qual nos referimos no Capítulo 7. Ela acontece imediatamente depois de cada missão e consiste em uma reunião breve com o grupo para discutir e reviver as principais decisões. Não são conduzidas pelos comandantes, mas por praças. Não existe agenda nem se contam os minutos. O objetivo é criar um cenário plano, sem hierarquia, no qual as pessoas possam entender o que realmente aconteceu e falar sobre os erros – principalmente sobre os próprios erros.

"É preciso se sentir seguro para falar", diz Cooper. "Desligar a hierarquia, ligar a humildade. Você está procurando aquele momento em que as pessoas podem dizer 'Eu ferrei tudo'. Na verdade, eu diria que essas podem ser as palavras mais importantes que um líder pode dizer: *Eu ferrei tudo*."

Uma boa AAR segue um padrão. "Tem que acontecer imediatamente", diz Cooper. "Você baixa as armas, faz um círculo e começa a falar. Em geral, examina a missão do início ao fim, em ordem cronológica. Fala de todas as decisões e fala do processo. É preciso resistir à tentação de arrumar tudo e enfeitar com um laço de fita, e em vez disso cavar até encontrar a verdade do que aconteceu, para que todos possam realmente aprender com o que houve. Você precisa perguntar por que e, quando responderem, você pergunta outro por quê. Por que atirou naquele momento específico? O que viu? Como sabia? Quais eram suas outras opções naquele momento? Você pergunta, pergunta e pergunta."

O objetivo da AAR não é escavar a verdade como um fim em si nem dar crédito ou atribuir culpas, mas construir um modelo mental compartilhado que possa ser aplicado em missões futuras. "Veja bem, ninguém pode ver tudo ou saber tudo", diz Cooper. "Mas, se vocês continuam a se reunir e a dissecar o que aconteceu, depois de um tempo todos conseguem ver o que está realmente acontecendo, e não apenas uma pequena parte. As pessoas conseguem compartilhar experiências e erros. Conseguem ver como o que fazem afeta os outros, e podemos começar a criar uma mentalidade de grupo na qual todos trabalham juntos e realizam o potencial da equipe."

Cooper emprega a expressão "espinha dorsal da humildade" para descrever o tom de uma boa AAR. É uma boa imagem porque capta a natureza paradoxal da tarefa: uma disposição implacável para ver a verdade e assumir responsabilidade. Com uma AAR, como em um treinamento físico com tronco ou um Harold, os integrantes do grupo devem combinar disciplina com honestidade. E, como acontece no treinamento físico e no Harold, não é fácil. Mas com certeza compensa.

Depois da revelação na estrada para Bagram, Cooper passou a década seguinte liderando equipes, principalmente no Oriente Médio. Aos poucos, ascendeu ao posto mais alto da Equipe Seis e se tornou responsável pelo treinamento de todo o grupo. Em março de 2011, ele e outro líder da Equipe Seis foram convocados pelo almirante William McRaven, chefe do Comando Conjunto de Operações Especiais, à sede da CIA, em McLean, Virgínia.

McRaven foi direto ao assunto: "Acho que encontramos Osama bin Laden." Em seguida, delineou o plano. Operadores da Equipe Seis voariam para o Paquistão em helicópteros invisíveis a radares, lançariam cordas no telhado do complexo e matariam o líder da Al Qaeda.

Cooper ouviu, prestando atenção em um elemento: os helicópteros. Sabia que eram atraentes para McRaven porque eram invisíveis ao radar e permitiriam que a equipe viajasse pelo espaço aéreo do Paquistão sem ser detectada. Mas Cooper também sabia que eles ainda não tinham sido testados em combate e que a história das operações especiais estava repleta de desastres causados quando se utilizavam ferramentas ainda não testadas. Então ele falou:

"Com todo o respeito que lhe é devido, senhor, eu não usaria esses helicópteros na missão. Planejaria algo diferente em paralelo. Se não pudermos ir de outro modo, então fico com os helicópteros."

"Não vamos alterar os planos agora", contestou McRaven.

Cooper decidiu insistir. Queria colocar as cartas na mesa. "Senhor, eu seria negligente se não lhe dissesse o que pensei."

McRaven ergueu a voz. "Não vamos alterar o plano agora", repetiu ele.

"Naquele momento, eu estava convencido de que seria dispensado", conta-me Cooper mais tarde. "Mas não ia ficar com a boca fechada." Ele voltou a insistir.

McRaven o calou mais uma vez. A discussão foi encerrada.

Cooper saiu da sala encarando um problema: como cumprir uma ordem que carrega aquilo que você considera ser um risco inaceitavelmente alto? Em essência, estava precisamente na mesma posição que estiveram naquela estrada para Bagram, na véspera do ano-novo em 2001. Deveria seguir a ordem ou desafiá-la?

Cooper escolheu um terceiro caminho. Aceitou usar os helicópteros invisíveis e também começou a se preparar para o caso de eles falharem. Nas semanas seguintes, os SEALs construíram réplicas da fortaleza de Bin Laden na Carolina do Norte, em Nevada e no Afeganistão. Em cada local, Cooper encenou situações em que os helicópteros eram derrubados repetidas vezes. Simulou desastres fora do complexo, dentro do complexo, sobre o teto, no pátio, a centenas de metros. Eram essencialmente a mesma coisa: no meio da operação, Cooper surpreendia a equipe com a ordem "Vocês caem agora". Os pilotos então faziam uma rotação com o helicóptero até o chão e a equipe partia para atacar a fortaleza falsa de onde quer que estivessem. "Nunca houve respostas certas ou erradas. Eles tinham que se organizar sozinhos e lidar com o problema", disse Cooper. "Depois, fazíamos uma AAR, conversávamos sobre o assunto e entendíamos o que havia acontecido e o que poderíamos fazer para melhorar na próxima vez."

Os treinamentos com o helicóptero caído não eram fáceis. Exigiam alto nível de atenção, de cooperação e de improvisação. Nas avaliações que seguiam cada treino, os integrantes da equipe envolvida examinavam repetidas vezes o que tinha dado errado, assumiam erros e falavam sobre o que poderiam fazer para melhorar. "Treinamos tantas vezes que isso se tornou uma piada entre os rapazes", diz Cooper. "Eles falavam: 'Ei, Coop, *por favor*, podemos fazer mais uma situação com queda do helicóptero?'"

Em 1º de maio, a Casa Branca deu a ordem para a ação. Dois helicópteros furtivos partiram da base aérea americana em Jalalabad. No centro de comando da base, Cooper, McRaven e outros comandantes se reuniram em volta da tela para observar as imagens enviadas por drone. Na Casa Branca, o presidente Barack Obama e sua equipe de segurança nacional observavam atentamente as mesmas imagens.

A missão começou bem. Conseguiram alcançar o espaço aéreo paquistanês sem serem detectados e se aproximaram da fortaleza de Bin Laden. Mas, quando o primeiro helicóptero tentou pousar, as coisas deram errado. Um dos helicópteros deslizou no ar como se estivesse sobre gelo, mudando subitamente de direção e girando em direção ao solo. O outro, que deveria pousar sobre o telhado do prédio principal, viu os problemas e acabou pousando fora. (A explicação que emergiu posteriormente era que os muros altos criavam correntes de ar que perturbavam o voo. Os treinos haviam sido feitos em fortalezas simuladas com cercas de arame, isto é, sem paredes sólidas.) Então as coisas pioraram. O primeiro piloto, incapaz de manter a altitude, fez uma aterrissagem forçada no pátio, arrojando a cauda do helicóptero no muro, o que fez a nave tombar de lado e enterrar a parte da frente na terra macia. No posto de comando, os generais fitaram a tela mudos. Por três ou quatro segundos, a sala foi tomada por um silêncio insuportável.

Foi então que eles viram: os operadores da Equipe Seis saíram do helicóptero caído exatamente como haviam feito nos treinos e puseram mãos à obra. Começaram a se mexer e a tratar do problema – como nos melhores momentos de um jogo de basquete em quadra de rua. "Não vacilaram", diz Cooper. "Assim que chegaram ao chão, não tinham qualquer dúvida." Exatos 38 minutos depois tudo estava encerrado e o planeta inteiro teve uma oportunidade de apreciar a habilidade e a coragem da equipe. Mas, em meio a tantas comemorações, é fácil perder de vista a habilidade maior, a cadeia de treinamentos e de avaliações que foram a fundação para aquele momento.

Visto de longe, o ataque a Bin Laden pareceu uma demonstração de força, poder e controle da equipe. Mas aquela força foi desenvolvida a partir de uma disposição para apontar e confrontar a verdade e para fazerem juntos uma pergunta simples muitas e muitas vezes: *O que realmente está acontecendo aqui?* Cooper e sua equipe não tinham que trabalhar tantas e tantas vezes em situações em que o helicóptero era derrubado. Mas tiveram sucesso porque compreendiam que ser vulneráveis juntos era a única forma de fazer o grupo se tornar invulnerável.

"Quando falamos de coragem, pensamos que se trata de enfrentar um inimigo com uma metralhadora na mão", diz Cooper. "A verdadeira coragem é ver a verdade e falar a verdade para os outros. Ninguém quer ser aquele que diz: 'Esperem aí, o que está realmente acontecendo aqui?' Mas, dentro da unidade operacional, essa é a cultura e é por isso que somos bem-sucedidos."

11

COMO CRIAR A COOPERAÇÃO COM INDIVÍDUOS

O método Nyquist

DE VOLTA AO INÍCIO do século passado, muito antes do Vale do Silício, o principal núcleo de invenção e inovação do mundo estava localizado em uma série de grandes edifícios anônimos num subúrbio de Nova Jersey. Chamava-se Bell Labs. Criado originalmente em 1925 para ajudar a construir uma rede nacional de comunicações, tornou-se o equivalente científico da Florença da época do Renascimento: uma fonte de genialidade coletiva que durou até a década de 1970. Liderados por Claude Shannon, polímata brilhante que gostava de atravessar os corredores em seu monociclo enquanto fazia malabarismos, o Bell Labs e seus cientistas inventaram e desenvolveram o transistor, redes de dados, células solares, lasers, satélites de comunicação, o sistema binário de computação e a comunicação celular – em suma, a maioria das ferramentas que utilizamos na vida moderna.

No meio dessa idade de ouro, alguns dos administradores do Bell Labs ficaram curiosos sobre as razões do próprio sucesso. Perguntavam-se quem seriam os cientistas que haviam gerado mais patentes para suas invenções e se esses cientistas tinham algo em comum. Eles começaram a examinar a biblioteca de patentes do laboratório, onde as patentes eram guardadas em fichários organizados em ordem alfabética pelo sobrenome dos cientistas.

"A maioria dos fichários tinha o mesmo tamanho", recorda-se Bill Keefauver, advogado que trabalhou no escritório de patentes. "Mas alguns se destacavam imediatamente, pois eram mais gordos – bem mais gordos do que os demais. Esses eram de pessoas supercriativas que haviam gerado dezenas e mais dezenas de patentes. Havia umas dez delas."

Os administradores estudaram esses dez cientistas procurando o ponto em comum. Teriam esses supercriativos a mesma especialidade? O mesmo histórico na educação? As mesmas experiências familiares? Depois de considerar e descartar dezenas de possíveis ligações, descobriram um elo – que não tinha relação com a personalidade desses supercriativos. Tinha relação com um hábito que compartilhavam: o hábito de almoçar no refeitório da companhia com um pacato engenheiro sueco chamado Harry Nyquist.

O resultado foi uma surpresa, para dizer o mínimo. Não por Nyquist ser desconhecido – ele não era, pois fora pioneiro em importantes avanços na telegrafia e na amplificação do retorno. Mas, em um lugar famoso por seus líderes dinâmicos e excêntricos, Nyquist era justamente o contrário: um luterano sorridente, de comportamento calmo e educado, conhecido principalmente por sua confiabilidade tranquila. Criado em uma fazenda sueca, ele encarava o trabalho com a disciplina trazida do Velho Mundo. Despertava exatamente às 6h45 todas as manhãs e partia para o escritório, invariavelmente, às 7h30. Sempre voltava para jantar com a família às 18h15. Seu hábito mais peculiar era ocasionalmente voltar para casa de barca em vez de metrô. (Ele apreciava o ar puro.) Era um sujeito tão comum que se tornara praticamente invisível. Em outras palavras, a pessoa mais importante de um dos lugares mais criativos da história acabou sendo alguém que quase todo mundo ignoraria. E é por isso que é tão importante examinar melhor suas habilidades.

Nyquist, de acordo com todos os relatos, possuía duas importantes qualidades. A primeira era o calor humano. Ele tinha um talento para fazer as pessoas se sentirem queridas. Todos os relatos de sua época o descrevem como "paternal". A segunda qualidade era uma curiosidade implacável. Em um cenário composto por diversos domínios científicos, ele combinava amplitude e profundidade de conhecimento com o desejo de estabelecer ligações. "Nyquist era cheio de ideias, cheio de perguntas", recorda-se Chapin Cutler, engenheiro do Bell Labs. "Inspirava as pessoas, fazia com que pensassem."

"Nyquist era bom em um tipo específico de atividade encorajada pelo Bell Labs naquela época", diz Keefauver. "As pessoas de todas as disciplinas, de todos os tipos de projeto, conversavam sobre o que faziam com alguém que trabalhava em algo completamente diferente, para ver as coisas sob um ângulo diferente. Gente como Harry Nyquist conseguia captar o que a pessoa estava fazendo, dar algumas ideias novas e perguntar: 'Por que não experimenta isso?'"

Quando visitei grupos para colher material para este livro, encontrei muitas pessoas que possuíam entre suas características o calor humano e a curiosidade – e foram tantas que comecei a pensar nelas como "Nyquistas". Eram ouvintes educados, discretos e habilidosos. Irradiavam uma vibração de segurança e acolhimento. Possuíam profundo conhecimento em diferentes domínios e uma habilidade para fazer perguntas que incentivavam a motivação e as ideias. (O melhor modo de encontrar o Nyquista costuma ser perguntar às pessoas: *Se eu pudesse ter uma ideia de como funciona sua cultura conhecendo uma única pessoa, quem seria?*) Se pensamos em culturas bem-sucedidas como motores de cooperação humana, então os Nyquistas funcionam como o botão de ignição.

A pessoa que conheci e que melhor personifica esse processo se chama Roshi Givechi.

Roshi Givechi trabalha no escritório nova-iorquino da IDEO, companhia internacional de design sediada em Palo Alto, na Califórnia. A posição da IDEO no mundo moderno é um pouco parecida com a do Bell Labs. Projetou, entre outras coisas, o mouse original do computador Apple, canetas injetoras de insulina para diabéticos e um tubo de creme dental que fica em pé. Ganhou mais prêmios de design do que qualquer outra empresa em todos os tempos. O grupo é formado por 600 pessoas divididas em pequenas equipes que recebem desafios que variam da criação de planos globais para lidar com desastres até o desenvolvimento de uma bolsa com carregador de celular e o que mais houver entre esses extremos.

Oficialmente, Givechi é uma designer. Extraoficialmente, seu papel é servir como uma espécie de catalizadora itinerante envolvida em uma série de projetos, ajudando as equipes a superar as dificuldades do processo de design. "Quando as equipes empacam ou há uma dinâmica difícil, Roshi age como em um passe de mágica", diz Duane Bray, um dos sócios da IDEO. "É incrivelmente competente em destravar as equipes, fazendo perguntas que conectam as pessoas e abrem possibilidades. A verdade é que não compreendemos exatamente como ela faz isso. Sabemos apenas que funciona muito bem."

Givechi é pequena, está na casa dos 40 anos e gosta de usar saias esvoaçantes com grandes bolsos. Tem cabelos escuros encaracolados e olhos vivos e escuros com aquelas ruguinhas de quem sorri muito. Nos cumprimentos, ela não tenta encantar – não faz piada nem exagera na conversa-fiada. Ela não projeta aquela teatralidade enérgica comum em muitas pessoas envolvidas com trabalho criativo. Em vez disso, irradia uma quietude satisfeita, como se já tivesse se encontrado com o interlocutor muitas vezes.

"Na vida social, não sou das mais tagarelas", diz Givechi. "Adoro histórias, mas não sou aquela pessoa que fica no meio da sala contando casos. Sou do tipo que fica no canto ouvindo e fazendo perguntas. Costumam ser perguntas que parecem óbvias ou simples ou desnecessárias. Mas adoro fazê-las porque estou tentando entender o que está realmente acontecendo."

A maioria das interações de Givechi com as equipes acontece no que a IDEO chama de *Flights* (voos), reuniões regulares com todos os envolvidos marcadas para o início, o meio e o final de cada projeto. (É como se fosse a versão IDEO para o BrainTrust ou a AAR.) Givechi tem, para cada reunião, uma abordagem de fora para dentro. Ela faz sua pesquisa, em boa parte por meio de conversas, para entender quais são as questões enfrentadas, tanto do ponto de vista do design (quais são os obstáculos?) quanto da dinâmica de grupo (onde existe fricção?). Então, com esse panorama em mente, ela reúne todos e faz perguntas cujo objetivo é desenterrar as tensões e ajudar o grupo a obter clareza sobre si e sobre o projeto. As palavras que usa para descrever esse processo é *trazer à tona*.

"Gosto da palavra *conectar*", diz Givechi. "Para mim, toda conversa é a mesma coisa, porque se trata de ajudar pessoas a saírem com uma sensação de mais consciência, empolgação e motivação para provocarem um impacto. Porque os indivíduos são realmente diferentes. Então é preciso encontrar modos diferentes de criar um ambiente confortável e envolvente para que as pessoas compartilhem o que realmente pensam. Não se trata de determinação, e sim de descoberta. Para mim, isso está relacionado com a arte de fazer as perguntas certas do jeito certo."

Quando se fala com os colegas de Givechi, eles apontam um paradoxo: ela é, ao mesmo tempo, dura e suave; cheia de empatia, mas também persistente. "Existe uma dureza escondida em Roshi", diz Lawrence Abrahamson, diretor de design da IDEO. "Ela não apresenta suas intenções, mas com certeza existem intenções: uma orientação suave. E uma das maiores ferramentas que ela emprega é o tempo. Ela gasta muito tempo sendo paciente, dando continuidade às conversas e garantindo que sigam em uma boa direção."

"Há sempre um momento importante com Roshi", diz Peter Antonelli, diretor de design. "Há um espírito de provocação que está sempre ativo para nos cutucar, para nos ajudar a pensar além do que está bem diante dos nossos olhos. E costuma começar com um questionamento das coisas grandes e óbvias. Nunca parece um confronto – ela nunca diz 'Você está fazendo errado'. É algo orgânico, embutido na conversa."

Observar Givechi enquanto ela ouve é como observar um atleta habilidoso em ação. Ela usa principalmente os olhos, que têm a sensibilidade de um contador Geiger para registrar mudanças de humor e expressão. Ela detecta pequenas alterações e reage depressa. Se você transmitir uma ínfima centelha de tensão em relação a determinado assunto, ela vai perceber e dar sequência com uma pergunta específica para explorar com delicadeza os motivos para aquela tensão. Quando fala, ela constantemente se refere ao ouvinte com pequenas frases como: *Talvez você já tenha experimentado algo assim... Seu trabalho talvez seja similar... O motivo que me levou a fazer esta pausa foi...* E assim ela fornece um sinal constante de conexão. Você se sente confortável para se abrir, para assumir os riscos, dizer a verdade.

Parece magia, mas na verdade é o resultado de muita prática. Na infância, Givechi usava um gravador de fitas cassete para gravar sua voz enquanto lia seus livros favoritos seguidas vezes, fascinada pela forma como mínimas mudanças de tom e timing podiam transformar o significado. Na universidade, ao estudar psicologia e design, ela se ofereceu como voluntária para dar assistência a cegos e o tema de sua monografia de fim de curso foi sobre dança e coreografia. Ela usa a ideia da dança para descrever as habilidades que emprega com as equipes de design da IDEO: sentir a música, apoiar o parceiro e seguir o ritmo. "Não me vejo como um maestro que conduz a orquestra", diz. "Sou mais uma espécie de provocadora. Provoco a coreografia e tento criar as condições para que coisas boas aconteçam."

Há um ano, a IDEO decidiu estender as habilidades de Givechi para toda a organização. Pediram a ela que criasse módulos de perguntas que as equipes pudessem fazer entre si e então forneceram esses módulos às equipes como ferramentas para seu aprimoramento. Aqui estão alguns exemplos:

- O que me empolga sobre esta oportunidade específica é ____ _____.
- Confesso que o que não me empolga tanto nesta oportunidade específica é _____.
- Neste projeto, eu realmente gostaria de melhorar _____.

O interessante sobre as perguntas de Givechi é sua simplicidade transcendental. Elas têm menos relação com o design do que com emoções mais profundas: medo, ambição, motivação. É fácil imaginar que, em mãos diferentes, essas perguntas poderiam não ter qualquer efeito e falhar no objetivo de provocar uma conversa. Isso acontece porque o poder real da interação está na sinalização emocional de mão dupla que cria uma atmosfera de conexão e envolve o diálogo.

"A chave é a palavra *sutileza*", diz Abrahamson. "Ela é despretensiosa e desarma as pessoas porque é tão aberta, tão interessada em ouvir, tão atenta. Roshi tem a capacidade de fazer uma pausa completa, de parar o que passa na cabeça dela, para se concentrar por completo na pessoa e na pergunta do momento e avaliar para onde a pergunta está levando. Ela não procura arrastar ninguém para lugar algum, nunca. Está realmente tentando ver as coisas do ponto de vista do outro, e é esse o seu poder."

"A palavra *empatia* soa tão suave e gentil, mas não é de fato o que acontece", diz Njoki Gitahi, veterano designer de comunicação. "O que Roshi faz exige uma compreensão crítica do que mexe com as pessoas, e o que mexe com as pessoas nem sempre é a gentileza. Ela conhece tão bem as pessoas que compreende suas necessidades. Nem sempre as pessoas precisam de apoio e de elogios. Às vezes basta uma leve pancada no queixo, um lembrete de que devem se esforçar mais, um cutucão para que experimentem coisas novas. É isso que ela faz."

"Ela realmente ouve, escuta o que o outro diz e pergunta o que aquilo quer dizer, indo mais fundo", diz Nili Metuki, pesquisador de design. "Não deixa as coisas ficarem pouco claras, nem quando são desconfortáveis. Especialmente quando são desconfortáveis."

Neste momento devemos perguntar: o que existe no interior daquela pausa, naquele momento Nyquistiano de conexão autêntica e vulnerável? Ou melhor, é possível observar esse momento por dentro e ver o que realmente se passa sob a superfície?

Essa é uma questão que o Dr. Carl Marci tem explorado durante boa parte de sua carreira. Marci, neurologista que leciona em Harvard, ficou fascinado com o que ouviu durante uma aula na faculdade de medicina com uma série de curandeiros não ocidentais. Eles não eram nada convencionais, empregando uma variedade espetacular de métodos duvidosos do ponto de vista científico – por exemplo, fazendo uma massagem em que as mãos não tocavam no paciente ou administrando gotas de água com uma concentração de ingredientes próxima de zero. No entanto, obtinham resultados notáveis. Uma das razões do sucesso, como Marci perceberia, era a conexão que o curandeiro estabelecia com o paciente.

"O que todos esses curandeiros tinham em comum era o fato de serem ouvintes excepcionais. Sentavam-se, ouviam toda a história do paciente e realmente passavam a conhecê-lo", diz Marci. "Eram dotados de incrível empatia, muito bons em estabelecer conexão com as pessoas e em formar vínculos de confiança. Foi quando percebi que a parte interessante não era a cura, mas o ato de ouvir e o relacionamento que se formava. Era isso que precisávamos estudar."

Marci inventou um método no qual gravava as conversas em vídeo enquanto fazia o monitoramento da resistência galvânica da pele – a alteração na resistência elétrica que mede o despertar das emoções. Descobriu que durante boa parte do tempo as curvas de duas pessoas que conversam têm pouca relação entre si. Mas também descobriu momentos especiais, em algumas conversas, quando as duas curvas entram em perfeita sintonia. Marci denominou tais momentos de "concordâncias".

"As concordâncias acontecem quando uma pessoa consegue reagir de modo autêntico à emoção projetada no ambiente", diz Marci. "É uma questão de compreensão de um modo empático, e então fazer algo em termos de gesto, comentário ou expressão que cria uma conexão."

Um dos vídeos de concordância inclui o próprio Marci. Ele está sentado em uma cadeira diante de um homem mais velho usando um terno cinza de três peças. É seu terapeuta. Marci está descrevendo o dia em que pediu sua namorada em casamento. A máquina se encontra entre os dois, captando as flutuações da paisagem interior de cada um e projetando-as na tela sob a forma de um par de linhas muito coloridas, sempre oscilantes: azul para Marci e verde para o homem do terno cinza.

Marci: Gostamos de ir ao Bread and Circus e pedir as samosas vegetarianas. Eu disse: "Pois bem, você é minha convidada, vamos pedir algumas." Ela entendeu que iríamos fazer um piquenique ou algo assim.
Terno Cinza: [Série de pequenos sinais afirmativos com a cabeça.]
Marci: A segunda coisa que passou pela cabeça dela era que talvez, como costumamos ir até lá em cima e ver o pôr do sol, talvez alguma coisa legal estivesse acontecendo no céu.
Terno Cinza: [Grande sinal com a cabeça, definitivo.]
Marci: E ela disse que por um nanossegundo chegou a imaginar que eu faria o pedido, mas [a ideia] se foi mais rápido do que chegou.
Terno Cinza: [Sinal de simpatia com a cabeça, cabeça inclinada.]
Marci: Então ela foi até lá, toda arrumada, maravilhosa como sempre, e disse: "E aí?" Pensando agora, percebo que ela estava procurando a comida e não achou.
Terno Cinza: [Leve sorriso.]
Marci: Eu disse: "Venha se sentar." Recitei a primeira estrofe do poema de e. e. cummings que é mais ou menos assim: "Sendo para a eternidade e para o tempo igual, o amor não tem início nem final."
Terno Cinza: [Levanta a cabeça, ergue as sobrancelhas.]
Marci (continua a citação): "Onde nada anda nada respira, o amor é ar oceano e terra." E eu disse: "Você é meu ar, meu oceano e minha terra."

Terno Cinza: [Levanta a cabeça, sorri, assente.]
Marci: E foi a coisa mais emocionante, porque ela percebeu o que eu estava fazendo quando peguei o anel e chorou de um jeito tão sincero, tão verdadeiro, e ficou tão emocionada. Foi tocante. Foi lindo. Ela ficou louca.
Terno Cinza: [Pequenos sinais afirmativos com a cabeça.]

Ao assistir ao vídeo, a primeira coisa que se repara é que a conversa contém diversos momentos de perfeita concordância, em que as linhas verde e azul se movem em perfeita coordenação, subindo e descendo, como bandeirolas tremulando na brisa. A segunda é que esses momentos ocorrem sem que Terno Cinza diga uma palavra. Não quer dizer que Terno Cinza não esteja interagindo. Ele irradia atenção firme, uma imobilidade atenta. As mãos estão no colo. Os olhos, bem abertos e alertas. Ele reage com sinais de cabeça e pequenas expressões. Em outras palavras, está fazendo o que Roshi Givechi faz na IDEO e o que Harry Nyquist supostamente fez no Bell Labs. Está demonstrando que os momentos mais importantes da conversa acontecem quando alguém está escutando ativamente, com atenção.

"Não é por acidente que a concordância ocorre quando há uma pessoa falando e outra ouvindo", diz Marci. "É muito difícil ser empático enquanto se fala. Falar é muito complicado, pois se pensa e se planeja o que dizer e existe uma tendência a ficar preso nos próprios pensamentos. Mas isso não acontece quando se ouve. Quando está realmente ouvindo, você perde tempo. Não há mais o senso de si mesmo, porque não se trata de você, e sim dessa tarefa... conectar-se completamente àquela pessoa."

Marci fez a ligação entre aumentos na concordância e aumentos na empatia percebida: quanto mais concordâncias ocorrem, mais próximas duas pessoas se sentem. E mais: as mudanças nesse grau de proximidade não ocorrem aos poucos, mas de uma vez. "Costuma haver um momento em que tudo acontece", diz ele. "Há uma mudança acelerada no relacionamento que se passa quando você se torna capaz de ouvir de fato, de ficar incrivelmente presente com a outra pessoa. É como um passo à frente: 'Somos assim, mas agora vamos interagir de modo diferente e nós dois compreendemos o que aconteceu.'"

12

IDEIAS PARA AÇÃO

Desenvolver hábitos de vulnerabilidade em grupo é como desenvolver a musculatura. Requer tempo, repetições e uma disposição para sentir dor a fim de obter resultados. E, como os músculos, o primeiro segredo é abordar o processo com um plano. Tendo isso em mente, aqui estão algumas ideias de exercícios tanto para grupos quanto para indivíduos.

Assegure-se de que o líder seja o primeiro a se mostrar vulnerável e faça isso com frequência. Como vimos, a cooperação em grupo é criada por pequenos momentos de vulnerabilidade repetidos com frequência. Entre esses momentos, nenhum é mais poderoso do que aquele em que um líder sinaliza vulnerabilidade. Como diz Dave Cooper, *Eu ferrei tudo* são as palavras mais importantes que qualquer líder pode dizer.

Vi um exemplo vívido quando assisti a uma das reuniões matinais do *restaurateur* Danny Meyer com sua equipe (cerca de 20 pessoas). Meyer, a quem vamos conhecer melhor no Capítulo 15, é o fundador do Union Square Cafe, do Shake Shack, da Gramercy Tavern e de uma série de outros restaurantes que juntos valem mais de 1 bilhão de dólares. Na noite que antecedeu minha visita, ele havia realizado sua primeira palestra TED Talk. A reunião começou com o grupo assistindo a um vídeo com o discurso de Meyer. Em seguida, acenderam-se as luzes.

"Vocês viram minhas pernas bambas?", perguntou Meyer ao grupo. "Eu estava tão nervoso, tremendo como vara verde. Já fiz muitas palestras, mas o pessoal do TED queria algo mais, algo que fosse profundo e reflexivo. Portanto, eu só dormi umas três horas na noite anterior e é por isso que estou com estas olheiras. Tivemos um ensaio terrível e eu não parava de fazer confusão com o PowerPoint. Então estava uma porcaria quase completa. Só que tive muita sorte de contar com uma ajuda absolutamente genial." Ele fez uma pausa e apontou. "Obrigado, Chip e Haley. Eles fizeram com que tudo funcionasse. Escreveram coisas ótimas, me deram grandes conselhos e me ajudaram a manter a calma." Todos olharam para Chip e Haley e aplaudiram os dois brevemente, enquanto Meyer assistia a tudo com ar de aprovação.

Meyer transmitiu a mensagem – *Eu estava assustado* – com firmeza, confiança e conforto, o que sublinhou a mensagem mais profunda: é seguro dizer a verdade aqui. Sua vulnerabilidade não é fraqueza. É um ponto forte.

Laszlo Bock, que encabeçou o *People Analytics* no Google, recomenda que os líderes façam três perguntas a suas equipes:

- O que é que eu faço atualmente e que você gostaria que eu continuasse a fazer?
- O que é que não faço atualmente com frequência e que você acha que eu deveria fazer mais vezes?
- O que posso fazer para tornar isso mais eficiente?

"O segredo é pedir à equipe que indique apenas uma coisa, e não 5 ou 10", diz Bock. "Assim é mais fácil responder. E, quando um líder pede feedback desse jeito, torna mais seguro para aqueles que trabalham com ele agirem do mesmo modo. Pode ser contagioso."

Comunique as expectativas repetidas vezes. Os grupos bem-sucedidos que visitei não presumiam que a cooperação ocorreria de forma espontânea. Em vez disso, eram explícitos e persistentes ao enviar sinais claros e visíveis que estabeleciam tais expectativas. Criavam um modelo para a cooperação, alinhavam a linguagem e os papéis de modo a maximizar o comportamento cooperativo. A IDEO é um bom exemplo. Seus líderes falam constantemente sobre a expectativa de cooperação. (O CEO Tim Brown repete de forma incessante seu mantra de que quanto mais complexo o problema, mais ajuda é necessária para resolvê-lo.) Eles definem com clareza os papéis de quem contribui e servem de modelo para a vulnerabilidade. (Os murais internos estão cheios de pedidos: *Alguém conhece um bom instrutor de ioga? Pode me ajudar a encontrar alguém que possa cuidar do meu gato na semana de Natal?*) Caso não se vejam esses sinais, eles também estão escritos em letras garrafais nas duas paredes do escritório de Nova York e nas páginas do *Little Book of IDEO* (O livrinho da IDEO), que é dado a cada funcionário. Entre as palavras de ordem estão *Colabore* e *Faça o sucesso dos outros: o ingrediente secreto é desviar-se do seu caminho para ajudar o grupo.*

Cuide dos assuntos negativos pessoalmente. Esta é uma regra informal que encontrei em diversas culturas. Funciona assim: se tiver que informar algo ruim ou dar um feedback negativo para alguém – mesmo que seja algo pequeno, como um item rejeitado de um relatório de despesas –, você é obrigado a dar a notícia pessoalmente. Não é uma regra fácil de seguir (é bem mais confortável tanto para quem envia quanto para quem recebe se a comunicação for eletrônica), mas funciona porque lida com a tensão de forma direta e honesta, evitando mal-entendidos e criando uma clareza e uma conexão compartilhadas.

Um dos melhores métodos para lidar com notícias negativas é aquele usado por Joe Maddon, treinador do Chicago Cubs e reconhecido enófilo. Em seu escritório, Maddon mantém uma tigela de vidro cheia de pedacinhos de papel, cada um com o nome de um vinho caro. Quando um jogador viola uma regra do time, Maddon pede a ele que retire um papelzinho da tigela, compre o vinho sorteado e o compartilhe com seu líder. Em outras palavras, Maddon vincula o ato de disciplina ao ato de reconexão.

Ao formar novos grupos, concentre-se em dois momentos críticos. Jeff Polzer, o professor da Harvard Business School que estuda comportamento organizacional (veja no Capítulo 8), remete as normas de cooperação de qualquer equipe a dois momentos críticos que acontecem logo no início da vida do grupo. São eles:

1. A primeira vulnerabilidade
2. O primeiro desentendimento

Esses pequenos momentos são portais para dois possíveis caminhos do grupo: *Nós queremos parecer fortes ou explorar a paisagem juntos? Queremos interações vencedoras ou aprender juntos?* "Nesses momentos, as pessoas fincam o pé, assumem uma postura defensiva, começam a se justificar e se cria muita tensão", diz Polzer. "Ou dizem algo como: 'Nossa, isso é interessante. Por que não concorda? Posso estar errado e fiquei curioso; podemos falar mais sobre o assunto?' O que acontece nesse momento ajuda a estabelecer um padrão para tudo que vem a seguir."

Escute como se estivesse em um trampolim. Ser um bom ouvinte é mais do que assentir com atenção; também se trata de acrescentar percepções e criar momentos de descoberta mútua. Jack Zenger e Joseph Folkman, que comandam uma consultoria de liderança, analisaram

3.492 participantes em um programa de desenvolvimento de gestores e descobriram que os ouvintes mais eficientes fazem quatro coisas:

1. Interagem de maneira que o outro se sinta seguro e apoiado.
2. Assumem uma posição prestativa, cooperativa.
3. Ocasionalmente fazem perguntas que desafiam velhos pressupostos de forma delicada e construtiva.
4. Fazem sugestões ocasionais para abrir caminhos alternativos.

Como dizem Zenger e Folkman, os ouvintes mais eficientes se comportam como trampolins. Não são esponjas passivas. Reagem ativamente, absorvendo tudo que o outro lhes fornece, apoiando-o e acrescentando energia para que a conversa ganhe velocidade e altitude.

Assim como trampolins, os ouvintes eficientes ganham amplitude pela repetição. Ao fazer perguntas, raramente param diante da primeira resposta. Em vez disso, encontram modos diferentes de explorar uma área de tensão para revelar as verdades e as conexões que permitirão a cooperação.

"Descobri que, quando se faz uma pergunta, a primeira reação em geral não é a resposta... É apenas a primeira reação", diz Roshi Givechi. "Portanto, tento encontrar formas de ir trazendo as coisas à tona, expondo o que deve ser compartilhado para que as pessoas possam trabalhar a partir daí. É preciso encontrar muitas formas de fazer a mesma pergunta e abordar o mesmo assunto de vários ângulos diferentes. E então formular as perguntas a partir daquela reação para explorar mais."

Durante a conversa, resista à tentação de oferecer soluções. A parte mais importante para criar a vulnerabilidade costuma residir não naquilo que é dito, mas naquilo que *não* é dito. Isso significa ter força de vontade para deixar passar oportunidades fáceis de oferecer soluções e fazer sugestões. Ouvintes habilidosos não interrompem com frases como *Veja só, que tal esta ideia?* ou *Vou lhe contar o que funcionou comigo em uma situação parecida*, pois compreendem que não se trata deles. Eles usam um repertório de gestos e expressões que ajudam a manter o outro falando. "Uma das coisas que digo com mais frequência é provavelmente o que há de mais simples", afirma Givechi. "Fale mais sobre o assunto."

Isso não significa que não há espaço para sugestões. Quer dizer que elas devem ser feitas apenas depois de se estabelecer aquilo que Givechi chama de "um andaime de ponderação". O andaime sustenta a conversa, apoiando os riscos e as vulnerabilidades. Com ele, as pessoas terão apoio ao assumir os riscos que a cooperação exige. Sem ele, a conversa termina.

Adote práticas que estimulem a honestidade, como as AARs e o BrainTrust. Embora as AARs tenham sido desenvolvidas originalmente para o ambiente militar, a ferramenta pode ser aplicada em outras áreas. Uma boa estrutura de avaliação emprega cinco perguntas:

1. Quais eram os resultados que pretendíamos?
2. Quais foram os resultados que alcançamos?
3. O que provocou nossos resultados?
4. O que faremos igual na próxima vez?
5. O que faremos de modo diferente?

Algumas equipes também empregam uma Avaliação Antes da Ação construída em torno de um conjunto de perguntas semelhantes:

1. Quais são os resultados pretendidos?
2. Que tipo de desafio podemos antecipar?
3. O que nós (ou outros) aprendemos a partir de situações semelhantes?
4. O que garantirá nosso sucesso?

Algumas dicas: pode ser útil seguir o costume dos SEALs de fazer as AARs sem o envolvimento de lideranças para estimular a expressão e a honestidade. Do mesmo modo, pode ser útil escrever as conclusões – em particular, o que será feito da mesma forma ou de forma diferente na próxima ocasião – e compartilhá-las com o grupo. Afinal, a meta de uma AAR não é simplesmente entender o que aconteceu, mas também construir um modelo mental compartilhado que ajude o grupo a se orientar em problemas futuros.

O BrainTrust, método baseado em projetos desenvolvido de modo pioneiro pela Pixar, envolve a formação de um time de líderes experientes que não tenha autoridade formal sobre o projeto e a permissão para que critiquem os pontos fortes e fracos desse projeto de modo aberto e franco. Uma das regras principais dos BrainTrusts é que o time de veteranos não tem permissão para sugerir soluções, apenas para destacar os problemas. Essa regra mantém a autoria nas mãos dos líderes do projeto e ajuda a impedir que assumam um papel passivo, de quem apenas ouve e cumpre ordens.

Red team (Time vermelho) é um método criado nas forças armadas para testar estratégias. Cria-se um "time vermelho" para ter ideias a fim de criar dificuldades ou derrotar o plano proposto. É fundamental escolher integrantes que não tenham qualquer relação com o plano existente e dar a eles liberdade para pensar de formas novas, de um jeito que os autores do plano talvez não tenham antecipado.

As AARs, os BrainTrusts e os Red Teams geram o mesmo tipo de ação subjacente: desenvolver o hábito de revelar as vulnerabilidades de modo que o grupo possa compreender melhor o que funciona, o que não funciona e como se aprimorar.

Busque a franqueza; evite a sinceridade brutal. Dar um feedback honesto é complicado, pois ele pode deixar as pessoas magoadas ou se sentindo desmoralizadas. Uma distinção útil, que ficou bem clara na Pixar, é buscar a franqueza e evitar a honestidade brutal. Ao buscar a franqueza – feedback menos amplo, mais dirigido, menos pessoal, com menos juízos de valor e igualmente impactante –, é mais fácil manter uma sensação de segurança e de pertencimento ao grupo.

Aceite o desconforto. Uma das coisas mais difíceis na criação de hábitos de vulnerabilidade é o fato de que ela exige que o grupo suporte dois desconfortos: dor emocional e uma sensação de ineficiência. As AARs ou um BrainTrust combinam a repetição de escavar algo que já aconteceu (não deveríamos seguir em frente?) com o constrangimento ardente e inerente ao confronto de verdades desagradáveis. Como acontece com qualquer tipo de exercício, o principal é compreender que a dor não é um problema, e sim o caminho para construir um grupo mais forte.

Faça o alinhamento da linguagem com as ações. Muitos grupos altamente cooperativos utilizam a linguagem para reforçar a interdependência. Por exemplo, os pilotos da Marinha americana, quando retornam aos porta-aviões, não "pousam", são "recuperados". A IDEO não tem "gerentes de projeto", e sim "líderes da comunidade de design". Os grupos da Pixar não oferecem "observações" sobre as primeiras versões dos filmes; eles dão "algo mais" ao oferecer soluções para os problemas. Pode parecer que são pequenas diferenças semânticas, mas elas importam, pois destacam continuamente a natureza cooperativa e interconectada do trabalho, além de reforçarem a identidade compartilhada do grupo.

Erga um muro entre a avaliação de desempenho e o desenvolvimento profissional. Embora pareça natural desenvolver essas duas conversas ao mesmo tempo, na verdade é mais eficiente manter a avaliação de desempenho e o desenvolvimento profissional em separado. As avaliações de desempenho tendem a ser uma interação de alto risco, inevitavelmente cheias de juízos de valor, e costumam ter consequências salariais. O desenvolvimento, por outro lado, tem relação com a identificação de pontos fortes, o fornecimento de apoio e a oportunidade de crescimento. Ao vincular as duas coisas, contaminam-se as águas. Por esses motivos, muitos grupos deixaram de ranquear os trabalhadores e adotaram um modelo mais próximo do coaching, no qual as pessoas recebem feedbacks frequentes, projetados para lhes fornecer um retrato vibrante do desempenho e um caminho para o aprimoramento.

Empregue a mentoria-relâmpago. Uma das melhores técnicas que já vi para criar a cooperação em um grupo é a mentoria-relâmpago. Funciona exatamente como a mentoria tradicional – você escolhe alguém com quem deseja aprender e se torna uma espécie de sombra dessa pessoa –, só que, em vez de durar meses ou anos, dura apenas algumas horas. Essas breves interações ajudam a derrubar barreiras dentro de um grupo, constroem relacionamentos e facilitam a consciência que alimenta o comportamento colaborativo.

Faça o líder desaparecer de vez em quando. Diversos líderes de grupos bem-sucedidos têm o hábito de deixá-los sozinhos em momentos cruciais. Um dos melhores nisso é Gregg Popovich. A maioria dos times da NBA faz seus intervalos de acordo com um protocolo coreografado. Primeiro os treinadores se amontoam como um grupo por alguns segundos para definir a mensagem que desejam transmitir, depois se dirigem ao banco e transmitem a mensagem aos jogadores. Porém, mais ou menos uma vez por mês, durante um intervalo, os técnicos do Spurs se agrupam nesse meio-tempo... e não se dirigem aos jogadores. Os jogadores ficam sentados no banco, esperando que Popovich apareça. Então, ao perceberem que ele não vem, eles assumem o controle e começam a conversar entre si, bolando um plano.

O time de rúgbi All-Blacks, da Nova Zelândia, transformou isso em um hábito: jogadores comandando diversos treinos a cada semana, com pouca contribuição do corpo técnico. Quando pedi a Dave Cooper que me dissesse uma única característica compartilhada por suas melhores equipes do SEAL, ele disse: "As melhores equipes costumavam ser aquelas em que eu não estava envolvido, especialmente quando se tratava de treinamento. Eles desapareciam e não dependiam de mim para nada. Eram melhores em descobrir o que precisavam fazer do que eu jamais poderia ser."

HABILIDADE 3
ESTABELECER PROPÓSITO

13

AS 311 PALAVRAS

CERTO DIA, EM 1975, James Burke, presidente da Johnson & Johnson, convocou 35 de seus gerentes mais antigos para uma reunião pouco convencional. Não falariam sobre estratégia, nem marketing, nem planejamento. Na verdade, não falariam sobre nada relacionado a negócios. O objetivo era discutir um documento de uma página, feito 32 anos antes, denominado o Credo.

O Credo foi escrito em 1943 por Robert Wood Johnson, antigo presidente da companhia e membro da família fundadora. Começa assim:

> Acreditamos que nossa primeira responsabilidade é para com os médicos, enfermeiros e pacientes; para com mães e pais e todos aqueles que utilizam nossos produtos e serviços. Para atender às suas necessidades, tudo aquilo que fazemos deve ser da mais alta qualidade. Devemos lutar constantemente para reduzir custos de forma a manter preços acessíveis. Os pedidos dos clientes devem ser atendidos pronta e precisamente.

E assim o texto segue por quatro parágrafos, descrevendo o relacionamento com cada parte interessada e criando prioridades entre elas da seguinte forma: (1) clientes, (2) funcionários, (3) comunidade e (4) acionistas. Trata-se de uma declaração de princípios sólida: é clara, direta e com um tom que lembra a dignidade de um texto do Antigo Testamento. (O verbo *dever* é usado 21 vezes.) O Credo ficava em lugar de destaque em todas as subsidiárias da Johnson & Johnson e estava esculpido em uma parede de granito na sede da empresa, em Nova Jersey.

O problema, do ponto de vista de Burke, era que o Credo não parecia importar tanto para muitos dos empregados – e, mais que isso, ele não tinha certeza de que *deveria* importar. Os tempos haviam mudado. Não é que tivesse acontecido uma revolta explícita contra o Credo, era mais uma questão de uma vibração sutil que Burke havia captado ao andar pela companhia e observar as pessoas trabalharem e interagirem. Como diria mais tarde: "Muitos dos jovens que entravam para a Johnson & Johnson realmente não prestavam muita atenção no Credo. Muitos sentiam que era uma espécie de truque de relações públicas. Não era um documento unificador."

A ideia de Burke era fazer uma reunião para determinar qual papel o Credo teria no futuro da empresa. Quando fez essa proposta, muitos dos líderes da Johnson & Johnson rejeitaram-na de cara. Questionar um documento fundador desse porte parecia perda de tempo. Dick Sellars, presidente do conselho, considerou a ideia "ridícula". Disse a Burke que contestar o Credo seria o mesmo que um católico decidir contestar o papa.

Burke, nascido no estado de Vermont, dono de uma voz áspera, ex-comandante de uma embarcação de desembarque durante a Segunda Guerra Mundial, não recuou. "Eu contesto [o papa] todos os dias quando acordo", disse ele. "Às vezes acho que ele é maluco. Às vezes acho que minha religião é doida. Claro que eu a contesto. Todos questionam seus valores e é o que devemos fazer com o Credo." O ponto de vista de Burke prevaleceu.

A reunião aconteceu em um grande salão de festas. Depois que os gerentes se sentaram, Burke delineou a tarefa. "Vocês estão em condições de contestar este documento, que é a alma da corporação", disse ele. "Se não conseguem viver de acordo com esses princípios, devemos arrancá-lo das paredes, porque é um ato pretensioso deixá-lo onde está. E, se quiserem modificá-lo, digam como deveríamos fazer."

E assim a conversa começou. "Acho que [o Credo] deveria ser absoluto", disse um dos gerentes.

"Não adianta se enganar", interrompeu outro. "O objetivo do negócio é gerar lucro."

Outro gerente se pronunciou: "Não deveríamos então fazer o que é o melhor para o negócio, não apenas o que é correto do ponto de vista moral e ético, mas o que é o melhor para o negócio segundo o Credo de modo a atender às necessidades da sociedade e, assim, ter a capacidade de tornar tudo melhor, mais decente e mais humano?"

"Charlie, isso é como a maternidade e tortas de maçã: todo mundo aprova", disse um sujeito com uma voz aguda e um topete disfarçando uma área calva. "A questão é: quais dessas são demandas legítimas da sociedade e quantas delas podemos cumprir e nos manter no negócio."

Isso já ilustra o espírito da discussão. Não foi uma reunião de negócios. Mais parecia um seminário de filosofia na faculdade. Durante um dia inteiro, as 36 pessoas naquela sala tentaram encontrar o lugar da empresa no universo moral. Naquela noite, alguns ficaram acordados até tarde, colocando ideias no papel. No fim do processo, chegaram a um consenso para permanecerem fiéis ao documento existente.

Nos anos que se seguiram, Burke continuou a recriar essa conversa, mantendo contestações ao Credo em todos os níveis da companhia. E pareceu funcionar. Ele e outros sentiam que os empregados tinham adquirido uma consciência renovada daquelas diretrizes. Mas, claro, em geral essas coisas são intangíveis e difíceis de mensurar durante o curso da vida normal.

Sete anos depois, em 30 de setembro de 1982, a vida normal sofreu uma interrupção brutal. Burke recebeu um telefonema informando que seis pessoas tinham morrido em Chicago depois de ingerir um produto da empresa: cápsulas de Tylenol Extra Forte haviam sido contaminadas com cianureto. Houve pânico em Chicago. A polícia vagava pelas ruas usando megafones para alertar os cidadãos. Escoteiros foram de porta em porta para falar com os idosos que porventura tivessem deixado de ouvir os alertas. No dia seguinte, foi encontrada a sétima vítima e as preocupações continuaram a aumentar. As autoridades em São Francisco recomendaram que os habitantes não jogassem o medicamento no vaso sanitário para não contaminar o sistema de esgoto. Uma agência de notícias calculou que os envenenamentos com Tylenol geraram a maior cobertura de imprensa nos Estados Unidos desde o assassinato do presidente John Kennedy.

Em algumas horas, a Johnson & Johnson deixou de ser um fornecedor de medicamentos e passou a ser um fornecedor de veneno. A atmosfera na sede da companhia era um misto de choque e descrença. O maior problema, do ponto de vista da Johnson & Johnson, era que a empresa não estava preparada para lidar com a crise. Não possuía um departamento de relações públicas nem um sistema para fazer o recall dos remédios, e seu sistema de assessoria de imprensa consistia em um caderno espiral. "Parecia a praga", disse David Collins, presidente da McNeil Products, subsidiária da Johnson & Johnson que produzia o Tylenol. "Não tínhamos ideia de como aquilo terminaria. E a única informação que tínhamos era que não sabíamos o que estava acontecendo."

Um escritório na sede da empresa foi convertido em gabinete de crise improvisado. Alguém encontrou papel e um cavalete. Assim que chegava uma informação – vítimas, localização, número do lote do medicamento, local da compra –, ela era rabiscada em uma folha de papel que, em seguida, era presa com fita adesiva nas paredes. Em pouco tempo as paredes estavam forradas com perguntas urgentes para as quais não havia respostas. A única certeza era que o Tylenol estava acabado em termos de negócio. "Não acho que consigam jamais vender algum produto com esse nome", disse Jerry Della Femina, lendário guru da publicidade, para o jornal *The New York Times*.

Burke formou um comitê com sete integrantes que começou a lidar com uma enxurrada de decisões difíceis. Como deveriam atuar segundo a legislação? O que deveriam dizer ao público? E o que era mais crítico: o que deveriam fazer com os outros produtos da linha Tylenol que se encontravam nas prateleiras das lojas por todo o país?

Quatro dias depois dos envenenamentos, Burke e outros integrantes do comitê voaram para Washington a fim de discutir uma estratégia com o FBI e a Food and Drug Administration (FDA, órgão encarregado do controle de alimentos e medicamentos). Tanto o FBI quanto a FDA encorajaram Burke a limitar o recall a Chicago, uma vez que não havia aparecido veneno fora daquela cidade. Um recall nacional, disseram, amedrontaria o público de modo desnecessário, deixaria o responsável pela contaminação criminosa mais convencido e encorajaria imitadores. Além disso, o FBI nem precisava destacar, um recall mais amplo custaria milhões de dólares para a Johnson & Johnson.

Burke e seu grupo pensaram no assunto por algum tempo. Depois ignoraram o conselho do FBI e da FDA, ordenando um recall imediato, nacional, de todos os produtos da linha Tylenol disponíveis no mercado – 31 milhões de comprimidos – a um custo de 100 milhões de dólares. Quando perguntaram a Burke o que o levara a tomar aquela decisão, a resposta foi rápida: *Acreditamos que nossa primeira responsabilidade é para com os médicos, enfermeiros e pacientes; para com mães e pais e todos aqueles que utilizam nossos produtos e serviços.*

Nos dias e nas semanas que se seguiram, a Johnson & Johnson transformou-se de companhia farmacêutica em organização de segurança pública. Projetou e fabricou embalagens inovadoras, à prova de adulterações; desenvolveu programas de troca, descarte e reembolso; e desenvolveu relacionamentos com o governo, agentes da lei e veículos de comunicação. Quatro semanas depois dos ataques, mobilizou mais de 2 mil representantes para visitar médicos e farmacêuticos, com o objetivo de ouvir suas preocupações e informá-los sobre as mudanças que estavam por vir.

Burke apavorou os advogados da empresa ao fazer aparições nos veículos de comunicação de alcance nacional expressando sua dor e seu pesar com sinceridade e informando os passos dados pela empresa para garantir a segurança do público. Seis semanas depois dos ataques, as novas embalagens, mais seguras, foram introduzidas no mercado.

E então aconteceu algo inesperado. A participação do Tylenol no mercado, depois de ter caído a zero por ocasião dos ataques, começou a subir até os níveis anteriores e continuou a crescer. Um especialista chegou a dizer que havia sido "o retorno mais espetacular desde Lázaro". Nos anos seguintes, a reação do Tylenol se tornou o padrão-ouro para lidar com crises corporativas.

"Tivemos que tomar centenas de decisões às pressas. Centenas de pessoas tiveram que tomar milhares de decisões", disse Burke depois. "Se olhar para trás, não tomamos nenhuma decisão ruim. Não tomamos mesmo. Aqueles milhares de decisões tinham uma esplêndida consistência por partirem do princípio de que o público seria atendido em primeiro lugar, pois era isso que estava em jogo. Por isso, o que leva as pessoas a falarem do Tylenol quando começam as discussões sobre o Credo é que esse documento estava por trás desse episódio. Porque o coração e a mente das pessoas que faziam parte da J&J e que tomavam decisões em uma série de empresas diferentes (...) sabiam o que fazer."

À primeira vista, a história da crise do Tylenol parece ser a respeito de um grupo grande reagindo a um desastre com coesão e foco extraordinários. Mas sob essa história reside um fato curioso: a chave para o comportamento extraordinário da Johnson & Johnson pode ser encontrada em um documento comum, com apenas uma página. As 311 palavras do original em inglês do Credo orientaram o pensamento e o comportamento de milhares de pessoas enquanto percorriam um cenário complexo de opções.

A pergunta mais profunda é: *Como um punhado de frases simples e diretas consegue fazer tanta diferença no comportamento de um grupo?*

Nas duas primeiras seções deste livro nós nos concentramos na segurança e na vulnerabilidade. Vimos como pequenos sinais – *Você está seguro; Aqui compartilhamos os riscos* – conectam as pessoas e permitem que elas trabalhem como uma entidade única. Mas agora está na hora de perguntar: *Para que tudo isso? Qual é o objetivo desse trabalho?*

Quando visitei grupos bem-sucedidos, reparei que, sempre que comunicavam algo relacionado a seu propósito ou a seus valores, eles eram tão sutis quanto um soco no nariz. E já começava pelo ambiente. Espera-se que a maioria dos grupos coloque no ambiente alguns lembretes de sua missão. Esses grupos, porém, faziam mais que isso – bem mais que isso.

Ao entrar no quartel-general do SEAL, em Dam Neck, Virgínia, você passa por uma viga retorcida do atentado ao World Trade Center, uma bandeira de Mogadíscio e um memorial com tantas homenagens dedicadas aos SEALs tombados em missões que mais parece estar em um museu militar. Do mesmo modo, uma visita à sede da Pixar é como entrar em um de seus filmes. Do Woody e do Buzz, feitos de Lego, do tamanho de uma pessoa até a lâmpada articulada com 6 metros de altura, no pátio de entrada, que se tornou marca registrada da empresa, tudo reluz com a magia da Pixar. No caso da trupe de comediantes Upright Citizen Brigade, o teatro no porão se parece menos com um teatro do que com um hall da fama improvisado, com as paredes tomadas por fotos de equipes de Harold que fizeram sucesso. (É possível encontrar alguém que ainda não alcançou a fama em quase todas elas.) As escolas KIPP, instituições de ensino muito bem-sucedidas localizadas em periferias de cidades americanas, têm uma abordagem parecida, dando o nome e decorando cada sala de aula em referência ao local onde o professor cursou a universidade, de modo a inspirar os alunos a fazerem o mesmo. Eles até enfeitam os espelhos dos banheiros com uma pergunta importante: *Onde VOCÊ vai fazer a faculdade?*

Além disso, o mesmo foco existe na linguagem que utilizam. Ao visitar esses lugares, ouvem-se os mesmos tipos de frase de efeito e lema, pronunciados no mesmo ritmo. É surpreendente, pois seria fácil presumir que os funcionários da Pixar não precisam ser lembrados de que *a tecnologia inspira a arte e a arte inspira a tecnologia*, que os SEALs não teriam necessidade de reafirmar a importância de *atirar, mover-se, comunicar-se*, assim como os alunos KIPP não precisariam de lembretes para o lema *Esforce-se e seja gentil*, uma vez que todos dizem essas palavras todos os dias. E, mesmo assim, é isso que eles fazem. Esses grupos, que com toda a certeza devem saber o que representam, dedicam um tempo surpreendente a contar a própria história, relembrando com precisão o que representam – e repetindo tudo *ad infinitum*. Por quê?

O primeiro passo para encontrar uma resposta poderia começar com uma pequena ave canora de aparência comum chamada estorninho. Como outros pássaros, os estorninhos às vezes formam grandes bandos. Mas quando esses bandos são ameaçados por um predador, como um falcão, eles se transformam em algo mais. O fenômeno é chamado de *murmuração* e é uma das visões mais belas e singulares na natureza: uma nuvem viva que, em um redemoinho, muda de forma na velocidade do pensamento, formando ampulhetas gigantes, espirais, gavinhas que flutuam pelo céu como efeitos especiais de um filme de Harry Potter. Um falcão se lança em direção a um único estorninho e, no mesmo instante, do outro lado do bando (a mil pássaros de distância), os outros sentem e reagem como um único ser para se afastar do perigo. A pergunta, claro, é: de que forma tantos pássaros se comportam como uma única entidade? Os primeiros estudiosos do assunto teorizavam que os estorninhos eram dotados de uma percepção extrassensorial quase mística para perceber e planejar movimentos em grupo. Um cientista britânico chamou de "telepatia"; outro, de "rádio biológico".

A razão real, demonstrada em um estudo de 2007 por um grupo de físicos teóricos da Universidade de Roma, é que a coesão dos estorninhos se deve à atenção incessante em um pequeno conjunto de sinais. Basicamente, cada estorninho acompanha seis ou sete aves próximas, enviando e recebendo deixas de direção, velocidade, aceleração e distância. Esse hábito compartilhado de observação intensiva e próxima é amplificado pelo bando e permite que o grupo se comporte como uma só entidade. Em outras palavras, o que leva os bandos de estorninhos a se comportarem com tanta inteligência não tem qualquer relação com telepatia ou magia, mas tem tudo a ver com uma habilidade mais simples: prestar atenção concentrada em um pequeno conjunto de marcadores importantes.

A ideia nos ajuda a abrir uma janela para entender como as culturas bem-sucedidas criam e sustentam um propósito. Grupos de sucesso estão em harmonia com a mesma verdade que os estorninhos: o propósito não se refere a lançar mão de uma determinação mística interna, mas sim à criação de sinalizadores simples onde se focaliza a atenção e ao envolvimento na meta compartilhada. As culturas de sucesso fazem isso de modo incessante, procurando formas de contar e recontar sua história. Para isso, constroem o que chamaremos de ambientes de alto propósito.

Esses ambientes são repletos de sinais pequenos e vibrantes, projetados para criar um vínculo entre o momento presente e um ideal futuro. Eles fornecem dois localizadores simples, exigidos por todo processo de navegação: *Aqui é onde estamos* e *Aqui é aonde queremos chegar*. O surpreendente, do ponto de vista científico, é como somos sensíveis a esse padrão de sinalização.

Há alguns anos, uma professora alemã de psicologia chamada Gabriele Oettingen executou aquele que poderia ser considerado o experimento psicológico mais básico de todos os tempos. Na verdade, você pode fazer agora mesmo. Funciona assim:

Passo 1: Pense em uma meta realista que você deseja alcançar. Pode ser qualquer coisa: tornar-se habilidoso em uma modalidade esportiva, voltar a investir em um relacionamento, perder alguns quilos, obter um novo emprego. Passe alguns segundos refletindo sobre essa meta e imaginando que aconteceu. Imagine um futuro em que você a alcançou.

Entendeu?

Passo 2: Dê um intervalo de alguns segundos e visualize os obstáculos entre você e essa meta da forma mais vívida possível. Não doure os pontos negativos, mas tente vê-los como realmente são. Por exemplo, se está tentando perder peso, poderia imaginar aqueles momentos de fraqueza quando sente o aroma de biscoitos recém-assados e decide comer um (ou três).

E é isso. Chama-se contraste mental e parece menos com ciência e mais com o tipo de recomendação que vemos nos canais de vendas na televisão: *Visualizar uma meta possível e visualizar os obstáculos.* A questão, como Oettingen descobriu, é que esse método funciona, deflagrando mudanças de comportamento e de motivação significativas. Em um estudo, adolescentes que se preparavam para testes-padrão para a universidade e que usaram o método escolheram completar 60% mais perguntas do que o grupo de controle. Em outro grupo, pessoas que faziam dieta de emagrecimento consumiram menos calorias, fizeram mais exercícios físicos e perderam mais peso.

O contraste mental também tem funcionado para aprimorar a capacidade de interagir positivamente com desconhecidos, fazer negócios, falar em público, gerenciar o tempo, melhorar a comunicação e desempenhar uma série de outras habilidades. Como escreveu Oettingen: "A elaboração conjunta do futuro e da realidade presente torna ambos simultaneamente acessíveis e os conecta no sentido de que a realidade fica no caminho da realização do futuro desejado."

O trabalho de Oettingen não está alinhado com a maneira como normalmente pensamos sobre motivação e metas. Costumamos pensar que são intrínsecas. Ou as pessoas são motivadas, ou não. Da mesma forma, descrevemos a motivação utilizando termos como *desejo* e *coração*. Mas nesses experimentos a motivação não é algo que se possui, e sim o resultado de um processo de duas partes para canalizar a atenção: *Você está aqui* e *Você quer chegar aqui*.

O futuro compartilhado poderia ser uma meta ou um comportamento. (*A segurança do consumidor em primeiro lugar. Atiramos, nos movemos e nos comunicamos*). Não importa. O que importa é estabelecer esse elo e criar consistentemente um engajamento em torno dele. O que importa é contar a história.

Temos a tendência a empregar a palavra *história* de modo casual, como se as histórias e as narrativas fossem decorações efêmeras para alguma realidade oculta imutável. A verdade neurológica mais profunda é que as histórias não disfarçam a realidade, mas criam-na, deflagrando uma cascata de percepções e de motivação. A prova se encontra em exames de imagem do cérebro: quando ouvimos um fato, algumas áreas isoladas se iluminam, traduzindo palavras e significados. Quando ouvimos uma história, porém, nosso cérebro se ilumina como os cassinos de Las Vegas, traçando as cadeias de causa, efeito e significado. Histórias não são apenas histórias. Elas são a melhor invenção já criada para transmitir modelos mentais que comandam o comportamento.

Pense em um momento da selva de decisões que os líderes da Johnson & Johnson enfrentaram nos dias que se seguiram aos envenenamentos com Tylenol. Não é fácil gastar 100 milhões de dólares e contrariar a recomendação de autoridades federais (ou explicar tal decisão para os acionistas e para um conselho de administração). Não é fácil redirecionar milhares de pessoas para tarefas novas e pouco familiares (ou explicar a elas por que deveriam apoiar tal mudança). Seria fácil presumir que esses atos e decisões foram dolorosos ou causaram grande sofrimento.

No entanto, Burke não descreve esses momentos como dolorosos nem cheios de sofrimento. Descreve-os de forma direta: "Pois bem, recebi muito crédito pelo que fiz", disse ele a um repórter. "Mas o fato é que minha tarefa não foi apenas simples, mas também... não havia mais nada que eu pudesse ter feito. Todos que trabalhavam para a Johnson & Johnson no mundo estavam assistindo aos envenenamentos... Se tivéssemos feito algo diferente, pense em como aqueles empregados teriam se sentido. O que quero dizer é que a própria alma da companhia estava nos observando."

Em outras palavras, Burke e sua equipe sentiram-se um pouco como estorninhos durante uma revoada. Movimentaram-se como uma única entidade porque estavam atentos ao mesmo sinal inconfundível expresso no Credo e que ressoava por todo o grupo: *Acreditamos que nossa primeira responsabilidade é para com os médicos, enfermeiros e pacientes; para com mães e pais e todos aqueles que utilizam nossos produtos e serviços.* As decisões difíceis que tomaram na verdade não foram tão difíceis. Foram praticamente um reflexo.

O principal desafio para a compreensão do modo como as histórias guiam o comportamento em grupo é a dificuldade de isolá-las. As histórias são como o ar: estão em toda parte e em lugar nenhum ao mesmo tempo. Como é possível medir o efeito de uma narrativa?

Para nossa sorte, ainda em 1965 um psicólogo de Harvard chamado Robert Rosenthal encontrou um jeito. Ele procurou uma escola pública do primeiro ciclo do ensino fundamental na Califórnia e se ofereceu para testar os alunos com uma nova ferramenta para a identificação da inteligência chamada Harvard Test of Inflected Acquisition, que poderia prever com precisão quais seriam as crianças que teriam desempenho escolar superior no ano seguinte. Naturalmente, a escola aceitou e o teste foi aplicado a todos os alunos. Semanas depois, os professores receberam os nomes das crianças (cerca de 20% do corpo discente) cujos resultados indicavam alto potencial. E foram informados de que aquelas crianças, em particular, eram especiais. Embora os alunos possam não ter apresentado desempenhos tão bons no passado, o teste indicava que possuíam "potencial incomum para o crescimento intelectual". (Os estudantes não foram informados sobre os resultados do teste.)

No ano seguinte, Rosenthal retornou para medir como havia sido o desempenho dos alunos com grande potencial. Exatamente como o teste havia previsto, os alunos do primeiro e do segundo ano indicados como donos de grande potencial haviam obtido um sucesso notável: aqueles no primeiro ano ganharam 27 pontos de QI (contra 12 do restante da turma). Os alunos do segundo ano ganharam 17 pontos (contra 7 dos demais). Além disso, os alunos de grande potencial se desenvolveram de maneira formidável, que ia além da possibilidade de medição. Eram descritos pelos professores como sendo mais curiosos, mais felizes, mais bem ajustados e mais propensos a experimentar sucesso na vida adulta. E mais: os professores declararam que a experiência de ensinar naquele ano havia sido melhor do que no ano anterior.

Mas havia uma pegadinha: o teste aplicado por Rosenthal era uma completa invenção. Na verdade, os alunos de "grande potencial" tinham sido escolhidos de modo aleatório. O tema do teste não eram os alunos, mas as narrativas que comandam o relacionamento entre professores e alunos.

Rosenthal descobriu que substituir uma história – *Esses são alunos medianos* – por outra – *Esses são alunos especiais, destinados ao sucesso* – servia como um farol que reorientava os professores, criando uma cadeia de comportamentos que guiavam o aluno em direção àquele futuro. Não importava que a história fosse falsa nem que as crianças tivessem sido, na verdade, selecionadas de modo aleatório. A ideia simples e empolgante – *Essa criança tem um potencial incomum para o crescimento intelectual* – alinhou motivação, consciência e comportamentos. Rosenthal classificou as mudanças em quatro categorias:

1. Calor humano (os professores foram mais gentis, mais atentos e mais abertos à conexão);

2. Contribuição (os professores forneceram mais materiais para o aprendizado);
3. Oportunidades de resposta (os professores chamaram os alunos com mais frequência e os ouviram com mais cuidado);
4. Feedback (os professores deram mais retorno, em especial quando o aluno cometia um erro).

O interessante sobre essas mudanças é como são pequenas, consistindo em milhares de minúsculos comportamentos durante o ano letivo. Toda vez que o professor interagia com o aluno, uma conexão entre o passado e o futuro se iluminava no cérebro do professor. Cada vez que o aluno fazia algo de ambíguo, o professor lhe dava o benefício da dúvida. E, cada vez que o aluno cometia um erro, o professor presumia que ele precisava receber um feedback melhor. Isoladamente, cada um desses comportamentos tinha pouco significado. Juntos, criaram uma espiral virtuosa que ajudou os alunos a se desenvolverem de forma a superar seus chamados limites.

A espiral virtuosa pode ser deflagrada também por outros métodos. Um bom exemplo foi utilizado em um experimento feito por Adam Grant, escritor e psicólogo organizacional na Escola Wharton da Universidade da Pensilvânia, cujo trabalho mencionamos no Capítulo 6. Anos antes, a Universidade de Michigan pedira a Grant que examinasse o baixo desempenho dos trabalhadores de sua central telefônica, encarregados de telefonar para ex-alunos a fim de solicitar doações de dinheiro. O trabalho era repetitivo e tedioso, e a taxa de rejeição se mantinha em sólidos 93%. A universidade havia tentado diversos incentivos para melhorar o desempenho, como prêmios e concursos, mas nada tinha funcionado.

Grant sabia que uma parte do dinheiro levantado pela central era direcionado para bolsas de estudos. Ele ficou se perguntando se os trabalhadores ficariam mais motivados se soubessem mais a respeito do uso daquele dinheiro no mundo real. Então Grant encontrou um dos bolsistas, um aluno chamado Will, e lhe pediu que escrevesse uma carta dizendo o que aquela bolsa significava para ele. Segue um trecho:

> Quando chegou a hora de tomar uma decisão, descobri que as anuidades para alunos de fora do estado eram muito caras. Mas esta universidade está no meu sangue. Meus avós se conheceram aqui. Meu pai e meus quatro tios vieram para cá. Devo a esta escola até meu irmão caçula, pois ele foi concebido na noite em que ganhamos o torneio de basquete da NCAA. Durante toda a vida, sonhei em vir para cá. Fiquei extasiado ao receber a bolsa e vim para a escola pronto para aproveitar todas as oportunidades que foram abertas para mim. A bolsa melhorou minha vida de muitas maneiras.

Depois que Grant compartilhou a carta de Will com os funcionários da central telefônica, ele viu um crescimento imediato nos telefonemas e nas doações. Deu então o passo seguinte. Em vez de apenas ler uma carta para os trabalhadores, Grant trouxe bolsistas para uma visita à central. Essas visitas duravam cinco minutos. Não eram complexas. Cada aluno compartilhava sua história, como Will havia feito: É daqui que eu venho. É isso que o dinheiro levantado por seu trabalho significa para mim. No mês seguinte, o tempo despendido nas chamadas aumentou em 142% e as receitas semanais subiram 172%. Os incentivos não haviam mudado. A tarefa não havia mudado. O que mudara havia sido o fato de que os trabalhadores passaram a contar com um sinal luminoso de propósito e isso fez toda a diferença.

O que aconteceu nos experimentos de Rosenthal e de Grant não é diferente do que aconteceu quando a Johnson & Johnson se reuniu para contestar o Credo. Eles criaram um ambiente de alto propósito, inundaram a zona com sinais que ligavam o trabalho atual a um futuro significativo e usaram uma única história para orientar a motivação da mesma forma que um campo magnético orienta a agulha de uma bússola para encontrar o norte verdadeiro: *É por isso que trabalhamos. É aqui que você deve usar sua energia.*

No capítulo seguinte vamos nos concentrar em formas usadas para estabelecer e alimentar ambientes de alto propósito no mundo real. E uma boa forma de começar é com o exame de dois casos em que esses ambientes foram construídos apesar de todas as dificuldades. O primeiro envolve uma tentativa inovadora de controlar, no futebol, alguns dos mais perigosos *hooligans* do planeta. A segunda trata de equipes médicas aprimorando seus conhecimentos para realizar uma inovação cirúrgica revolucionária.

14

OS *HOOLIGANS* E OS CIRURGIÕES

Para domar os *hooligans*

P ORTUGAL ESTAVA prestes a virar pelo avesso.
Era a véspera do Campeonato Europeu de Futebol de 2004, torneio realizado a cada quatro anos que só perde para a Copa do Mundo em termos de tamanho e espetáculo. Centenas de milhares de fãs acorriam a estádios novinhos em folha espalhados por todo aquele país ensolarado. Para Portugal, era um momento importante, uma espécie de comemoração da maioridade no esporte mundial. Havia apenas um problema, e era o mesmo que perseguia o futebol europeu havia décadas: os torcedores ingleses conhecidos como *hooligans*.

Os organizadores portugueses sabiam o que iriam enfrentar porque o campeonato anterior, realizado havia quatro anos na Bélgica, tinha proporcionado uma lição inesquecível. A polícia belga tinha se preparado bem para os *hooligans*, gastando milhões para treinar pessoal e adquirindo os melhores equipamentos disponíveis contra tumultos, com câmeras de vigilância e sistemas de informação. Trabalharam de perto com o governo britânico a fim de identificar e barrar conhecidos baderneiros, impedindo-os de entrar no país. Em suma, haviam se preparado o máximo possível. E nada disso adiantou. Milhares de *hooligans* ingleses, demonstrando o tipo de determinação unificada que historicamente falta a seu time, ficaram à solta, arrebentando vitrines, agredindo espectadores e enfrentando a polícia armada com cassetetes, mangueiras e gás lacrimogêneo. Ao final do torneio, mais de mil torcedores ingleses haviam sido presos. Os organizadores da competição pensaram em banir o time da Inglaterra e os comentaristas se perguntavam se isso representaria o fim dos torneios internacionais.

De acordo com a maioria dos cientistas sociais, essa realidade era inevitável tanto do ponto de vista lógico quanto histórico, pois os *hooligans* ingleses incorporavam a agressividade proletária conhecida como doença inglesa, ou *hooliganismo*. Décadas de experiência demonstraram que essa doença não poderia ser curada. Seria possível apenas controlar seus sintomas. À medida que o torneio de 2004 se aproximava, a ocorrência de tumultos parecia inevitável. Como escreveu um autor inglês, o ensolarado Portugal estava prestes a se tornar alvo da "maior invasão inglesa desde o Dia D". Para se preparar, o governo português adquiriu 21 milhões de dólares em equipamentos para controle de tumultos: canhões de água, cassetetes, spray de pimenta e cães policiais. Procurou também novas abordagens, inclusive o trabalho de um obscuro psicólogo social da Universidade de Liverpool chamado Clifford Stott.

Stott é um homem de fala direta, com corte de cabelo militar, especializado em violência praticada por multidões. Estudou os tumultos de Los Angeles em 1992, as manifestações contra os impostos em 1990, na Grã-Bretanha, e, às vésperas do campeonato de 2004, trabalhava em uma nova teoria que tinha menos relação com as forças da história social do que com as deixas sociais. Stott defendia que era possível deter a violência nas ruas com a alteração dos sinais transmitidos pela polícia. Para ele, o equipamento antitumulto e os carros blindados eram deixas que ativavam o comportamento de *hooligan* em torcedores que, de outro modo, poderiam se comportar normalmente. (Segundo sua pesquisa, 95% dos presos por violência ligada ao futebol não tinham antecedentes de conduta desordeira.) Ele acreditava que a chave para fazer o policiamento de tumultos era essencialmente parar de fazer policiamento de tumultos.

As primeiras experiências de Stott com seu modelo foram suficientemente convincentes e as autoridades portuguesas estavam bastante desesperadas, de modo que Stott se descobriu, para sua eterna surpresa, encarregado de um experimento de alto risco: seria possível conter os mais exaltados torcedores de futebol do mundo com um punhado de deixas sociais?

Em primeiro lugar, Stott tratou do treinamento da polícia portuguesa. A regra número 1 era manter todo equipamento antitumulto fora da vista do público: nenhuma falange de policiais de capacete, nada de veículos blindados, nem escudos e cassetetes. Em vez disso, Stott preparou um grupo de oficiais de comunicação usando coletes azul-claros em vez do amarelo habitual. Esses oficiais não foram selecionados por suas habilidades no controle de tumultos, mas por seus talentos sociais: simpatia e jogo de cintura. Stott encorajou-os a estudar as seleções e os torcedores e a se tornarem mestres em conversar sobre treinadores, estratégias de jogo e fofocas de bastidores. "Procuramos pessoas com o dom da palavra", diz ele, "capazes de abraçar alguém e falar sobre qualquer assunto."

O maior desafio para Stott era reprogramar os instintos policiais. Os *hooligans* ingleses tinham o hábito de jogar futebol em lugares públicos, chutando a bola para cima e deixando-a cair sobre a cabeça das pessoas e as mesas dos cafés nas imediações, inflamando o tipo de confronto de pequena escala que dá origem a tumultos. O procedimento policial convencional é intervir imediatamente, com autoridade, e confiscar a bola antes do início efetivo das brigas. A conselho de Stott, os policiais portugueses foram instruídos a fazer algo mais difícil: esperar até que os *hooligans* chutassem a bola ao alcance da polícia. Só então os agentes poderiam tomar a bola e confiscá-la.

"Você tem que jogar segundo regras compartilhadas", diz Stott. "A polícia não pode simplesmente se antecipar e tomar a bola, pois é precisamente o tipo de uso desproporcional da força que cria o problema. Se esperar até que a bola chegue até você e então ficar com ela, a multidão passa a considerar uma ação legítima."

Para alguns policiais portugueses, as ideias de Stott pareciam ilógicas e até insanas. Muitos protestaram, dizendo que era uma imprudência enfrentar gangues de *hooligans* violentos sem proteção. Na época do torneio, a imprensa inglesa ridicularizava o programa chamando-o de "Abrace um bandido". O mundo esportivo e o científico aguardaram cheios de dúvida para ver se o método de Stott funcionaria.

Funcionou. Mais de 1 milhão de torcedores visitou o país para a competição de três semanas de duração e, nas áreas em que se empregou a abordagem de Stott, apenas um torcedor inglês foi preso. Observadores registraram 2 mil interações entre multidão e polícia, das quais apenas 0,4% se qualificava como desordem. Os únicos incidentes violentos ocorreram em uma área na qual a polícia atuou de acordo com o antigo sistema de capacete e escudo.

Nos anos seguintes, a abordagem de Stott tornou-se o modelo para controlar a violência relacionada ao esporte na Europa e no restante do planeta. Uma das razões de seu sucesso é a criação de um ambiente de alto propósito ao transmitir uma sequência contínua de pequenos sinais consistentes. Todas as vezes que um policial conversa com um torcedor, todas as vezes que um torcedor repara na falta de equipamentos de proteção, um sinal é enviado: *Estamos aqui para nos entender*. Todas as vezes que a polícia permite que os fãs chutem a bola, ela reforça esse sinal. Isoladamente, nenhum desses sinais importa. Juntos, formam uma nova história.

Para Stott, o momento mais revelador em Portugal veio na metade da competição, quando um policial de colete amarelo encontrou um torcedor inglês excessivamente fervoroso. O policial tentou acalmá-lo. O fã resistiu e em seguida, por reflexo, o policial usou a força, agarrando o homem com brutalidade. Uma onda de energia atravessou a multidão.

As pessoas gritaram e empurraram. Era exatamente o tipo de situação que Stott mais temia: um único exagero no uso da força poderia causar uma espiral desastrosa.

Mas isso não aconteceu. Em vez disso, os torcedores gritaram para um dos oficiais de comunicação com o colete azul. "Eles chamaram o oficial e disseram: 'Ei, você pode vir para cá e resolver a situação com esse policial?'", conta Stott. "Os papéis foram invertidos e os torcedores estavam policiando a polícia." Eles tinham desenvolvido vínculos com os oficiais de comunicação e os viam como seus defensores."

Os aprendizes mais velozes

Um dos melhores parâmetros para avaliar a cultura de qualquer grupo é sua velocidade de aprendizado – quão rapidamente consegue aprimorar o desempenho de uma nova habilidade. Em 1998, uma equipe de pesquisadores de Harvard comandada por Amy Edmondson (que conhecemos no Capítulo 1) monitorou a velocidade de aprendizado de 16 equipes cirúrgicas que aprendiam a executar uma nova técnica de cirurgia cardíaca. A técnica era chamada de cirurgia cardíaca minimamente invasiva e envolvia a execução de revascularização do miocárdio e reparos nas válvulas do coração por meio de uma pequena incisão no tórax em vez de serrar as costelas. Cada uma das 16 equipes passou pelo mesmo treinamento de três dias, voltou para seu hospital de origem e começou a fazer os procedimentos. A pergunta era: Qual das equipes aprenderia mais depressa e de modo mais eficiente?

A princípio, parecia que a equipe do Chelsea Hospital seria a vencedora. O Chelsea era um hospital-escola de elite localizado em uma região metropolitana. Sua equipe de cirurgia cardíaca era comandada pelo Dr. C., especialista de renome nacional que estivera envolvido no desenvolvimento da tecnologia para as cirurgias cardíacas minimamente invasivas e já havia realizado mais de 60 procedimentos com a técnica. Além disso, o Chelsea tinha forte compromisso organizacional com o novo procedimento, o que foi demonstrado pelo fato de diversos de seus chefes de departamento terem sido enviados para participar do treinamento.

Na outra ponta do espectro encontrava-se a equipe do Mountain Medical Center, uma instituição menor, sem ligação com escolas de medicina e localizada em uma área rural. Sua equipe era comandada pelo Dr. M., um jovem cirurgião que nunca fizera um procedimento semelhante e cujos colegas eram igualmente inexperientes.

Se você fosse prever qual das equipes teria a melhor atuação, a escolha lógica seria a do Chelsea. Ela reunia mais conhecimento, mais experiência e mais apoio da organização do que a do Mountain Medical. No entanto, a equipe do Chelsea não venceu. Pelo contrário: aprendeu mais devagar e sua habilidade (medida pelo tempo levado para concluir uma cirurgia cardíaca minimamente invasiva) estagnou-se depois de 10 procedimentos. E havia mais: os integrantes da equipe não estavam felizes. Em entrevistas posteriores, relataram insatisfação. Depois de seis meses, o Chelsea estava em 10º lugar entre as 16 equipes participantes.

O grupo do Mountain Medical, por outro lado, aprendeu bem e depressa. Na quinta cirurgia, seus integrantes já trabalhavam mais rápido do que o melhor desempenho do Chelsea. Com 20 procedimentos, o Mountain Medical completava cirurgias bem-sucedidas uma hora mais rápido do que o Chelsea e, o mais importante, relatava taxas mais altas de eficiência e satisfação. Passados seis meses, o Mountain Medical era a segunda entre as 16 equipes.

O padrão de tudo ou nada não era exclusividade desses dois hospitais. Quando Edmondson estudou os resultados, descobriu que havia dois grupos: equipes com muito sucesso e equipes com pouco sucesso. Os dados não se apresentavam em uma curva em forma de sino, era mais como uma tela dividida ao meio. As equipes eram parecidas com o Mountain Medical ou com o Chelsea. Ou funcionavam muito bem ou não funcionavam. Por quê?

A resposta, como Edmondson descobriria, encontrava-se nos padrões de sinais em tempo real usados pelos integrantes de cada equipe para se conectarem (ou não) com o objetivo de trabalhar. Esses sinais consistiam em cinco tipos básicos:

1. *Enquadramento.* As equipes bem-sucedidas consideravam as cirurgias cardíacas minimamente invasivas como uma experiência de aprendizado que beneficiaria os pacientes e o hospital. As equipes malsucedidas viam os procedimentos como algo a acrescentar às práticas existentes.
2. *Papéis.* O líder das equipes de sucesso dizia explicitamente aos integrantes por que suas habilidades individuais e coletivas eram importantes para o êxito e por que era importante que trabalhassem juntos. Isso não acontecia nas equipes malsucedidas.
3. *Ensaio.* As equipes bem-sucedidas realizavam ensaios do procedimento, considerando todos os detalhes, explicando os novos protocolos e falando sobre a comunicação. As malsucedidas faziam a preparação em pouquíssimos passos.
4. *Incentivo explícito às manifestações.* Os líderes das equipes bem-sucedidas encorajavam os integrantes a se manifestarem caso vissem algum problema. Eram treinados ativamente por meio de um processo de feedback. Os líderes das equipes malsucedidas ofereciam pouco feedback e com isso os integrantes hesitavam em se manifestar.
5. *Reflexão ativa.* Entre as cirurgias, as equipes bem-sucedidas examinavam seu desempenho, falavam sobre casos futuros e sugeriam melhorias. Por exemplo, o líder do Mountain Medical usava uma câmera presa na cabeça durante a cirurgia para ajudar na discussão e no feedback. As equipes malsucedidas tendiam a não fazer esse tipo de coisa.

Repare nos fatores que *não* se encontram nessa lista: experiência, status do cirurgião e apoio organizacional. Essas qualidades importaram bem menos do que o simples fluxo constante de sinais em tempo real que canalizavam a atenção na direção de um objetivo maior. Às vezes, esses sinais envolviam o hospital (*Esta é uma grande oportunidade de aprendizado*); às vezes o paciente (*Eles irão se beneficiar*); às vezes se voltavam para um integrante da equipe (*Você tem um papel a cumprir e um futuro com esta equipe*); às vezes valorizavam o ensaio ou a reflexão. Mas todos desempenhavam a mesma função vital: inundar o ambiente de vínculos narrativos entre o que estavam fazendo naquele momento e o que aquilo significava.

A outra característica dessa lista é que muitos desses sinais poderiam ser facilmente considerados óbvios e redundantes. Por exemplo, será que profissionais superexperientes como enfermeiras e anestesistas precisam que se diga a eles, de forma explícita, como seu papel é importante *durante uma cirurgia cardíaca*? Precisam mesmo ser informados que devem se pronunciar caso vejam que o cirurgião está cometendo um erro?

A resposta, como Edmondson descobriu, é um trovejante "sim". O valor daqueles sinais não reside na informação, mas no fato de que orientam a equipe na realização da tarefa e na relação entre si. O que parece uma repetição é, na verdade, uma navegação. Aqueles sinais se somavam de um modo que tornava possível ouvir as vozes de seus integrantes. Veja estas citações de equipes de sucesso:

[Cirurgião] "É fundamental que o cirurgião tenha a capacidade de se ver como um parceiro, e não um ditador. Por exemplo, às vezes realmente é preciso mudar o que está sendo feito durante uma operação com base na sugestão de alguém da equipe."

[Enfermeira] "Todos nós temos que compartilhar o conhecimento. Por exemplo, na última cirurgia precisávamos inserir um cateter-guia no paciente e, a princípio, eu não reconheci o instrumento. Então uma auxiliar disse: 'Sue, pegou o cateter errado.' Isso demonstra quanto as diferenças nos papéis são insignificantes. Temos todos que saber de tudo. Precisamos trabalhar em equipe."

[Enfermeira] "Todas as vezes que vamos fazer um procedimento, eu me sinto iluminada. Vejo esses pacientes progredindo tanto (...). É uma experiência tão compensadora. Eu me sinto muito grata por ter sido escolhida."

Agora vejam as seguintes citações de integrantes de equipes malsucedidas:

[Cirurgião] "Assim que a equipe se apronta, não ergo mais os olhos [do campo cirúrgico]. São eles que precisam garantir que tudo esteja fluindo."

[Anestesista] "Eu não falaria se não estivesse confiante de que um erro poderia levar a um resultado adverso. Não me sinto confortável formulando hipóteses."

[Enfermeira] "Se vejo um caso de cirurgia minimamente invasiva na lista [para o dia seguinte], eu penso: 'Ah! Temos mesmo que fazer isso? Alguém me arranja uma gilete nova para que eu possa cortar os pulsos neste instante.'"

Parece que essas vozes vêm de universos diferentes. Por ironia, ambos estão fazendo exatamente o mesmo procedimento depois de receberem o mesmo treinamento. A única diferença era que um grupo recebeu claros faróis de significado durante todo o processo, e o outro, não. A diferença não estava em quem eram, mas no conjunto de vínculos pequenos, atentos e consistentes entre onde se encontravam e para onde se dirigiam.

É assim que funcionam os ambientes de alto propósito: não se trata de enviar um grande sinal, mas sim um punhado de sinais constantes, claríssimos, alinhados a uma meta compartilhada. Trata-se menos de inspiração do que de consistência. São ambientes que possuem menos grandes discursos e mais momentos cotidianos, quando as pessoas podem sentir a mensagem: É por isso que trabalhamos, é isso que temos como objetivo.

Agora que estabelecemos o mecanismo básico dos ambientes de alto propósito, vamos explorar a próxima pergunta: *Como podem ser criados?* A resposta depende do tipo de habilidade que você deseja que seu grupo desenvolva. *Ambientes de alta proficiência* ajudam um grupo a manter um desempenho específico de modo consistente, enquanto *ambientes de alta criatividade* ajudam o grupo a criar algo novo. Essa distinção é importante porque destaca os dois desafios básicos enfrentados por qualquer grupo: consistência e inovação. E, como estamos prestes a ver, construir o propósito nessas duas áreas exige abordagens diferentes.

15

COMO LIDERAR PARA A PROFICIÊNCIA

Q UANDO SE PENSA nos ambientes mais desafiadores do planeta, a tendência é imaginar lugares como o Vale da Morte ou a Antártida: paisagens inóspitas que expõem a fraqueza de modo implacável. Ninguém pensa nos restaurantes de Nova York. Pelo menos até que as taxas de sobrevivência sejam consideradas.

A cada ano, cerca de mil restaurantes novos abrem as portas em Nova York. Todos são lançados com otimismo, confiança e grandes esperanças de sucesso. Cinco anos depois, 800 deles desapareceram sem deixar rastro, por variadas razões que são, em essência, a mesma razão. Um restaurante de sucesso, assim como uma expedição à Antártida, depende de proficiência obstinada. Não basta servir boa comida. Não basta ter boa localização. Bom serviço, treinamento, construção de marca, liderança, adaptabilidade e sorte não são suficientes. A sobrevivência depende de juntar todos esses elementos, noite após noite. Quem falha desaparece.

Nesse ecossistema implacável, Danny Meyer estabeleceu um recorde que não é tão improvável quanto inconcebível. Nos últimos 30 anos, ele abriu 25 restaurantes. Fora uma exceção, todos são bem-sucedidos – e não se trata de um sucesso pequeno. O primeiro restaurante de Meyer, o Union Square Cafe, conquistou o primeiro lugar na lista dos melhores restaurantes do guia *Zagat* nada menos que nove vezes, um feito inédito. Seus outros restaurantes costumam ocupar, rotineiramente, um quarto da lista dos 20 melhores. Além disso, seus restaurantes e chefs receberam 26 prêmios James Beard, a mais importante premiação do ramo nos Estados Unidos. E o que talvez seja mais impressionante: cada estabelecimento de Meyer é singular, variando de uma taverna a uma churrascaria ou de um café italiano a uma rede de hamburguerias muito informais chamada Shake Shack, que atualmente vale 1,5 bilhão de dólares.

A razão do sucesso dos restaurantes de Meyer está no sentimento caloroso e acolhedor que criam, algo que poderia ser resumido em uma única palavra: *lar*. Ao entrar em um dos estabelecimentos de Meyer, você sente que está cercado de cuidados. Essa sensação irradia do ambiente e da comida, mas sobretudo das pessoas, que cuidam de cada interação com uma atenção familiar. Quando pedi a frequentadores e funcionários de Meyer exemplos de momentos em que esse sentimento foi criado, eles me contaram as histórias a seguir.

Uma jovem do Meio-Oeste, recém-chegada a Nova York, levou os pais para jantar no 11 Madison Park, para comemorar sua nova vida na cidade grande – e para afastar os receios deles sobre as dificuldades de viver em Nova York. Perto do final do jantar, enquanto olhavam o cardápio de sobremesas, o pai chamou atenção para um vinho de sobremesa chamado Château d'Yquem, cuja taça custava 42 dólares. Ele então comentou como Nova York era uma cidade absurdamente cara. O garçom entreouviu aquele comentário e, momentos depois, veio até a mesa deles com uma garrafa de Château d'Yquem e três taças. O garçom disse: "Estamos tão gratos por sua presença esta noite. Ouvi vocês comentarem sobre o Château d'Yquem. É um melhores e mais raros vinhos de sobremesa do mundo e adoraríamos oferecer uma prova, com nossos cumprimentos." O que se seguiu foi uma pequena explosão de surpresa e encantamento.

Houve também uma ocasião em que um dos companheiros de jantar do senador Bob Kerrey, de Nebrasca, encontrou um besouro (*beetle*, em inglês) em sua salada, na Gramercy Tavern. No dia seguinte, Kerrey e seus amigos foram comer em outro restaurante de Meyer. Depois que se acomodaram, chegou uma salada guarnecida com um papelzinho que trazia escrito o nome *Ringo*. O garçom disse: "Danny queria garantir que o senhor soubesse que a Gramercy Tavern não era o único de seus restaurantes disposto a enfeitar sua salada com um Beatle."

Se você mencionar que é seu aniversário ou uma data importante, o restaurante vai lembrar. Se você gosta de ficar em uma mesa perto da janela, ele vai lembrar. Se preferir o pão crocante nas bordas, ele vai lembrar. A tarefa de registrar cada preferência, desempenhada pela gerência e pelos garçons e atrelada ao sistema de reservas, não é simples, pois depende de uma cadeia ininterrupta de atenção e ação. O garçom que trouxe a garrafa de Château d'Yquem teve que (1) estar alerta à dinâmica entre a jovem empolgada e esperançosa e seus pais preocupados; (2) reparar no comentário do pai a respeito do vinho; (3) ligar o comentário a uma ideia; (4) ter autonomia para gastar o dinheiro do restaurante naquele gesto; e (5) realizar o gesto com elegância. A qualquer momento aquela cadeia poderia ter sido quebrada e ninguém teria notado. Mas isso não aconteceu e foi criado aquele acúmulo de emoção carinhosa que se tornou a marca registrada de Meyer e conduziu seus empreendimentos ao sucesso. A pergunta é: Como Meyer consegue fazer isso em tantos restaurantes?

Quando alguém se senta à mesa diante de Danny Meyer, os olhos dele se fixam no interlocutor com um misto de interesse e empatia. Sua linguagem corporal é descontraída e alerta, mas tranquila. A voz é firme, com a intensidade típica do Meio-Oeste que lembra vagamente o ator Jimmy Stewart. Se fizer uma pergunta a ele – digamos, qual é o melhor hambúrguer de Nova York –, ele faz uma pausa antes de responder. Ele dedicou centenas de horas a explorar a pergunta, então sabe um bocado. Mas, quando responde, o que diz não tem qualquer relação com seu conhecimento e tem tudo a ver com quem fez a pergunta.

"Pois bem", diz ele. "O tipo de hambúrguer de que você gosta depende do seu humor."

Estamos no Maialino, um de seus restaurantes perto do Gramercy Park, e está na hora do café da manhã. À nossa volta, o universo de Meyer gira alegremente: flores frescas despontam de vasos de cerâmica, comensais felizes conversam com garçons atenciosos. Estamos falando dos estudos de Meyer sobre ciência política no Trinity College e de como ele trabalhou para uma campanha presidencial (o que contribuiu para que encarasse cada funcionário basicamente como um voluntário) quando, atrás de mim, uma bandeja acidentalmente escorrega das mãos de um garçom e vários copos de água se espatifam no chão.

Por uma fração de segundo, toda ação é interrompida. Meyer ergue um dedo, fazendo uma pausa em nossa conversa para observar o que acontece. O garçom que deixou cair os copos começa a recolher os cacos e outro se aproxima com uma vassoura e um pano de chão. A limpeza é veloz e todos voltam para seus pratos. Pergunto então por que Meyer observa tudo com tanta atenção.

"Eu presto atenção no que acontece logo em seguida e quero ver se o nível de energia sobe", diz ele. "Todos se ligam ao problema da limpeza. O nível de energia pode subir ou descer e, se estivermos fazendo nosso trabalho direito, ele vai subir." Ele junta os punhos e faz um gesto com os dedos que simula uma explosão. "Eles estão criando uma energia estimulante que não tem nada a ver com a tarefa e tem tudo a ver com os outros e com o que acontece em seguida. Não é tão diferente de uma colônia de formigas ou uma colmeia. Toda ação se soma às outras."

Pergunto a Meyer como é uma interação ruim. "Pode ser duas coisas", diz ele. "Ou há desinteresse, aquele negócio de 'Estou apenas fazendo o meu trabalho', ou há raiva dirigida ao outro ou à situação. E, se eu visse isso, saberia que existe um problema mais profundo, pois a primeira tarefa, antes de todas as outras, é cuidar um do outro. Nem sempre eu soube disso, mas agora sei."

Meyer começa a falar sobre suas experiências: a juventude em St. Louis, o fascínio precoce por comida e viagens, o pai emocionalmente distante que trabalhava nos ramos da hotelaria e da gastronomia, o abandono da faculdade de direito no segundo final e sua entrada no mundo da gastronomia e, por fim, a segunda metade da década de 1980 e os primeiros dias do Union Square Cafe, onde sua formação realmente começou.

"Eu não sabia ler uma planilha", conta ele. "Não sabia administrar fluxo de caixa ou cuidar de uma cozinha. Não sabia nada. Mas sabia como queria que as pessoas se sentissem. Queria que se sentissem tão à vontade que não soubessem dizer se tinham ficado em casa ou saído."

Para isso, Meyer confiou nos seus instintos. Contratou funcionários do Meio-Oeste para aumentar a sensação de simpatia. Treinou todos, simulando várias situações que envolveriam garçom e comensal. Quando o serviço estava lento, como costumava acontecer nos primeiros dias, ele acalmava os clientes com vinho por conta da casa e dava autonomia à equipe para oferecer pequenos mimos. Criou o hábito de reunir fragmentos de informação para ajudar seus frequentadores a se sentirem mais em casa. Dava atenção especial à linguagem. Odiava o linguajar típico de garçom, como "Tudo certo, chefe?" (o cliente é um amigo, não um chefe!) ou "Está tudo a seu gosto?" (muito impessoal!). Em vez disso, procurou criar uma linguagem que dava aos clientes a sensação de que a equipe estava do lado deles. Por exemplo, se um horário de reserva não estivesse disponível, ele diria: "Poderia me dizer quais horários seriam convenientes para o senhor, para que eu possa torcer por um cancelamento?"

O Union Square Cafe foi um imenso sucesso, com o onipresente Meyer trabalhando na recepção, servindo mesas e limpando a sujeira. Então, em 1995, ele abriu um segundo restaurante, a Gramercy Tavern.

E foi aí que as coisas ficaram difíceis. O serviço começou a perder qualidade, a comida não era consistente. Os clientes ficaram infelizes. Meyer dividia o tempo entre as duas operações, tentando freneticamente aprimorar o desempenho, mas não estava funcionando. "Era um pesadelo", diz ele. "Eu estava péssimo. Corria de um restaurante para outro e nenhum dos dois funcionava do jeito que eu queria. Era um tipo de situação clássica. Quer dizer, é por isso que a maioria das pessoas que abre um restaurante abre apenas um."

O auge da crise foi um dia naquele outono, na Gramercy Tavern, quando uma cliente assídua que havia organizado um almoço para seis pessoas pediu salmão. Ela comeu metade e disse ao garçom que não tinha gostado – será que ela poderia pedir outra coisa? O garçom trouxe um novo prato e perguntou ao gerente da Gramercy se o salmão devia permanecer na conta da mulher. O gerente disse que sim. Afinal, ela tinha comido mais da metade do prato e não havia nada de errado com o salmão. Ao pagar a conta, a mulher recebeu uma quentinha com o resto do salmão. Ao chegar em casa, ela escreveu para Meyer: "Não posso acreditar em como esse ato foi insultante e passivo-agressivo. Não é o que eu esperaria de um dos seus restaurantes."

"Ela tinha toda a razão", diz Meyer. "E sabe qual era a pior parte? Todos na Gramercy achavam que estavam fazendo um bom trabalho. O gerente achou que estava fazendo um bom trabalho. O garçom achou que estava fazendo um bom trabalho. Todos ficaram ali parados e observaram o que aconteceu, ninguém impediu. Tínhamos passado horas e horas em treinamentos para que esse tipo de coisa não acontecesse, mas estava acontecendo e não tínhamos controle. Foi quando percebi que eu tinha que encontrar um modo de construir uma linguagem, de ensinar comportamentos. Não podia apenas dar um modelo de comportamento e confiar que as pessoas o compreenderiam e o seguiriam. Eu tinha que dar nomes às coisas."

Algumas semanas depois, Meyer convidou toda a equipe para participar de um retiro perto do rio Hudson, em um sábado, e deu início a uma conversa sobre valores: *O que estamos fazendo realmente? O que eles representam? Quem vem primeiro?*

"O incidente com o salmão foi um momento fundamental", diz Richard Coraine, principal executivo de desenvolvimento do Union Square Hospitality Group, controlador dos restaurantes de Meyer. "Danny percebeu que precisava estar em dois lugares ao mesmo tempo. O que queria dizer que precisava encontrar um jeito de transmitir o sinal. As pessoas responderão àquilo que o patrão sente que é importante. Então Danny tinha que definir e articular o que era importante."

No retiro, Meyer e a equipe fizeram um ranking de prioridades:

1. Colegas
2. Clientes
3. Comunidade
4. Fornecedores
5. Investidores

Para Meyer, foi uma verdadeira revolução. "Pareceu incrivelmente bom dar nomes", diz. "Deixar tudo em pratos limpos. O gerente que provocara a crise do salmão acabou se demitindo e foi então que as coisas começaram a decolar. Percebi que o modo como tratamos uns aos outros é tudo. Se fizermos isso direito, o resto se encaixa."

De modo semelhante, Meyer tentou dar nome a comportamentos específicos e a interações que ele queria criar em seus restaurantes. Ele já contava com uma série de bordões que usava nos treinamentos, de modo informal – ele tinha um talento especial para transformar ideias em máximas úteis. Mas, naquele momento, Meyer começou a prestar uma atenção mais profunda nessas expressões, pensando nelas como ferramentas. Eia aqui algumas delas:

Estudar o cliente.
Hospitalidade ativa.

Proporcionar um *grand finale*.
Fazer o cliente se sentir em casa.
Amar problemas.
Encontrar o "sim".
Ligar os pontos.
Criar recomendações entusiasmadas para os clientes.
Atenção individualizada.
Bancar o gambá.
Sempre supor o melhor.
Plantar sementes do bem em jardins do gostar.
Tirar a gente de circulação com sua generosidade.
Estar ciente de seu rastro emocional.
Para receber um abraço é preciso dar um abraço.
O reflexo da excelência.
Você é um agente ou um guardião?

À primeira vista, essas frases parecem aforismos corporativos comuns. Na verdade, cada uma delas funciona como uma pequena narrativa completa, fornecendo um modelo mental vívido para os funcionários resolverem problemas do dia a dia. *Sempre supor o melhor* significa que, quando alguém age mal, deve-se evitar o julgamento, oferecendo-lhe o benefício da dúvida. *Ligar os pontos* significa reunir informações sobre os clientes, ou seja, utilizar essas informações para criar felicidade. *Bancar o gambá* é lançar energia negativa no ambiente de trabalho, como costumam fazer esses animais quando se sentem acuados. Isoladamente, esses bordões podem não fazer sentido. Mas juntos, repetidos à exaustão e modelados pelo comportamento, eles criam uma moldura conceitual mais ampla que se conecta à identidade do grupo e expressa seu propósito central: *Cuidamos das pessoas*.

Meyer tornou-se mais intencional na inserção de seus dizeres e na declaração das prioridades durante os treinamentos, as reuniões de trabalho e em todas as comunicações. Ele obrigou seus líderes a procurarem oportunidades para usar e modelar os principais comportamentos. Passou a encarar o próprio papel como o de propagador de uma cultura. E funcionou. Em alguns meses, a atmosfera nos dois restaurantes melhorou de forma notável. Meyer seguiu em frente, expandindo e refinando constantemente a linguagem. "Você tem prioridades, mesmo que não as nomeie", diz ele. "Se quiser crescer, é melhor dar nome a elas e também aos comportamentos que apoiam essas prioridades."

Alguns anos depois do incidente com o salmão, uma estudante de doutorado da área de comportamento organizacional na Universidade de Nova York chamada Susan Reilly Salgado ficou curiosa pelo que tornava os restaurantes de Meyer tão diferentes dos outros. Ao conversar com os atendentes, percebeu que todos tendiam a descrever o trabalho com as mesmas palavras: *lar, família, calor humano*. Procurou Meyer e perguntou se poderia transformar o restaurante em tema para sua pesquisa. Ele concordou, desde que ela aceitasse trabalhar lá. Salgado trabalhou no Union Square Cafe durante seis meses. Observou o modo como os funcionários interagiam entre si e com os frequentadores, e percebeu o que chamou de "microprocessos", que conduziam essas interações. Aqui está a forma como ela resumiu seus achados em sua tese de doutorado: "Os resultados indicam que o Union Square Cafe alcança sua estratégia de diferenciação de 'hospitalidade refinada' por meio de um conjunto sinérgico de práticas de gestão de recursos humanos que envolve três práticas principais: seleção de funcionários baseada em habilidades emocionais, tratamento respeitoso dos funcionários e gestão por meio de um conjunto de regras simples que estimulam comportamentos intricados e complexos em benefício da clientela."

Um conjunto de regras que estimulam comportamentos intricados e complexos em benefício da clientela. Em outras palavras, Salgado descobriu que Meyer tinha sucesso pelo mesmo motivo pelo qual James Burke obteve êxito ao desafiar o Credo. Criar envolvimento com um conjunto simples e claro de prioridades pode funcionar como um farol, orientando o comportamento e fornecendo um caminho para o cumprimento de uma meta.

Essa conclusão levanta uma pergunta mais profunda sobre como exatamente isso acontece. Como um punhado de palavras de ordem e uma lista de prioridades conseguem produzir um desempenho tão harmonioso e eficiente? Podemos obter uma resposta de uma fonte improvável: um minúsculo organismo chamado mixomiceto.

Mixomicetos são organismos ancestrais gelatinosos compostos por milhares de indivíduos unicelulares. Na maior parte do tempo, são passivos, imperturbáveis e completamente sem graça. Mas, quando o alimento fica escasso, os milhares de indivíduos começam a trabalhar juntos de um jeito belo e inteligente. Ainda na década de 1940, um estudante de Harvard chamado John Tyler Bonner fotografou o mixomiceto com uma câmera que fazia uma sequência de imagens em intervalos regulares e fez um filme, que ele passou a exibir para plateias acadêmicas. A notícia se espalhou e em pouco tempo os salões estavam repletos de uma multidão encantada. Albert Einstein solicitou uma exibição privada. J. J. O'Neill, do jornal *New York Herald Tribune*, disse a Bonner que seu trabalho era mais importante do que a descoberta da bomba atômica.

Os primeiros quadros do filme mostram um punhado de pequenas bolhas cinzentas desconectadas. Em seguida, porém, como se respondessem a um sinal invisível, os seres unicelulares se movimentam com um objetivo único em direção ao centro, onde milhares se fundem em um único organismo que começa a se mexer. Na extremidade do organismo outra transformação acontece à medida que alguns indivíduos se arrastam para cima formando um caule. Outros se arrastam sobre eles até chegar à crista, onde se transformam em esporos para serem carregados pelo vento e se reproduzir. Todo o processo é absolutamente mágico e orquestral, como se houvesse um maestro oculto sussurrando instruções: *Você vem para cá, agora aqui, agora todos juntos*. O filme se tornou uma sensação porque incorporava um mistério profundo: como acontece um comportamento de grupo tão inteligente com criaturas que não possuem nenhuma inteligência?

Durante anos, os pesquisadores presumiram que tal comportamento era o resultado de uma "célula organizadora" que funcionava como uma espécie de sargento biológico, dizendo às outras o que fazer e em que momento. Essa célula organizadora, como se determinou depois, não existe. O que existe é algo mais poderoso: um conjunto simples de regras chamadas heurística que comandam o comportamento.

"Presumimos que, por sermos complexos, tomamos decisões de um modo que também é complexo", diz Madeleine Beekman, estudiosa do mixomiceto na Universidade de Sydney. "Mas, na verdade, estamos usando regras práticas bem simples. O mixomiceto demonstra que é possível, para os grupos, resolver problemas extremamente complexos usando apenas algumas regras de ouro."

No caso do mixomiceto, as regras de ouro são as seguintes:

Se não houver alimento, conectem-se uns aos outros.
Se houver conexão, mantenham-se conectados e movimentem-se
  na direção da luz.
Se alcançarem a luz, mantenham-se conectados e subam.

"As abelhas trabalham de modo semelhante", diz Beekman. "E o mesmo ocorre com formigas e outras espécies. Todas usam a heurística na tomada de decisões. Não há razão para que não a empregássemos também. Ao examinar essas espécies, é possível sentir a conexão. Como nós, todas buscam uma meta coletiva."

Beekman e o mixomiceto nos fazem pensar de uma nova maneira nos motivos que fazem os bordões de Danny Meyer funcionarem tão bem. Não são apenas frases de efeito. É a heurística que fornece orientação ao criar situações e soluções de modo vívido e memorável. Do ponto de vista estrutural, não há diferença entre *Se alguém for grosseiro, tente não julgá-lo* e *Se não houver comida, conectem-se uns aos outros*. As duas frases funcionam como uma orientação conceitual, criando a consciência situacional e fornecendo clareza em tempos de confusão em potencial. É por isso que tantas das frases de Meyer se concentram em como reagir diante de erros.

> Não é possível evitar os erros, mas é possível resolvê-los com elegância.
> Se não está quebrado, conserte.
> Erros são como ondas. Os atendentes são, na verdade, surfistas.
> A estrada para o sucesso é pavimentada por erros bem cuidados.

O truque é não apenas enviar o sinal, mas criar engajamento em torno dele. É aí que Meyer se supera. Ele trata o processo de criação dos bordões com a verve concentrada de um compositor de música pop. Gera novas frases de efeito constantemente, testando aquelas que funcionam. Busca frases memoráveis e viscerais que empregam imagens vibrantes para ajudar a equipe a se conectar. O escritório de Richard Coraine contém um quadro repleto de ideias que estão em desenvolvimento:

> Somos pagos para resolver problemas. Escolha gente divertida para resolver os problemas com você.
> Existe glória em cometer um erro.
> Pedra e mais pedra para dar forma a uma ponte.

Meyer não está sozinho. Muitos líderes de grupos de alta proficiência se concentram na criação de prioridades, dando nome aos comportamentos principais e inundando o ambiente com heurística que vincula as duas partes. Por exemplo, quem passa um tempo com o time de rúgbi New Zealand All-Blacks vai ouvir a conversa sobre "deixar o uniforme em um lugar melhor" e ditados como "Se você não está crescendo em lugar nenhum, não vai para lugar nenhum", além de conselhos para manter uma "cabeça azul" em vez de uma "cabeça vermelha" (referindo-se à calma sob pressão) e expressões como "Pressão é um privilégio", "BTQ... bola de total qualidade", "MBV... mantenha a bola viva", "Vá para cima ou dane-se", "É uma honra, não um trabalho", "Vá atrás do espaço vazio" e "Pessoas melhores se tornam All-Blacks melhores".

A KIPP, a rede de escolas de grande sucesso, também é construída em torno de frases de efeito como "Nada de atalhos"; "Esforce-se e seja gentil"; "Não coma o marshmallow"; "Equipe e família"; "Se há um problema, procuraremos a solução"; "Leia, neném, leia"; "Todos nós aprenderemos"; "Os KIPPsters fazem a coisa certa quando ninguém está olhando"; "Tudo é conquistado", "Seja constante, e não variável"; "Se um colega precisa de ajuda, nós ajudamos; se precisamos de ajuda, nós pedimos"; "Sem robôs" e "Prove que quem duvida está errado".

Em um primeiro momento, uma cultura densa em heurística parece ligeiramente desanimadora. "Nos primeiros dias de trabalho, ouvi toda a linguagem e fiquei pensando 'Será que estamos em uma colônia de férias?'", revela Allison Staad, gerente sênior de marketing e comunicação do Shake Shack. "É totalmente piegas, bobo. Aí você começa a ver como funciona e também começa a usar a linguagem na vida diária. De repente, tudo aquilo deixa de ser piegas – é apenas parte do ar que respiramos."

"O que há de mais poderoso em todas aquelas expressões é o modo como Danny as personifica", diz Coraine. "O que o torna excepcional é perceber que as pessoas olham para ele a cada segundo e ele está transmitindo aquelas mensagens a cada segundo, a cada dia. É como se ele fosse um potente sinal de wi-fi. Algumas pessoas emitem apenas três barras, mas Danny emite 10 barras e nunca vai abaixo de nove."

16

COMO LIDERAR PARA A CRIATIVIDADE

NA ESSÊNCIA, Danny Meyer, a KIPP e o All-Blacks andam utilizando a mesma técnica. Podemos chamá-la de método do farol: os três criam propósito ao gerar um feixe nítido de sinais que vinculam A (onde estamos) a B (aonde queremos chegar). Há, porém, outra dimensão de liderança, na qual a meta não é seguir de A até B, mas navegar até X, um destino desconhecido. Essa é a dimensão da criatividade e da inovação.

A liderança criativa parece ser misteriosa, pois costumamos encarar a criatividade como um dom, uma capacidade quase mágica de ver coisas que ainda não existem e inventá-las. Desse modo, tendemos a pensar nos líderes criativos como artistas, criaturas capazes de recorrer a fontes de inspiração e genialidade que são inacessíveis para o restante das pessoas. E, com certeza, alguns líderes se encaixam nessa descrição.

O engraçado é que não encontrei muitos artistas quando visitei líderes de culturas criativas bem-sucedidas. Em vez disso, encontrei um tipo diferente, um tipo que falava baixo, tinha o hábito de passar muito tempo apenas observando, era dotado de temperamento mais introvertido e gostava de falar em sistemas. Comecei a pensar nesse tipo de pessoa como um engenheiro criativo.

Ed Catmull é um líder assim. Aos 72 anos, dono de fala mansa, barba ouriçada e olhos vivos e observadores, ele é presidente e cofundador da Pixar, uma das culturas criativas mais bem-sucedidas de todos os tempos. Todos os estúdios no mundo esperam criar um grande sucesso vez ou outra. A Pixar pode ser encarada como uma máquina que cria sucessos todas as vezes. Desde 1995, foram 17 longas-metragens que faturaram em média mais de meio bilhão de dólares, receberam 13 Oscars e geraram algumas das referências culturais mais amadas de nossa era. Há uma década, Catmull assumiu um trabalho paralelo como um dos líderes da Walt Disney Animation Studios e ajudou a gerar uma série de superproduções, entre elas *Frozen*, *Operação Big Hero* e *Zootopia*.

Encontrei Catmull na sede da Pixar em Emeryville, na Califórnia, no interior do elegante prédio Brooklyn. Construído em 2010, o Brooklyn é uma caixa de vidro e madeira reaproveitada com boa iluminação natural, transbordando de toques típicos da Pixar, como um barzinho escondido, uma lareira, um café com serviço de mesa completo e um deque no telhado. É facilmente um dos edifícios comerciais mais espetaculares que já vi. (Como disse um dos primeiros visitantes: "Obrigado por arruinar o resto da minha vida.") Enquanto Catmull e eu caminhamos sob a luz do sol que penetra por algumas aberturas, faço um comentário rápido sobre a beleza daquela arquitetura.

Ele para e se vira para me encarar. A voz é baixa e cheia de autoridade, a voz de um médico que faz um diagnóstico: "Na verdade, este prédio foi um erro."

Eu me aproximo, achando que poderia não ter ouvido corretamente.

"É um erro", continua Catmull com voz firme, "porque não cria os tipos de interação que precisamos criar. Deveríamos ter feito corredores mais amplos. Deveríamos ter feito um café maior, para atrair mais gente. Deveríamos ter colocado os escritórios nas extremidades para criar mais área compartilhada no centro. Então não foi apenas um erro. Foram, na verdade, muitos erros juntos, sendo o maior de todos não ter percebido a maioria desses erros antes que fosse tarde demais."

É o tipo de coisa que não costuma sair da boca do presidente de uma empresa. Quando se elogia a maioria dos líderes por seus maravilhosos edifícios multimilionários, eles agradecem e estão sendo sinceros. A maioria não admitirá erros dessa magnitude, pois sente que a consequência seria produzir um perigoso traço de incompetência. Não é o caso de Catmull. Ele adora esses momentos. De certo modo, eles são uma razão de viver. Não há recriminação nem juízo em seu olhar, apenas uma satisfação tranquila nascida da clareza. *Cometemos alguns erros neste prédio, sabemos disso, e ficamos um pouco melhores por termos tido essa percepção.*

Se você saísse a campo para projetar uma vida que representasse a perfeita fusão entre arte e ciência, provavelmente criaria algo parecido com a vida de Catmull. Filho de educadores, ele passou a infância idolatrando Einstein e Disney, estudando desenho e física, e sonhando em fazer longas-metragens de animação. Depois da faculdade, arranjou um emprego com George Lucas, o que o levou a fazer uma parceria com Steve Jobs e à criação da Pixar, um pequeno estúdio com a ambição de fundir o uso dos computadores à produção cinematográfica.

A Pixar passou por dificuldades durante muitos anos. Então, em 1995, aconteceu a reviravolta com o sucesso de *Toy Story*, que faturou 360 milhões de dólares. Foi quando Catmull começou a ter um sentimento incômodo de que algo estava fora do lugar. Ele sabia que outras empresas haviam passado pela mesmíssima situação – no topo do mundo, esbanjando dinheiro, louvadas pela criatividade e pela inovação. E a maioria tropeçara, perdera-se e entrara em colapso. Por quê? Essa era a grande questão. E como a Pixar poderia evitar esse destino? Catmull falou sobre esse momento em um *podcast*.

"A pergunta era: Tudo bem, como se torna o sucesso sustentável? Porque as pessoas que eu sabia que eram dessas companhias [fracassadas] – e tenho muitos amigos no Vale do Silício – eram inteligentes, criativas e esforçadas. Então o problema que as havia levado àquela situação era realmente muito difícil de identificar, e a implicação era que, seja lá o que fosse, também seria aplicável a nós na Pixar. Isso suscitou uma questão interessante. Essas forças estão em ação – e será que podemos encontrá-las antes que nos criem problemas? No fim do ano, percebi que essa é, na verdade, a meta seguinte a cumprir. Não é um filme. É como ter um ambiente onde possamos identificar e tratar desses problemas."

Saímos do prédio Brooklyn e atravessamos o campus até o prédio Steve Jobs, que possui muitas das características ausentes no Brooklyn: um átrio imenso e acolhedor, corredores amplos para congregar e um burburinho semelhante ao de uma colmeia. Perto das escadas no segundo andar encontram-se dois escritórios que incorporam os dois pilares da abordagem criativa da Pixar. À esquerda, a sala pertence a John Lasseter, a bússola artística da Pixar, o mestre das narrativas, uma verdadeira inspiração. Seu escritório é quase invisível sob uma montanha de brinquedos em cores berrantes: bonecos, velhos e novos, dezenas de versões do Mickey Mouse, de Woody e de Buzz Lightyear. À direita, fica o escritório de Catmull, que parece ter sido retirado intacto de uma empresa alemã do setor aeroespacial: retângulos frios e eficientes em preto, branco e cinza.

Catmull se senta e começa a explicar, naquela voz calma de médico, como a criatividade da Pixar acontece. "Todos os filmes são ruins no princípio", diz ele. "Alguns são muito mais do que ruins. *Frozen* e *Operação Big Hero*, por exemplo, eram completos desastres. As histórias eram rasas; os personagens, ocos. Eram horríveis. Não estou falando por modéstia. Eu participei das reuniões. Vi as primeiras versões e eram ruins. Ruins mesmo."

O padrão não é raro na Pixar. Na versão original de *Toy Story*, Woody aparecia como um sujeito mandão e antipático ("um idiota sarcástico", diz Catmull). As primeiras versões de *Up: Altas aventuras* eram tão ruins que a história inteira mudou. "Literalmente, a única coisa que se manteve foi a palavra *up*", afirma ele.

Quando a maioria das pessoas conta histórias sobre empreendimentos criativos bem-sucedidos, costuma ser mais ou menos assim: *O projeto começou como um completo desastre, mas no último instante, de algum jeito, conseguimos salvá-lo.* Esse arco é atraente, pois dramatiza a improbabilidade dessa operação de salvamento, colocando assim a pessoa que fala sob uma luz lisonjeira. Mas Catmull está fazendo algo profundamente diferente. Ele vê o desastre e o salvamento não como companheiros improváveis, mas como parte de uma relação causal. O fato de esses projetos começarem como desastres dolorosos e frustrantes não é um acidente, mas uma necessidade. Isso acontece porque todos os projetos criativos são quebra-cabeças cognitivos que envolvem milhares de escolhas e milhares de ideias em potencial, e a resposta certa quase nunca aparece de primeira. Construir propósito em um grupo criativo não tem a ver com gerar um momento brilhante de grande avanço, mas sim com construir sistemas capazes de revirar muitas ideias para ajudar a desenterrar as opções corretas.

É por isso que Catmull aprendeu a se concentrar menos nas ideias do que nas pessoas – e especificamente em fornecer às equipes as ferramentas e o suporte para encontrar caminhos, tomar decisões duras e, juntas, se orientarem durante esse processo tão árduo. "Existe uma tendência em nosso negócio, bem como em todos os negócios, a valorizar a ideia em vez de se valorizar a pessoa ou um grupo de pessoas", diz ele. "Mas isso não é correto. Dê uma boa ideia a uma equipe medíocre e ela vai encontrar uma forma de estragá-la. Dê uma ideia medíocre a uma boa equipe e vão encontrar um jeito de melhorá-la. A meta precisa ser acertar a equipe e fazer seus integrantes se movimentarem na direção certa, fazê-los enxergar onde estão cometendo erros e onde estão tendo sucesso."

Pergunto a Catmull como ele sabe quando uma equipe está tendo sucesso.

"Na maior parte dos casos, é possível sentir", diz ele. "Quando uma equipe não está funcionando, aparece a linguagem corporal defensiva ou pessoas começam a se fechar. Ou há apenas silêncio. As ideias param de vir ou eles não conseguem perceber os problemas. Costumávamos usar o Steve [Jobs] como uma espécie de marreta que acertava a cabeça das pessoas para que conseguissem enxergar os problemas no filme. Steve era bom nisso."

"Mas fica cada vez mais difícil à medida que o tempo passa, pois os diretores ficam mais experientes e às vezes encontram mais dificuldade para ouvir outros pontos de vista que poderiam ajudá-los. Existem tantas partes que precisam ser acertadas que é fácil se perder nessa roda-viva. As primeiras conclusões estão sempre erradas, assim como as segundas e as terceiras. Por isso é preciso criar mecanismos para que as equipes possam trabalhar juntas para entender o que está realmente acontecendo e resolver os problemas."

A Pixar estabelece esses mecanismos em um conjunto de hábitos organizacionais regulares. Nas *Dailies* (Diárias), que acontecem pela manhã, todos se reúnem para ver e comentar o material produzido no dia anterior. (A animação é um processo realizado com uma lentidão espetacular; a cada dia se produzem apenas alguns segundos de filme.) Em excursões, as equipes mergulham nos ambientes dos filmes (houve viagens de mergulho para aqueles que trabalharam em *Procurando Nemo*; aulas de arco e flecha para os envolvidos com *Valente*; lições de culinária para a turma de *Ratatouille*). Nas reuniões BrainTrust (abordadas no Capítulo 7), uma equipe com os melhores contadores de histórias da Pixar fornece feedback regular, vigorosamente franco e doloroso em relação aos filmes que estão em desenvolvimento. Na Universidade Pixar, uma variedade de cursos funciona como uma espécie de encontro social permitindo que pessoas de diferentes áreas da empresa aprendam lado a lado. (Existem cursos de tudo, desde esgrima até pintura e tai chi.) E nos *postmortems*, encontros organizados fora da sede por Catmull depois da conclusão de um filme, os integrantes da equipe captam e compartilham os principais aprendizados obtidos durante o processo.

Cada encontro reúne os integrantes do grupo em um ambiente seguro, claro, onde impera a sinceridade, o que permite que apontem problemas e gerem ideias que conduzam a uma solução melhor a cada passo. (Não surpreende que Catmull seja um fã ardoroso do conceito japonês de *kaizen*, isto é, desenvolvimento contínuo.) A maioria dessas reuniões acessa a inteligência do grupo inteiro, enquanto mantém a autoria do projeto nas mãos da equipe criativa.

Dentro desse espírito, Catmull quase não tem envolvimento direto nas decisões criativas. Isso porque ele percebe que (1) as equipes estão em uma posição melhor para resolver os problemas e (2) uma sugestão vinda de alguém poderoso tende a ser seguida. Uma das frases que ele mais usa é "Agora é com você". É por isso também que ele costuma deixar um projeto problemático rolar "por um tempo um pouquinho longo demais", como diz, antes de interrompê-lo e/ou recomeçar com outro grupo. "Se recomeçar antes que todos estejam completamente preparados, você corre o risco de perturbar as coisas", afirma. "É preciso esperar até que fique claro para todos que é necessário recomeçar."

Catmull tem profunda desconfiança de lemas e frases de efeito, pois crê que eles podem facilmente distorcer a realidade. Apesar disso, há um punhado de "Ed-ismos" ouvidos pelos corredores da Pixar. Entre eles:

Contrate gente mais esperta que você.
Fracasse cedo, fracasse com frequência.
Ouça as ideias de todo mundo.
Vá e enfrente os problemas.
Trabalhar sem comprometimento faz mal à alma.
É mais importante investir em gente boa do que em boas ideias.

Repare que, em comparação com a linguagem vibrante e específica de Danny Meyer, essas afirmações parecem desafiadoramente pouco sonoras, impregnadas de uma simplicidade e universalidade quase zen. Isso reflete a diferença fundamental entre a liderança para a proficiência e a liderança para a criatividade: Meyer precisa que as pessoas saibam e sintam exatamente o que fazer, ao passo que Catmull necessita que elas descubram sozinhas.

Catmull passa os dias vagando pela Pixar e pela Disney, observando. Ele ajuda na adaptação de novos funcionários e assiste às reuniões de BrainTrust, mirando atentamente nas interações que sinalizam problemas incipientes ou o sucesso. Cultiva conversas informais para descobrir o que está se passando nos bastidores. Preocupa-se quando nota silêncios constrangedores ou percebe que as pessoas estão se evitando. Festeja quando um grupo toma iniciativas sem pedir permissão (como aconteceu quando um grupo de animadores organizou um acampamento inspirado nos escoteiros e passou a noite no gramado da Pixar). Defende equipes quando cometem erros (e às vezes elas cometem alguns erros extremamente caros).

Se Danny Meyer é como um farol, enviando sinais de propósito luminosos, Catmull é mais como o engenheiro de um navio. Não conduz a embarcação – vive nos porões, procurando vazamentos no casco, trocando um ou outro pistão, acrescentando um pouco de óleo aqui e ali. "Para mim, a gestão é um ato criativo", diz. "É resolução de problemas, e eu adoro fazer isso."

Se fosse possível fazer uma experiência prática para testar os métodos de liderança de Catmull, ela poderia consistir nos seguintes passos: (1) encontrar um estúdio de cinema em dificuldades; (2) colocar Catmull no comando e, sem mandar ninguém embora, permitir que ele faça a reengenharia da cultura do grupo. Aí bastaria esperar para ver o que acontece.

Na verdade, foi justamente isso que aconteceu em 2006. O estúdio em dificuldades era, por acaso, a Walt Disney Animation. Depois de uma série de sucessos na década de 1990, a Disney havia penetrado em um deserto criativo que já durava uma década, produzindo uma sequência de filmes tolos, sem graça e, não por coincidência, nada lucrativos.

(Entre eles estavam *Atlantis, Irmão Urso, O planeta do tesouro* e *Nem que a vaca tussa*, estrelado por uma vaca que arrotava.) Foi então que o CEO da Disney, Bob Iger, tentou fazer o equivalente a um transplante cardíaco corporativo, adquirindo a Pixar e dando a Catmull e Lasseter a responsabilidade de reviver a marca mais lendária do universo da animação – e talvez de todo o mundo do entretenimento.

A maioria dos observadores não esperava que a combinação funcionasse. Para começar, havia o diferencial de tamanho. A Pixar era relativamente pequena, ao passo que a Disney era gigantesca. Era difícil imaginar como Catmull e Lasseter conseguiriam controlá-la. "É como se Nemo engolisse a baleia", comparou a revista *Fortune*. Outro fator era o desafio geográfico: a sede da Pixar estava localizada em Emmeryville, perto de Oakland, e a Disney ficava em Burbank, a mais de 500 quilômetros de distância. O histórico do setor de entretenimento indicava que esses tipos de aquisição eram arriscados e costumavam ser danosos para as duas partes envolvidas.

Depois que a venda foi concretizada, Catmull e Lasseter viajaram para Burbank e fizeram um discurso para os funcionários da Disney. Lasseter foi inspirador, falando sobre o legado e o rejuvenescimento. Catmull, como lhe é típico, disse umas duas frases: "Não vamos transformar a Disney em um clone da Pixar. O que vamos fazer é construir um estúdio a partir do seu talento e da sua paixão."

Eles se puseram a trabalhar, começando pela estrutura física. Na época da aquisição, os funcionários da Disney ficavam espalhados por quatro andares de um edifício gigantesco, isolados em grupos que refletiam suas especialidades (animação, layout, design) em vez de sua função colaborativa. Catmull encabeçou uma reconstrução que colocou todo o pessoal criativo e técnico em torno de um ponto de encontro central chamado Caffeine Patch. Perto do centro, instalou os escritórios dele e de Lasseter (eles se comprometeram a passar dois dias por semana na Disney).

Em seguida, Catmull se concentrou na estrutura criativa. A Disney vinha usando o modelo convencional de desenvolvimento de filmes, que funcionava da seguinte maneira: (1) executivos do estúdio montam equipes de desenvolvimento, que são encarregadas da criação de histórias; (2) executivos do estúdio avaliam essas ideias, decidem quais delas devem ser desenvolvidas e designam diretores para cada uma; (3) os diretores fazem os filmes, os executivos avaliam as primeiras versões, oferecem comentários e ocasionalmente criam competições chamadas de "mão na massa" para decidir qual filme está pronto para ser lançado.

Catmull virou o sistema de cabeça para baixo, retirando o poder criativo dos executivos e colocando-o nas mãos dos diretores. Na nova estrutura, os diretores eram responsáveis por apresentar as próprias ideias e defendê-las em vez de simplesmente serem encarregados de tocar projetos já definidos. O trabalho dos executivos não era ser os donos de todas as decisões, e sim apoiar os diretores e suas equipes enquanto cumpriam a árdua jornada que começa com uma ideia, segue como um conceito possível de ser trabalhado, até ser transformado em um filme concluído. No início da transição, Catmull convidou os diretores e executivos da Disney a visitarem a Pixar e observarem uma reunião BrainTrust. Viram como a equipe trabalhava junta desmontando um filme e fazendo o trabalho duro de reconstruí-lo.

A mudança de energia na Disney foi imediata. Os diretores chamaram aquilo de um sopro de ar puro e compararam a transição com a queda do muro de Berlim. Foi um momento de esperança, reforçado pelo fato de que as reuniões de desenvolvimento do filme seguinte da Disney (chamadas de Story Trust) foram consideradas as melhores e mais úteis já experimentadas por qualquer um ali.

Catmull, porém, ainda não queria comemorar, sabendo que a mudança real não aconteceria da noite para o dia. "Leva tempo", diz ele. "É preciso passar por alguns fracassos e alguns vexames, sobreviver a eles e oferecer apoio aos seus durante esses momentos. Então, depois que isso acontece, passa realmente a existir a confiança mútua."

E foi o que aconteceu. Os primeiros filmes depois da aquisição já foram melhores, conquistando críticas mais simpáticas e também sucesso de bilheteria. Então, em 2010, as equipes começaram a atingir o nível da Pixar com *Enrolados* (591 milhões de dólares de bilheteria mundial), *Detona Ralph* (471 milhões), *Frozen* (1,2 bilhão), *Operação Big Hero* (657 milhões) e *Zootopia* (931 milhões). Catmull destaca que a transformação ocorreu praticamente sem a saída de nenhum funcionário. "As pessoas que fizeram esses filmes foram exatamente as mesmas que fizeram aqueles outros que foram tão mal", diz ele. "Implantamos novos sistemas, elas aprenderam novas formas de interagir e mudaram de comportamento. Agora são um grupo completamente diferente quando trabalham juntas."

Implantamos novos sistemas e elas aprenderam novas formas de interagir. É estranho pensar que uma onda de criatividade e inovação pode ser liberada por algo tão trivial quanto uma mudança de sistemas e o aprendizado de novas formas de interação. Mas é verdade, porque a construção do propósito criativo não é bem uma questão de criatividade. Trata-se de construir autoria, de fornecer apoio e de alinhar a energia do grupo em direção à jornada árdua, cheia de erros e recompensadora trilhada para criar algo novo.

17

IDEIAS PARA AÇÃO

AQUI ESTÁ UM FATO surpreendente sobre culturas bem-sucedidas: muitas delas foram forjadas em momentos de crise. A crise da Pixar ocorreu em 1998, quando se preparava para fazer uma continuação do aclamadíssimo *Toy Story* que seria lançada diretamente em vídeo. O estúdio embarcou no projeto presumindo que seria um processo relativamente simples – afinal, que dificuldade haveria em fazer uma continuação? Mas as primeiras versões ficaram terríveis. Faltava emoção, os personagens não convenciam e não existia o brilho e a personalidade do original. Catmull e Lasseter perceberam que era uma questão que envolvia o propósito central da Pixar. Eles eram um estúdio que fazia trabalhos medianos ou que almejava a grandeza? Diante da insistência deles, a Pixar deixou de lado as primeiras versões e começou tudo de novo no último momento, mirando um lançamento nos cinemas em vez de ir direto para o vídeo. Esse esforço de última hora cristalizou a identidade da Pixar e resultou na invenção de muitos de seus sistemas colaborativos próprios (incluindo o BrainTrust).

Os SEALs experimentaram um momento semelhante em 1983, durante a invasão de Granada. A missão era clara: um grupo saltaria de paraquedas no mar, nadaria até a costa e capturaria a única antena de rádio de Granada. Infelizmente, uma combinação de condições climáticas, problemas de comunicação e decisões ruins levou o grupo a ser deixado à noite, durante uma tempestade, sobrecarregado com equipamentos. O resultado foi a morte por afogamento de quatro SEALs – e uma subsequente reformulação dos sistemas de tomada de decisões e de comunicações do grupo.

Os primeiros dias de Danny Meyer no comando de um restaurante também foram pontuados por uma série de incidentes que poderiam ter resultado em desastre. "Quase matamos um cliente quando uma arandela despencou de uma parede", conta ele. "Em outra ocasião, saí no braço com alguém que tinha bebido demais. E não estou falando de alguns empurrões. Foi uma briga com socos de verdade em pleno restaurante. Ele acertou meu queixo e bateu minha cabeça na porta. Eu o chutei no saco. Vamos dizer que foi uma sorte não existir a internet naquela época."

A diferença das culturas bem-sucedidas parece estar na forma como elas utilizam a crise para fortalecer seu propósito. Quando os líderes desses grupos refletem sobre aqueles fracassos ocorridos ao longo de sua trajetória, expressam gratidão (e às vezes até certa nostalgia) por tais momentos, por mais dolorosos que tenham sido, pois foram a provação que ajudou o grupo a descobrir o que poderia se tornar.

Isso nos ajuda a entender melhor a construção de um propósito. Não é tão simples quanto gravar uma declaração de missão em granito ou encorajar todos a recitarem um hinário de frases de efeito. Trata-se de um processo incessante de tentar, fracassar, refletir e, acima de tudo, aprender. Os ambientes de alto propósito não caem do céu. São escavados do chão, repetidas vezes, enquanto um grupo, unido, procura resolver seus problemas e evolui para encarar os desafios de um mundo em perpétua transformação.

A seguir, são apresentadas algumas ideias que podem ajudar você a fazer o mesmo.

Nomeie suas prioridades em uma lista de importância. Para avançar na direção de um alvo, primeiro é preciso ter um alvo. Criar uma lista de prioridades, o que significa batalhar com as escolhas que definem sua identidade, é o primeiro passo. A maioria dos grupos bem-sucedidos acaba com uma pequena lista de prioridades (cinco ou menos) e, não por acaso, muitos colocam os relacionamentos internos – como as pessoas se tratam – no topo da lista. Isso reflete a verdade percebida por muitos grupos de sucesso: o maior projeto é a construção e a sustentação do próprio grupo. Se acertarem em seus relacionamentos, tudo mais irá fluir.

Seja dez vezes mais claro sobre as prioridades do que você considera necessário. Há algum tempo a revista *Inc.* pediu a executivos de 600 empresas que fizessem uma estimativa de qual seria o percentual de sua força de trabalho capaz de listar as três principais prioridades de suas companhias. Os executivos previram que 64% seriam capazes de dizê-las. Quando a *Inc.* pediu aos empregados que listassem as prioridades, apenas 2% conseguiram. Essa não é a exceção. É a regra. Os líderes têm uma tendência natural a presumir que todos do grupo veem as coisas como eles, quando não é isso que acontece. Por isso é necessário comunicar exaustivamente as prioridades. Os líderes que visitei não tinham inibições nesse sentido. As declarações de prioridades estavam pintadas nas paredes, estampadas nos e-mails, invocadas nos discursos, mencionadas nas conversas e repetidas sem parar até que se tornassem parte do ar que todos respiravam.

Uma forma de gerar consciência é criar o hábito de testar com regularidade os valores e o propósito da companhia, como fez James Burke com o desafio do Credo. Isso envolve a criação de conversas que encorajem as pessoas a lidar com perguntas importantes: *O que somos realmente? Para onde vamos?* Muitos dos líderes que conheci pareciam fazer isso de modo instintivo, cultivando o que poderia ser chamado de insatisfação produtiva. Tinham uma leve desconfiança do sucesso. Presumiam que havia outras maneiras de fazer as coisas, métodos melhores, e não temiam a mudança. Presumiam que não tinham todas as respostas e por isso procuravam constantemente orientação e esclarecimento.

Descubra onde seu grupo busca a proficiência e onde busca a criatividade. Todas as habilidades de grupo podem ser separadas em dois tipos básicos: habilidades de proficiência e habilidades de criatividade.

As habilidades de proficiência têm relação com a execução de determinada tarefa todas as vezes da mesma forma, com uma consistência digna de uma máquina. Costumam se aplicar a domínios em que os comportamentos desejados estão claramente definidos, como no setor de serviços. Construir propósito para executar essas habilidades é como construir um mapa vibrante: você destaca o objetivo e fornece instruções claríssimas para as etapas do caminho. O modo de fazer isso inclui:

- Expor em locais de grande visibilidade modelos de excelência claros e acessíveis.
- Fornecer treinamento com altos índices de repetição e feedback.
- Estabelecer regras de ouro vibrantes e memoráveis (*Se acontecer X, faça Y*).
- Destacar e valorizar os fundamentos dessa habilidade.

As habilidades criativas, por sua vez, relacionam-se com a capacidade de delegar a um grupo o poder de fazer o difícil trabalho de desenvolver algo que nunca existiu. Gerar propósito nessas áreas é como abastecer de suprimentos uma expedição: é preciso fornecer apoio, combustível e ferramentas, e servir como uma presença protetora que entrega o poder à equipe envolvida na tarefa. Alguns modos de fazer isso incluem:

- Cuidar atentamente da composição e da dinâmica da equipe.
- Definir, reforçar e proteger de maneira incansável a autonomia criativa da equipe.
- Criar um ambiente seguro para os erros e dar feedback.
- Comemorar bastante quando o grupo tomar iniciativas.

A maioria dos grupos, claro, consiste em uma combinação dos dois tipos de habilidade, pois buscam proficiência em determinadas áreas e criatividade em outras. A chave é identificar com clareza essas áreas e ajustar a liderança de acordo com as necessidades de cada uma.

Adote frases de efeito. Ao observar grupos bem-sucedidos, percebemos que boa parte da linguagem interna deles compreende frases de efeito que parecem óbvias, bobas ou piegas. A tendência de muitos de nós é desmerecê-las como jargões de uma espécie de culto. É um erro. A obviedade ocasionalmente tosca não é um defeito – é uma característica. A clareza dessas frases, irritantes para quem é de fora, é exatamente o que as faz funcionar.

O truque para criar bordões realmente eficientes é manter a simplicidade, a orientação para a ação e a linguagem direta: "Crie diversão e um pouquinho de esquisitice" (Zappos); "Fale menos, faça mais" (IDEO); "Esforce-se e seja gentil" (KIPP); "Bata na rocha" (San Antonio Spurs); "Deixe o uniforme em um lugar melhor" (New Zealand All-Blacks); "Faça elogios ao cliente" (restaurantes de Danny Meyer). Essas frases estão longe de ser poesia, mas compartilham uma clareza baseada na ação. Não são sugestões discretas, e sim lembretes claros, empurrões perceptíveis na direção que o grupo deseja seguir.

Avalie o que realmente importa. O principal desafio para a construção de um senso de propósito claro é o fato de que o mundo anda tomado por ruídos, distrações e infinitos propósitos alternativos. Uma solução é criar parâmetros de avaliação simples e universais que se concentrem no que realmente importa. Um bom exemplo ocorreu nos primeiros dias da Zappos, quando Tony Hsieh percebeu que os funcionários da central de atendimento eram avaliados pelo número de chamadas que faziam por hora. Ele notou que esse método tradicional conflitava com o objetivo do grupo e provocava comportamentos indesejáveis (como pressa e atendimento breve, para começar). Então baniu esse tipo de avaliação e o substituiu por Conexões Pessoais e Emocionais, ou seja, a criação de vínculos além da conversa sobre o produto. Claro que é impossível mensurar isso com precisão, mas o objetivo aqui não é ser preciso. É criar consciência e alinhamento para guiar o comportamento na direção da missão do grupo. Assim, quando um operador do serviço de atendimento a clientes dedicou 10 horas e 29 minutos a uma ligação (tempo recorde na empresa) e cujos assuntos variaram de filmes a pratos preferidos, passando pela venda de um par de botas, a Zappos comemorou e divulgou o fato em um *press release*.

Utilize artefatos: Alguém que viajasse de Marte para a Terra a fim de visitar culturas bem-sucedidas não teria dificuldade para entender a essência delas. O ambiente de cada uma é repleto de artefatos que encarnam seus propósitos e sua identidade. Esses artefatos variam muito: o equipamento de batalha dos soldados mortos em combate que se encontra no quartel-general dos SEALs; as estatuetas do Oscar ao lado de desenhos feitos à mão com os conceitos originais na Pixar; e a rocha e a marreta em uma vitrine no ginásio de treinamento do San Antonio Spurs, encarnando o bordão do time: "Bata na rocha." Todos reforçam o mesmo sinal: *É isso que importa*.

Concentre-se em comportamentos que estabelecem parâmetros. Um dos desafios na construção de propósito é traduzir ideias abstratas (valores, missão) em termos concretos. Uma das estratégias adotadas por grupos bem-sucedidos é dar destaque a uma única tarefa e utilizá-la para definir suas identidades e estabelecer um parâmetro para suas expectativas.

Um bom exemplo é o time masculino de hóquei da Universidade Quinnipiac, uma pequena instituição em Hamden, Connecticut. O time abriga poucos daqueles jogadores altamente disputados, porém passou os últimos cinco anos como um dos principais do país. O treinador do Quinnipiac, Rand Pecknold, construiu uma cultura em torno de um comportamento específico chamado por ele de "Quarenta por Quarenta", uma referência ao *back-checking*, que significa voltar correndo para o campo defensivo em resposta a um ataque dos adversários – basicamente perseguindo-os. O *back-checking* acontece umas 40 vezes por jogo e a meta de Pecknold é que seus jogadores deem tudo de si em cada um deles – em outras palavras, "Quarenta por Quarenta". Não é fácil. *Back-checking* é exaustivo, exige profunda atenção e – aqui está a chave – raramente faz diferença no jogo.

"Quase nunca compensa", diz Pecknold. "Você pode fazer o *back--check* 39 vezes seguidas sem que signifique qualquer diferença no jogo. Mas na 40ª vez alguma coisa talvez aconteça. Você adianta um bastão, rouba o disco, impede um gol ou cria uma virada que leva a um gol. Aquele *back-check* não aparece em lugar nenhum dos livros de estatísticas, mas pode mudar o resultado de um jogo. É por isso que somos Quarenta por Quarenta. É quem somos."

Os membros do time falam disso o tempo todo. Falam durante os treinos, durante os jogos e durante as reuniões regulares de Pecknold com cada um. E, naqueles raros momentos em que um *back-check* bem--sucedido acontece durante um jogo, Pecknold chama atenção para a situação.

"No dia seguinte, arranjo o vídeo e monto tudo", diz ele. "Não sou muito de sair dizendo palavrões para o time… É preciso ter muito cuidado com o lugar onde se faz isso. Mas faço aqui. Encontro o momento do *back-check* no vídeo e coloco como se fosse um filme. Digo: 'Olhem para o Shutty [atacante Tommy Shutt] bem ali. Vejam como esse canalha do Shutty faz. Vejam como ele tira o sujeito do jogo.' E todos ficam doidos. Mesmo se a jogada de Shutty terminar em um gol do adversário, nunca falo sobre o cara que marcou nem sobre o cara que passou o disco – eles nem existem. Tudo que falo é sobre Shutty e esse incrível *back-check* e em como isso aconteceu porque somos Quarenta por Quarenta. Dá para perceber que os rapazes sentem isso e que no treino seguinte todos estão em cima, fazendo o mesmo e adorando."

Pecknold não é o único líder a criar propósito ao destacar um comportamento pequeno e esforçado. Em seus restaurantes, Danny Meyer é conhecido por mudar a posição dos saleiros caso se encontrem levemente afastados de seu lugar no centro da mesa. Os professores da escola KIPP Infinity, no Harlem, ainda falam da forma como o fundador David Levin colocava a garrafa de água de cada aluno milimetricamente alinhada aos cadernos, no primeiro dia de aula. A Pixar deposita horas de esforços na qualidade técnica e narrativa dos curtas animados que são exibidos antes dos longas. Os curtas perdem dinheiro, mas valem a pena por outros motivos. São um investimento nos jovens talentos do estúdio, criam experimentações e, mais importante ainda, exibem a atenção e a excelência dedicadas a todas as tarefas. Em outras palavras, esses pequenos esforços são poderosos, pois transmitem, ampliam e celebram o propósito de todo o grupo.

EPÍLOGO

Como qualquer jornada, o ato de escrever um livro transforma a pessoa. Enquanto me dedicava a este projeto durante quatro anos, surpreendi-me percebendo momentos sutis de conexão que antes eu teria deixado passar. Gostei de ver como certos lugares – a padaria do bairro, a escola dos meus filhos, o posto de gasolina – usavam pequenas interações para criar uma cultura coesa. E me peguei admirando líderes que falavam abertamente de suas dificuldades para estabelecer conversas sinceras. Em casa, cuidei dos meus filhos de um jeito um pouco diferente: falei menos, concentrei-me mais em buscar formas de criar pertencimento. (Os jogos de cartas são sem dúvida os melhores.) Não foi como se de repente eu tivesse recebido o dom da visão de raios X. Foi mais como o aprendizado de um esporte. A princípio, você é desajeitado. Depois de um tempo, as coisas melhoram.

Usei essas habilidades para treinar uma equipe. Não uma equipe esportiva, mas uma equipe de escritores na escola Ruffing Montessori de Cleveland Heights, em Ohio, onde minhas duas filhas caçulas estudaram. A equipe de escrita participou de uma competição estadual chamada de Poder da Pena. Os estudantes treinam durante o ano inteiro para um torneio de um dia em que recebem três pequenas provocações (por exemplo: "Guardando o segredo" ou "Tesouro enterrado") para produzir três histórias, que receberão notas e classificação de um corpo de juízes. É um evento divertido e inspirador, pois combina a criatividade da escrita com a adrenalina da pontuação esportiva.

Também é um evento em que a Ruffing historicamente tinha dificuldades. Na década anterior (eu vinha treinando a equipe por dois anos), às vezes os alunos conseguiam passar da primeira etapa do torneio, mas era raro que avançassem mais. Esse resultado fazia sentido – afinal, é uma escola minúscula, com 40 alunos competindo com instituições do tamanho de um Golias de todo o estado de Ohio. Mas aquilo me fez questionar se nossa equipe não poderia ter um resultado melhor. Por isso, em 2014, como em um experimento, decidi aplicar algumas das ideias pinçadas da pesquisa para este livro.

O primeiro treinamento semanal do ano letivo, em outubro, atraiu nove alunos. Catherine, Carson, Ellie, Vala, Caroline, Natsumi, David, Nathan e Zoe formavam um grupo cheio de energia, com uma gama variada de motivações e habilidades. Vala e Ellie eram escritoras confiantes e experientes, ao passo que Carson e Caroline eram mais inseguros, apenas começando a alongar seus músculos criativos. Eu também me sentia inseguro. Nos anos anteriores, eu havia assumido uma abordagem tradicional (leia-se autoritária) na orientação da equipe: falava muito, fazia pronunciamentos que pareciam sermões e fornecia feedback sobre as histórias que faziam no treino. No linguajar dos professores, eu era "o sábio no palco" – e era um lugar confortável para ficar. Naquele ano, porém, seria diferente.

Em primeiro lugar, mudei a organização dos assentos. No passado, ficávamos mais ou menos próximos em mesinhas espalhadas. Dessa vez, juntei quatro mesinhas para formar uma mesa grande o bastante para 10 pessoas lado a lado. Então, em vez de partir para um sermão sobre a boa escrita, perguntei aos integrantes da equipe: "Qual é seu livro preferido no momento?" O círculo foi respondendo. (A saga de Harry Potter apareceu mais de uma vez, assim como *Jogos vorazes*.)

Perguntei então por que esses livros eram tão bons.

"Porque ele é órfão", disse Ellie. "Praticamente todas as boas histórias têm órfãos."

"Porque tem uma guerra terrível acontecendo", disse Nathan. "Todas aquelas pessoas estão morrendo, é brutal e você não quer que elas morram."

"Porque é mesmo muito, muito bom", disse Carson.

"Por quê?", perguntei a ele.

Carson engoliu em seco. Era um garoto alto, esguio, com olhos grandes e escuros, modos formais. Ele escolheu as palavras com cuidado. "Porque a história faz a gente se preocupar com eles", respondeu.

"Isso", concordei. E bati o punho de leve contra o dele. Ele sorriu.

Fiz outra pergunta para a equipe: "O que vocês *não gostam* quando vão escrever?"

As respostas vieram depressa: não gostavam de procurar as ideias. Às vezes, as histórias apareciam com facilidade; em outras, mais frequentes, isso não acontecia e eles ficavam olhando para a página em branco, pensando no que escrever.

"Às vezes fico empacada", relatou Catherine, falando pelo grupo. "Chego no meio e não consigo pensar em mais nada."

Falei para a equipe que tinha algo para compartilhar com todos. Meti a mão na mochila e, com um gesto desavergonhadamente dramático, apresentei uma pilha de papéis – os primeiros esboços deste livro. Eles pegaram as folhas ansiosos. Sabiam que eu era escritor e esperavam encontrar exemplos de prosa impecável.

Mas, à medida que liam, viam que as páginas não eram perfeitas. Pelo contrário, estavam cobertas de alterações escritas à mão, riscos, correções nas margens. Havia páginas que tinham sido quase todas riscadas. Não parecia a obra de um autor publicado. Parecia um trabalho escolar que recebera um zero retumbante.

"É seu?", perguntou Nathan.

"É", respondi.

"Tem sempre tantas mudanças assim?", perguntou Vala.

"Sempre", respondi.

Contei para eles que nada do que eu escrevia era perfeito, que eu costumava empacar e sofria durante o processo de construção de uma história. Disse que costumava cometer muitos erros e que reparar neles e corrigi-los era o momento em que a escrita melhorava.

Então entreguei um tema para a equipe. Depois que tinham escrito durante 15 minutos, pedi que baixassem as canetas e expliquei uma regra simples: todos seriam encorajados a ler as histórias em voz alta e também a dar feedbacks. Alguns dos alunos hesitaram em ler suas histórias em voz alta e faltava ao grupo a linguagem para fazer a crítica dos textos. Mas aos poucos, à medida que as semanas passavam, nós melhoramos. Caroline, que não quis ler as histórias a princípio, começou a compartilhar mais abertamente, nos conduzindo aos mundos de ficção científica que ela gostava de criar. Natsumi, que no início se sentia insegura em relação às críticas dirigidas aos colegas, começou a dar opiniões bem focadas e calorosas.

Adotamos um formato "O que funcionou bem/Seria melhor ainda se..." para as sessões de feedback: primeiro celebrávamos os pontos positivos e em seguida oferecíamos sugestões para aprimorar o texto. Com o tempo, essas trocas se fortaleceram e se tornaram hábitos. O grupo parou de se comportar como uma turma escolar típica e começou a se parecer mais com as crianças do jardim de infância no desafio do espaguete com marshmallow: trabalhando lado a lado, resolvendo problemas, pensando como uma entidade única.

Enquanto isso, eu me concentrei em dar apoio a essas interações. Quando alguém escrevia uma história bem elaborada ou oferecia um comentário particularmente incisivo, eu não dizia nada, mas trocava um soquinho. Como Danny Meyer, inundei a zona com bordões para guiá-los no processo de escrita e reescrita. Um deles foi "O poder do problema", que lembrava a eles que as histórias mais eficientes apresentam personagens enfrentando problemas imensos, quanto maiores, melhor. (Afinal, o capitão Ahab não persegue sardinhas.) Outro deles era "Use sua câmera", para lembrá-los de controlar o ponto de vista. (Quer levar o leitor para dentro da cabeça dos personagens ou observá-los de cima?) Repeti inúmeras vezes para eles: "Todas as histórias devem ter VOV: voz, obstáculos e vontade. Quanto maior o problema, melhor a história. Vocês aí são atletas da criatividade... Precisam ajudar uns aos outros a melhorar."

Para mim, de certo modo, esse estilo de treinamento era mais exigente. Solicitava reflexão, pensar sobre formas de provocar discussão e motivar. Também lutei com o desafio de *não* fazer coisas: permitir que as conversas ocasionalmente descambassem para outros assuntos em vez de saltar para recuperar o controle. Em outros aspectos, porém, o novo estilo era mais fácil. Em vez de me concentrar na transferência de conhecimento (o que exigia muita preparação e precisão), eu podia servir de guia, deixando o grupo funcionar e procurando os momentos em que podia intervir com palavras ou linguagem corporal para criar mais consciência ou, melhor ainda, destacar uma escolha bem-sucedida que eles haviam feito.

O torneio distrital aconteceu no dia de São Valentim. Naquela manhã, uma tempestade de inverno no nordeste de Ohio depositou quase 13 centímetros de neve na região, com ventos de 70 quilômetros por hora. Dirigimos até a escola que sediaria a competição em meio à tempestade, vislumbrando carros e caminhoes que haviam saído da estrada, as equipes de emergência trabalhando no acostamento em meio a uma paisagem branca monocromática que parecia saída de algum apocalipse zumbi. "Deveríamos escrever uma história sobre esta tempestade", disse Zoe, e o restante da equipe começou a tecer narrativas a partir das imagens que viam.

Quando chegamos à sede do torneio, encontramos uma mesa perto da janela. Então as crianças trocaram soquinhos e desapareceram nas salas de aula para receber seus temas e escrever as histórias. Duas horas depois, emergiram de olhos arregalados e exaustas. Às três da tarde, depois de darem notas e classificarem todas as redações, os organizadores do torneio nos conduziram, com outras centenas de competidores, para o ginásio, onde anunciariam os vencedores.

Resumindo: nos saímos bem. Entre os alunos do sétimo ano, Zoe terminou em 14º lugar. Entre os alunos do oitavo ano, Nathan terminou em 12º, Vala em 10º, Natsumi em 4º e Ellie em 1º. No fim do dia, erguíamos o troféu de 1º lugar para o oitavo ano. Algumas semanas depois, a equipe teve um desempenho igualmente bom em outro torneio distrital, no qual Zoe ganhou o 1º lugar e foi a melhor da rodada. Quatro alunos se classificaram para a competição estadual, um número inédito na história da escola, e Ellie ganhou um prêmio para jovens autores talentosos.

Mas para mim isso não foi o ponto alto. O destaque envolveu Carson, o jovem pacato do oitavo ano que não tinha grande experiência com a escrita. Embora não tivesse se classificado para ir além da etapa distrital, ele continuou frequentando as sessões de treinamento às terças. Não era mais tão tímido na hora de compartilhar seus textos e demonstrava sua criatividade de outras maneiras. (Naquela primavera, para surpresa dos professores e de seus pais, ele encarnou um incrível Atticus Finch na produção escolar de *O sol é para todos*.)

No grupo, a especialidade de Carson eram as histórias cômicas protagonizadas por um personagem lendário chamado Johnny McTough (Joãozinho Durão), um estudante do ensino médio alto, atraente, titanicamente confiante, que vivia sob a impressão (errada) de ser o maior jogador de futebol americano do mundo. As histórias eram maravilhosas, em parte por causa da convicção inabalável de Johnny de que não precisava de ninguém – nem de treinador, nem de equipe, nem dos pais, nem mesmo de um capacete de proteção –, o que o levava a passar por todos os tipos de encrenca engraçada. Mas eram ótimas principalmente pela forma como Carson e o restante do grupo interagiam. Todas as semanas, com uma voz de machão arrogante, Carson relatava a última aventura de Johnny McTough e a turma ria ruidosamente. A gente ria diante do espetáculo do herói desorientado que acreditava ser capaz de enfrentar o mundo sozinho. Depois, começávamos a trabalhar juntos para tornar a história ainda melhor.

AGRADECIMENTOS

Escrever este livro foi um trabalho de equipe e tenho sorte por contar com alguns orientadores excepcionalmente talentosos. Acima de todos, devo destacar Andy Ward, meu brilhante editor, e David Black, meu magnífico agente.

Meu irmão Maurice é um escritor e editor de incrível talento e teve uma importância inestimável durante todo o processo de pesquisa e de escrita, criando conceitos, contestando ideias, editando manuscritos e envolvendo-se com paciência em centenas de conversas. E essas conversas, mais do que quaisquer outras, foram os momentos em que este livro assumiu sua forma.

Na Random House, gostaria de agradecer a Kaela Myers, Cindy Murray, Susan Corcoran, Kim Hovey, Kara Walsh, Sanyu Dillon, Debbie Aroff, Theresa Zoro, Max Minckler, Scott Shannon, Simon Sullivan, Amelia Zalcman, Paolo Pepe e Gina Centrello. Na Black Inc.: Susan Raihofer, Emily Hoffman, Sarah Smith e Jenny Herrera. Em Wanashaker: Margaret Ewen, Kathryn Ewen e Adrienne Zand. Na Pixar: Ed Catmull, Michelle Radcliff, Wendy Tanzillo e Mike Sundy. No San Antonio Spurs: R. C. Buford, Chip Engelland, Chad Forcier e Sean Marks. Na Zappos:

Maggie Hsu, Joe Mahon, Lisa Shufro, Angel Sugg, Jeanne Markel, Zubin Damania, Zach Ware e Connie Yeh. Na IDEO: Duane Bray, Nili Metuki, Njoki Gitahi, Lawrence Abrahamson, Peter Antonelli e Nadia Walker. Na KIPP: Dave Levin, Mike Feinberg, Joe Negron, Allison Willis Holley, Lauren Abramson, Angela Fascilla, Jeff Li, Carly Scott, Alexa Roche e Glenn Davis. Na Upright Citizens Brigade: Kevin Hines e Nate Dern. No Union Square Hospitality Group: Danny Meyer, Erin Moran, Haley Carroll, Richard Coraine, Rachel Hoffheimer, Susan Reilly Salgado, Stephanie Jackson, Kim DiPalo, Allison Staad e Tanya Edmunds. Também gostaria de agradecer aos membros da comunidade dos SEALs da Marinha, que preferem não ser nomeados aqui.

Muitos integrantes da comunidade científica me doaram tempo e conhecimentos. Gostaria de agradecer especialmente a Jay Van Bavel, Amy Edmondson, Sigal Barsade, Gregory Walton, Geoff Cohen, Jeff Polzer, Carl Marci, Will Felps, Tom Allen, Jeffry Simpson, Clifford Stott, Andy Molinsky, Bradley Staats, Oren Lederman, Alex Pentland, Reb Rebele, Constantinos Coutifaris, Matthew Corritore e Ben Waber.

Muitos colegas e amigos compartilharam de forma generosa suas ideias sobre desempenho de grupo e cultura – em muitos casos porque por acaso integravam organizações incríveis. Gostaria de agradecer especialmente a Chris Antonetti, Mike Chernoff, Terry Francona, Paul e Karen Dolan, Derek Falvey, Carter Hawkins, James Harris, Ceci Clark, Brian Miles, Oscar Gutierrez Ramirez, Alex Eckelman, Eric Binder, Matt Forman, Tom Wiedenbauer, Sky Andrecheck, Victor Wang, Alex Merberg, Matt Blake, Johnny Goryl, Marlene Lehky, Nilda Tafanelli, Ross Atkins, Mark Shapiro, Adam Grant, Peter Vint, John Kessel, Chris Grant, Jerry Azzinaro, Josh Gibson, Steve Gera, Rich Diviney, Sam Presti, Billy Donovan, Mark Daigneault, Oliver Winterbone, Dustin Seale, Scott McLachlan, Mike Forde, Henry Abbott, David Epstein, Alex Gibney, Laszlo Bock, Tom Wujec, Bob Bowman, David Marsh, Finn Gunderson, Richie Graham, Anne Buford, Troy Flanagan, Shawn Hunter, Dennis Jaffe, Rand Pecknold, Brett Ledbetter, Pete Carroll, Cindy Bristow, Michael Ruhlman, Bill Pabst, Jay Berhalter, Nico Romeijn, Wim van Zwam, Scott Flood, Dan Russell e Doug Lemov.

No campo pessoal, gostaria de agradecer a Jon Coyle, Marian Jones, John Giuggio, Rob Fisher, Fred e Beeb Fisher, Tom Kizzia, Todd Balf, Jeff e Cindy Keller, Laura Hohnhold, Mike Paterniti, Sara Corbett, Mark Bryant, Marshall Sella, Kathie Freer, Tom e Catie Bursch, Paul Cox, Kirsten Docter, Rob e Emily Pollard, Dave Lucas, George Bilgere, Doug e Lisa Vahey, Carri Thurman, John Rohr, Geo Beach, Sydney Webb e também a Lisa Damour por seu olhar sagaz de editora.

Por fim, gostaria de agradecer a meus pais, Maurice e Agnes Coyle, que foram meu norte de inspiração e apoio desde o início. Gostaria de agradecer a meus filhos, Aidan, Katie, Lia e Zoe, que foram as maiores fontes de alegria e significado na minha vida e que me tornaram incrivelmente orgulhoso. E, sobretudo, gostaria de agradecer a minha esposa, Jen, cujos carinho, inteligência e bondade iluminam todos os dias com amor. Este livro só existe por sua causa.

NOTAS

INTRODUÇÃO: QUANDO DOIS MAIS DOIS SÃO DEZ

Para saber mais sobre os efeitos da cultura no resultado, veja os seguintes livros e artigos: *A cultura corporativa e o desempenho empresarial*, de John Kotter e James Heskett (São Paulo: Makron Books, 1994); "Toward a Theory of Organizational Culture and Effectiveness" (Rumo a uma teoria da cultura organizacional e da eficácia), de D. Denison e A. Mishra, *Organization Science* 6 (1995), pp. 204-223; "Predicting Corporate Performance from Organizational Culture" (Prevendo o desempenho corporativo a partir da cultura organizacional), de G. Gordon e N. DiTomaso, *Journal of Management Studies* 29 (1992), pp. 783-798.

1. AS MAÇÃS BOAS

Para mais a respeito de deixas de pertencimento, leia "How, When and Why Bad Apples Spoil the Barrel: Negative Group Member and Dysfunctional Groups" (Como, quando e por que as maçãs podres estragam o barril inteiro: comportamento negativo de grupo e grupos disfuncionais), de W. Felps, T. Mitchell e E. Byington, *Research in Organizational Behavior* 27 (2006), pp. 175-222; "Thin Slices of Negotiation: Predicting Outcomes from Conversational Dynamics Within the First Five Minutes" (Fatias finas de negociação: prevendo resultados de dinâmicas de conversação nos primeiros cinco minutos), de J. Curhan e A. Pentland, *Journal of Applied Psychology* 92 (2007), pp. 802-811; e "Toward a Social Signaling Framework: Activity and Emphasis in Speech" (Rumo a uma sinalização social: atividade e ênfase no discurso), de William Stoltzman, tese de mestrado, MIT (2006). Para explorar as métricas sociais, veja dois livros de Alex Pentland: *Honest Signals* (Sinais honestos; Cambridge: MIT Press, 2008) e *Social Physics* (Física social; Nova York: The Penguin Press, 2014), bem como *People Analytics* (Análise de pessoas), de Ben Waber (Upper Saddle River: Pearson FT Press, 2013).

O conceito de segurança psicológica foi examinado na obra pioneira de William Kahn em "Psychological Conditions of Personal Engagement and Disengagement at Work" (Condições psicológicas do engajamento pessoal e do desengajamento no trabalho), *Academy of Management Journal* 11 (1990), pp. 692-724. A obra de Amy Edmondson nessa área é notável e você encontra boa parte dela em *Teaming: How Organizations Learn, Innovate, and Compete in the Knowledge Economy* (Formando equipes: como as organizações aprendem, inovam e competem na economia do conhecimento (São Francisco: Jossey-Bass Pfeiffer, 2012).

2. O DIA DE 1 BILHÃO DE DÓLARES EM QUE NADA ACONTECEU

Para um exame mais aprofundado do desenvolvimento do AdWords pelo Google, veja *Google: A biografia*, de Steven Levy (Universo dos Livros, São Paulo: 2012). Para saber mais sobre as taxas de sucesso de diferentes modelos organizacionais, veja "Organizational Blueprints for Success in High-Tech Startups: Lessons from the Stanford Project on Emerging Companies" (Blueprints organizacionais para o sucesso de startups de alta tecnologia: lições do Projeto Stanford sobre empresas emergentes), *California Management Review* 44 (2002), pp. 8-36; e "Organizational Identities and the Hazard of Change" (Identidades organizacionais e o risco da mudança), *Industrial and Corporate Change* 15 (2006), pp. 755-784, de M. Hannan, J. Baron, G. Hsu e O. Kocak.

Para ler mais sobre deixas de pertencimento e mudanças de comportamento, veja "Mere Belonging: The Power of Social Connections" (Simples pertencimento: o poder das conexões sociais), de G. Walton e P. Carr, *Journal of Personality and Social Psychology* 102 (2012), pp. 513-532; "Social Belonging and the Motivation and Intellectual Achievement of Negatively Stereotyped Students" (Pertencimento social e a motivação e conquistas intelectuais de estudantes de estereótipo negativo), *Stereotype Threat: Theory, Processes, and Application* (Ameaça dos estereótipos: teoria, processo e aplicação), M. Inzlicht and T. Schmader (org.) (Nova York: Oxford University Press, 2012); "I'm Sorry About the Rain! Superfluous Apologies Demonstrate Empathic Concern and Increase Trust" (Perdão pela chuva! Pedidos de desculpas supérfluos demonstram preocupação empática e aumentam a confiança), de A. Brooks, H. Dai e M. Schweitzer, *Social Psychological and Personality Science* 5 (2014), pp. 467–474; "Postcards from the Edge Project: Randomised Controlled Trial of an Intervention Using Postcards to Reduce Repetition of Hospital Treated Deliberate Self Poisoning (Projeto Cartões-Postais da Beirada: teste controlado e randomizado de uma intervenção usando cartões-postais para reduzir a repetição de envenenamento deliberado tratado em hospitais), de G. Carter, K. Clover, I. Whyte, A. Dawson e C. D'Este, *BMJ* (2005); e "The Ancestor Effect: Thinking about Our Genetic Origin Enhances Intellectual Performance" (O efeito ancestral: pensar em nossa origem genética aprimora o desempenho intelectual), de P. Fischer, A. Sauer, C. Vogrincic e S. Weisweiler, *European Journal of Social Psychology* 41 (2010), pp. 11–16.

Para saber mais sobre o modo como o pertencimento e a identidade funcionam dentro do cérebro veja "The Group Mind: The Pervasive Influence of Social Identity on Cognition" (A mente grupal: a influência penetrante da identidade social sobre a cognição), de J. Van Bavel, L. Hackel, Y. Xiao, *Research and Perspectives in Neurosciences* 21 (2013), pp. 41–56; "The Dynamic Nature of Identity: From the Brain to Behavior" (A natureza dinâmica da identidade: do cérebro ao comportamento), de D. Packer e J. Van Bavel, *The Psychology of Change: Life Contexts, Experiences, and Identities* (A psicologia da mudança: contexto de vida, experiências e identidades), N. Branscombe e K. Reynolds (org.) (Hove: Psychology Press, 2015); e "Social Identification Effects in Social Dilemmas" (Efeitos de identificação social em dilemas sociais), de D. de Cremer e M. van Vugt, *European Journal of Social Psychology* 29 (1999), pp. 871–893.

3. A TRÉGUA DE NATAL, O EXPERIMENTO DE UMA HORA E OS *MISSILEERS*

A história da Trégua de Natal foi contada muitas vezes. As versões mais aprofundadas podem ser encontradas em *Trench Warfare 1914–1918: The Live and Let-Live System* (A guerra de trincheiras 1914-1918: o sistema viva e deixe viver), de Tony Ashworth (Londres: Pan Books, 2000) e em *Silent Night* (Noite silenciosa), de Stanley Weintraub (Nova York: Plume 2002). Para uma visão ampla do mecanismo do altruísmo, veja *A evolução da cooperação*, de Robert Axelrod (São Paulo: Leopardo, 2010) e *Why We Cooperate* (Por que cooperamos), de Michael Tomasello (Cambridge: MIT Press, 2009).

Para mais informações sobre o experimento WIPRO, veja "Breaking Them In or Revealing Their Best? Reframing Socialization Around Newcomer Self-Expression"

(Domesticando-os ou revelando o seu melhor? Reenquadrando a socialização em torno da autoexpressão de um novato), de D. Cabel, F. Gino e B. Staats, *Administrative Science Quarterly* 58 (2013), pp. 1-36. Para mais informações sobre as equipes de lançamentos nucleares, eu recomendaria *Comando e controle: Armas nucleares, o acidente de Damasco e a ilusão de segurança*, de Eric Schlosser (São Paulo: Companhia das Letras, 2015).

4. COMO CONSTRUIR O PERTENCIMENTO

Para o estudo de Neil Paine sobre a dominância de Popovich entre os treinadores, veja fivethirtyeight.com/features/2014-nba-preview-the-rise-of-the-warriors/. Para ler mais sobre o estudo das razões que levam jogadores da NBA a se comportarem de modo egoísta, veja "Selfish Play Increases During High-Stakes NBA Games and Is Rewarded with More Lucrative Contracts" (Jogo egoísta aumenta durante jogos importantes da NBA e é recompensado com contratos mais lucrativos), de E. Uhlmann e C. Barnes, *PLoS ONE* 9 (2014).

Para saber mais sobre o estudo do feedback mágico, veja "Breaking the Cycle of Mistrust: Wise Interventions to Provide Critical Feedback Across the Racial Divide" (Rompendo o ciclo da desconfiança: intervenções sábias para fornecer feedback crucial que atravessa a barreira racial), de D. Yeager, V. Purdie-Vaughns, J. Garcia, N. Apfel, P. Brzustoski, A. Master, W. Hessert, M. Williams e G. Cohen, *Journal of Experimental Psychology: General* 143 (2013), pp. 804-824.

5. COMO PROJETAR O PERTENCIMENTO

Para saber mais sobre o trabalho de Thomas Allen, veja *Managing the Flow of Technology: Technology Transfer and the Dissemination of Technological Information Within the R&D Organization* (Gerindo o fluxo de tecnologia: transferência tecnológica e a disseminação de informações tecnológicas no interior da organização de pesquisa e desenvolvimento; Cambridge: MIT Press, 1984).

O desejo premente de Hsieh de funcionar como MacGyver ainda é forte. Na época da minha visita, ele começou a implementar uma nova e radical abordagem de gerenciamento chamada de *holacracy*, que procura substituir os gerentes tradicionais por "círculos" nos quais as pessoas determinam as próprias tarefas e papéis. Dizer que o novo regime não fez sucesso imediato seria diminuir o impacto que causou. Provocou uma onda de pedidos de demissão e, em 2016, a companhia deixou de entrar, pela primeira vez em sete anos, na lista das 100 Melhores Empresas para se Trabalhar organizada pela revista *Fortune*. Desde então, Hsieh avançou para um tipo de sistema de gerenciamento ainda mais abstrato, chamado *Teal*. Ainda está para se confirmar se a organização e a cultura conseguirão continuar a prosperar.

6. IDEIAS PARA AÇÃO

Para mais sobre o poder da gratidão, veja "Warm Thanks: Gratitude Expression Facilitates Social Affiliation in New Relationships via Perceived Warmth" (Agradecimentos calorosos: a expressão da gratidão facilita a afiliação social em novos relacionamentos por meio do carinho percebido), de L. Williams e M. Bartlett, *Emotion* 15 (2014), e "A Little Thanks Goes a Long Way: Explaining Why Gratitude Expressions Motivate Pro-social Behavior" (Explicando por que expressões de gratidão motivam o comportamento social), de A. Grant e F. Gino, *Journal of Personality and Social Psychology* 98 (2010), pp. 946–955. Para mais problemas advindos do feedback em forma de sanduíche, veja "The Sandwich Feedback Method: Not Very Tasty" (O método do feedback em sanduíche: não é muito saboroso), de C. Von Bergen, M. Bressler e K. Cambell, *Journal of Behavioral Studies and Business* 7 (2014).

Os e-mails são ricos receptáculos de deixas de pertencimento. Aqui estão dois estudos que mostram como revelam a matéria-prima interna dos grupos: "Social Network Effects on Productivity and Job Security: Evidence from the Adoption of a Social Networking Tool" (Efeitos da rede social sobre a produtividade e segurança no emprego: evidências da adoção de uma ferramenta para redes sociais), de L. Wu, *Information Systems Research* 24 (2013), pp. 30–51, e "Enculturation Trajectories: Language, Cultural Adaptation, and Individual Outcomes in Organizations" (Trajetórias de aculturação: linguagem, adaptação cultural e resultados individuais nas organizações), de S. Srivastava, A. Goldberg, V. Manian e C. Potts, *Management Science* (2017).

7. "DIGA ME O QUE QUER E EU VOU AJUDAR"

A gravação da caixa preta do voo 232 pode ser encontrada em aviation-safety.net/ investigation/cvr/transcripts/cvr_ua232.pdf. O capitão Al Haynes forneceu um relato detalhado do desastre em 24 de maio de 1991, em um discurso feito para o Centro de Pesquisa Ames, da Nasa, no Centro de Pesquisa de Voo Dryden, na base aérea de Edwards, na California. A transcrição está disponível em clear-prop.org/aviation/ haynes.html. Além disso, veja *Flight 232* (Voo 232), de Laurence Gonzales (Nova York:

W. W. Norton & Company, 2014), e *Confronting Mistakes* (Confrontando erros), de Jan U. Hagen (Londres: Palgrave Macmillan, 2013).

Outro elemento da história do voo 232 envolve um conjunto de procedimentos de treinamento chamado Gerenciamentos de Recursos de Tripulantes, estabelecido pela National Transportation Safety Board no fim da década de 1970, depois de uma série de acidentes causados por erro de pilotos. O treinamento procurava substituir a cultura de que "o piloto está sempre certo", altamente hierarquizada, por comunicação veloz, franca, ensinando ao capitão e à tripulação uma série de comportamentos e hábitos simples projetados para revelar e resolver problemas em conjunto. Antes do desastre com o voo 232, o capitão Haynes havia passado diversas semanas nesse tipo de treinamento. Ele afirmou que o programa salvou sua vida e a dos outros sobreviventes.

8. O LAÇO DA VULNERABILIDADE

Para maiores informações sobre a ciência da geração de proximidade individual e grupal, veja "The Experimental Generation of Interpersonal Closeness: A Procedure and Some Preliminary Findings" (A geração experimental de proximidade interpessoal: um procedimento e algumas descobertas preliminares), de A. Aron, E. Melinat, E. Aron, e R. Bator, *Personality and Social Psychology Bulletin* 23 (1997), pp. 363–377; "Should We Create a Niche or Fall in Line? Identity Negotiation and Small Group Effectiveness" (Devemos criar um nicho ou entrar na fila? Negociação de identidade e eficiência de pequenos grupos), de W. Swann, L. Milton e J. Polzer, *Journal of Personality and Social Psychology* 79 (2000), pp. 238–250; e "Being Different Yet Feeling Similar: The Influence of Demographic Composition and Organizational Culture on Work Processes and Outcomes" (Ser diferente e no entanto similar: a influência da composição demográfica e da cultura organizacional nos processos de trabalho e em seus resultados), *Administrative Science Quarterly* 43 (1998), pp. 749–780.

Para mais informações sobre o mecanismo da confiança, veja "Gratitude as a Moral Sentiment: Emotion-Guided Cooperation in Economic Exchange" (Gratidão como um sentimento moral: a cooperação guiada pela emoção no intercâmbio econômico), de D. DeSteno, M. Bartlett, J. Baumann, L. Williams e L. Dickens, *Emotion* 10 (2010), pp. 289–293; e "The Social Dimension of Stress Reactivity: Acute Stress Increases Pro-social Behavior in Humans" (A dimensão social da reatividade ao estresse: estresse agudo aumenta o comportamento prossocial em seres humanos), de B. von Dawans, U. Fischbacher, C. Kirschbaum, E. Fehr e M. Heinrichs, *Psychological Science*

23 (2012), pp. 651-660. Para uma exploração mais profunda, veja *The Truth About Trust* (A verdade sobre a confiança; Nova York: Hudson Street, 2014).

Para mais informações sobre o Desafio do Balão Vermelho, veja "Reflecting on the DARPA Red Balloon Challenge" (Reflexões sobre o Desafio do Balão Vermelho da DARPA), de J. Tang, M. Cebrian, N. Giacobe, H. Kim, T. Kim e D. Wickert, *Communications of the ACM* 54 (2011), pp. 78-85; e "Time-Critical Social Mobilization" (Mobilização social quando o tempo é crítico), de G. Pickard, I. Rahwan, W. Pan, M. Cebrian, R. Crane, A. Madan e A. Pentland, *Science* 334 (2011), pp. 509-512.

9. OS SUPERCOOPERADORES

Para saber mais sobre as origens dos SEALs da Marinha dos Estados Unidos, veja *America's First Frogman*, de Elizabeth Kauffman (Annapolis: Naval Institute Press, 2004). Para mais a respeito da Upright Citizens Brigade, veja *High-Status Characters* (Personagens de alto status), de Brian Raftery (Nova York: Megawatt Press, 2013); *The Upright Citizens Brigade Comedy Improvisational Manual* (O manual de improviso de comédia da Upright Citizens Brigade), de Matt Besser, Ian Roberts e Matt Walsh (Nova York: The Comedy Council of Nicea LLC, 2013); *Yes, And* (Sim, e), de Kelly Leonard e Tom Yorton (Nova York: HarperBusiness, 2015), e *The Funniest One in the Room: The Lives and Legends of Del Close* (O mais engraçado do lugar: As vidas e as lendas de Del Close), de Kim Howard Johnson (Chicago: Chicago Review Press, 2008).

11. COMO CRIAR A COOPERAÇÃO COM INDIVÍDUOS

Para saber mais sobre Bell Labs, veja *The Idea Factory: Bell Labs and the Great Age of American Innovation* (A fábrica de ideias: Bell Labs e a grande era da inovação americana), de David Gertner (Nova York: Penguin Press, 2012). Para ler sobre a IDEO, veja *A arte da inovação: Lições de criatividade da IDEO, a maior empresa norte-americana de design*, de Tom Kelley (São Paulo: Futura, 2001), e *Change by Design* (Mudança por projeto), de Tom Brown (Nova York: HarperBusiness, 2009).

13. AS 311 PALAVRAS

Para maiores detalhes sobre o sistema de navegação dos estorninhos, veja "Interaction Ruling Animal Collective Behavior Depends on Topological Rather than Metric

Distance: Evidence from a Field Study" (A interação comandando o comportamento coletivo animal depende da topologia e não da distância métrica: evidências de um estudo de campo), de M. Ballerini, N. Cabibbo, R. Candelier, A. Cavagna, E. Cisbani, I. Giardina, V. Lecomte, A. Orlandi, G. Parisi, A. Procaccini, M. Viale e V. Zdravkovic, *PNAS* 105 (2008), p. 1232-1237.

O trabalho de Gabriele Oettingen sobre contraste mental pode ser encontrado em *Rethinking Positive Thinking* (Repensando o pensamento positivo; Nova York: Current, 2014), bem como em "Mental Contrasting and Goal Commitment: The Mediating Role of Energization" (Contraste mental e compromisso com metas: o papel mediador da energização), *Personality and Social Psychology Bulletin* 35 (2009), pp. 608-622.

Para mais informações sobre o efeito Pigmaleão, veja "Teachers' Expectancies: Determinates of Pupils' IQ Gains" (Expectativas dos professores: O que determina o aumento do QI nos alunos), de R. Rosenthal e L. Jacobsonem, *Psychological Reports* 19 (1966), pp. 115-118. Para mais sobre o modo como as narrativas afetam a motivação, veja "Impact and the Art of Motivation Maintenance: The Effects of Contact with Beneficiaries on Persistence Behavior" (Impacto e a arte da manutenção da motivação: os efeitos do contato com os beneficiários no comportamento de persistência), de A. Grant, E. Campbell, G. Chen, K. Cottone, D. Lapedis e K. Lee, *Organizational Behavior and Human Decision Processes* 103 (2007), pp. 53-67.

14. OS *HOOLIGANS* E OS CIRURGIÕES

Veja "Tackling Football Hooliganism: A Quantitative Study of Public Order, Policing and Crowd Psychology" (Enfrentando os hooligans do futebol: um estudo quantitativo sobre ordem pública, policiamento e psicologia das massas), de C. Stott, O. Adang, A. Livingstone e M. Schreiber, *Psychology Public Policy and Law* 53 (2008), pp. 115-141; "How Conflict Escalates: The Inter-Group Dynamics of Collective Football Crowd 'Violence'" (Como o conflito se amplia: a dinâmica intergrupal da "violência" coletiva no futebol), de C. Stott e S. Reicher, *Sociology* 32, (1998), pp. 353-377; "Speeding Up Team Learning" (Acelerando o aprendizado em grupo), de A. Edmondson, R. Bohmer e G. Pisano, *Harvard Business Review* 79, nº 9 (2001), pp. 125-132; e "Disrupted Routines: Team Learning and New Technology Implementation in Hospitals" (Rotinas interrompidas: aprendizado em equipe e a implementação de nova tecnologia em hospitais), de A. Edmondson, R. Bohmer e G. Pisano, *Administrative Science Quarterly* 46 (2001), pp. 685-716.

15. COMO LIDERAR PARA A PROFICIÊNCIA

Veja a tese de doutorado "Fine Restaurants: Creating Inimitable Advantages in a Competitive Industry" (Bons restaurantes: criando vantagens inimitáveis em um setor competitivo), de S. Reilly Salgado e W. Starbuck, Escola de pós-graduação de Admnistração de Negócios da Universidade de Nova York (2003).

16. COMO LIDERAR PARA A CRIATIVIDADE

Veja *Criatividade S.A.: Superando as forças invisíveis que ficam no caminho da verdadeira inspiração*, de Ed Catmull e Amy Wallace (Rio de Janeiro: Rocco, 2014).

LEITURAS RECOMENDADAS

BOCK, Laszlo. *Um novo jeito de trabalhar*: O que o Google faz de diferente para ser umas das empresas mais criativas e bem-sucedidas do mundo. Rio de Janeiro: Sextante, 2015.

BROOKS, David. *O animal social*: A história de como o sucesso acontece. Rio de Janeiro: Objetiva, 2014.

DE GEUS, Arie. *A empresa viva*: Como as organizações podem aprender a prosperar e se perpetuar. Rio de Janeiro: Campus, 2001.

DUCKWORTH, Angela. *Garra*: O poder da paixão e da perseverança. Rio de Janeiro: Intrínseca, 2016.

DUHIGG, Charles. *O poder do hábito*: Por que fazemos o que fazemos na vida e nos negócios. Rio de Janeiro: Objetiva, 2012.

EDMONDSON, Amy. *Teaming: How Organizations Learn, Innovate, and Compete in the Knowledge Economy*. São Francisco: Jossey-Bass Pfeiffer, 2012.

GRANT, Adam. *Dar e receber*: Uma abordagem revolucionária sobre sucesso, generosidade e influência. Rio de Janeiro: Sextante, 2014.

HACKMAN, Richard. *Leading Teams*. Boston: Harvard Business Review Press, 2002.

HEATH, Chip; HEATH, Dan. *A guinada*: Maneiras simples de operar grandes transformações. Rio de Janeiro: Best Business, 2010.

JUNGER, Sebastian. *Tribe: On Homecoming and Belonging*. Nova York: HarperCollins, 2016.

KERR, James. *Legado: 15 lições de liderança que podemos aprender com o time de rugby All Blacks*. São Paulo: Saraiva, 2016.

LENCIONI, Patrick. *Os 5 desafios das equipes: Uma história sobre liderança*. Rio de Janeiro: Sextante, 2015.

McCHRYSTAL, Stanley. *Team of Teams: New Rules of Engagement for a Complex World*. Nova York: Portfolio, 2015.

PAGEL, Mark. *Wired for Culture*. Nova York: W. W. Norton & Company, 2012.

PINK, Daniel H. *Motivação 3.0 – Drive: A surpreendente verdade sobre o que realmente nos motiva*. Rio de Janeiro: Sextante, 2019.

RIPLEY, Amanda. *The Smartest Kids in the World: And How They Got That Way*. Nova York: Simon & Schuster, 2013.

SCHEIN, Edgar H. *Ajuda: A relação essencial – valorize o poder de dar e receber ajuda*. São Paulo: Arx, 2009.

SCHEIN, Edgar H. *Humble Inquiry*. Oakland: Berrett-Koehler Publishers, 2013.

SENGE, Peter M. *A quinta disciplina: Arte e prática da organização de aprendizagem*. São Paulo: Best Seller, 1998.

TOMASELLO, Michael. *Why We Cooperate*. Cambridge: MIT Press, 2009.

CONHEÇA OUTRO TÍTULO DE DANIEL COYLE

O segredo do talento

Quando vemos alguém se destacar em determinada área, logo pensamos que a pessoa já nasceu com um dom para aquela atividade. Mas será que só isso explica o talento? É possível aprimorá-lo sem fazer esforço? O que você pode fazer para melhorar?

Pensando nessas questões, Daniel Coyle visitou e pesquisou inúmeras incubadoras de talentos mundo afora. Investigou as técnicas utilizadas por elas, entrevistou instrutores competentes, associou isso a informações sobre como a mente funciona e chegou à conclusão de que todos têm talentos, mas poucos sabem como desenvolvê-los.

Para organizar todas as informações cientificamente comprovadas obtidas nessa pesquisa, o autor formulou 52 dicas simples e diretas para que qualquer pessoa desenvolva habilidades, seja qual for a sua área — artística, empresarial, esportiva, etc.

Embora a neurociência por trás desse assunto seja complexa, ela parte do princípio básico de que pequenas ações, repetidas ao longo do tempo, podem gerar grandes mudanças e tornar seu cérebro mais rápido.

CONHEÇA OUTROS TÍTULOS DA EDITORA SEXTANTE

Motivação 3.0
Daniel H. Pink

A maioria das pessoas acredita que a melhor maneira de motivar alguém é oferecer algum tipo de recompensa, como prêmios, promoções ou dinheiro.

Esta visão está errada, diz Daniel Pink. Segundo ele, o segredo da alta performance e da satisfação está ligada à necessidade essencialmente humana de ter autonomia, aprender e criar coisas novas e melhorar o mundo para nós e para os outros.

Com base em décadas de pesquisas científicas, Pink expõe neste livro o descompasso entre a ciência da motivação e as práticas corporativas, e explica como isso afeta todos os aspectos de nossa vida.

Examinando os três elementos da verdadeira motivação – autonomia, excelência e propósito –, o livro apresenta técnicas inteligentes e surpreendentes para colocar estes princípios em ação.

Além disso, você conhecerá empresas que adotaram estratégias inovadoras para motivar seus funcionários e empreendedores que vêm trilhando caminhos alternativos na busca da realização e do alto desempenho.

Um novo jeito de trabalhar
LASZLO BOCK

"Você passa mais tempo trabalhando do que fazendo qualquer outra coisa na vida. Não é justo que a experiência no trabalho seja tão desmotivadora e desumana quanto se vê por aí", é o que diz Laszlo Bock, vice-presidente de Operações de Equipes do Google, a empresa que transformou a forma como o mundo interage com o conhecimento.

O líder visionário realizou uma grande investigação sobre como a filosofia certa de trabalho é capaz de atrair os maiores talentos para o seu negócio e garantir que eles se desenvolvam, sejam felizes e tenham sucesso.

Um novo jeito de trabalhar apresenta os bastidores da gigante do Vale do Silício, compartilhando detalhes sobre os processos de recrutamento e seleção, a importância da cultura e as ferramentas de gestão e avaliação de pessoas. Também revela por que o Google é eleito ano após ano um dos melhores lugares para se trabalhar.

Repleto de exemplos de ações que melhoraram o desempenho e a satisfação dos funcionários, o livro apresenta princípios claros que podem ser colocados em prática, não importa se sua equipe tem uma ou milhares de pessoas. Conheça alguns deles:

- Contrate apenas pessoas melhores que você em alguma coisa, não importa quanto tempo isso leve.
- Não confie somente no instinto: use dados para prever e moldar o futuro.
- Faça da transparência o padrão e esteja aberto para receber feedback.
- Aprenda com os melhores funcionários – e também com os piores.
- Tire o poder dos gerentes e confie em seu pessoal.
- Se você estiver confortável com a liberdade que deu a seus funcionários, não deve ter dado liberdade o bastante.

Scrum

JEFF SUTHERLAND E J.J. SUTHERLAND

O mundo vem sofrendo um processo de mudança contínuo cada vez mais acelerado. Para quem acredita que deve haver uma maneira mais eficiente de fazer as coisas, *Scrum* é um livro instigante sobre o processo de liderança e gestão que está transformando a maneira como vivemos.

Instituições que adotaram o método Scrum já registraram ganhos de produtividade de até 1.200%. É por causa dele que a Amazon pode acrescentar um novo recurso em seu site todos os dias, que o Red River Army Depot, no Texas, consegue lançar utilitários blindados 39 vezes mais rápido e que o FBI finalmente criou um enorme banco de dados de rastreamento de terroristas.

Com base em insights de artes marciais, tomadas de decisão judicial, combate aéreo avançado, robótica e muitas outras disciplinas, o método Scrum é prático e fascinante.

Mas a razão mais importante para ler este livro é que ele pode ajudar você a alcançar o que os outros consideram inatingível – seja inventando uma tecnologia pioneira, planejando um novo sistema educacional, viabilizando um caminho para ajudar os mais pobres ou mesmo estabelecendo os alicerces para a sua família prosperar.

Comece pelo porquê
SIMON SINEK

Por que algumas pessoas e organizações são mais inovadoras, admiradas e lucrativas do que outras? Por que algumas despertam grande lealdade por parte de clientes e funcionários?

Para Simon Sinek, a resposta está no forte senso de propósito que as inspira a darem o melhor de si para uma causa expressiva – o porquê.

Ao publicar esse livro, o autor iniciou um movimento que tem ajudado milhões de pessoas a encontrar um sentido maior no próprio trabalho e, assim, inspirar colegas e clientes.

Ilustrando suas ideias com as fascinantes histórias de Martin Luther King, Steve Jobs e os irmãos Wright, Simon mostra que as pessoas só irão se dedicar de corpo e alma a um movimento, ideia, produto ou serviço se compreenderem o verdadeiro propósito por trás deles.

Nesse livro, você verá como pensam, agem e se comunicam os líderes que exercem a maior influência, e também descobrirá um modelo a partir do qual as pessoas podem ser inspiradas, movimentos podem ser criados e organizações, construídas. E tudo isso começa pelo porquê.

Como chegar ao sim
ROGER FISHER, WILLIAN URY E BRUCE PATTON

A vida é feita de negociações, tanto a nível pessoal como profissional – quando tentamos convencer o filho a tomar banho ou o chefe a nos dar uma promoção, estamos negociando. E a tarefa não é fácil. Muitas negociações não se concluem ou têm um final indesejado. Algumas pessoas tentam impor a sua vontade ou recorrem a truques sujos; outras, para evitar conflitos, permitem todo o tipo de concessões.

Embora as negociações sejam diferentes, seus elementos básicos são sempre os mesmos – comprar uma casa ou assinar um acordo de paz no Oriente Médio têm mais em comum do que pensamos.

O diferencial de *Como chegar ao sim* é oferecer uma estratégia comprovada para obter acordos mutuamente satisfatórios em qualquer tipo de conflito – quer envolvam pais e filhos, vizinhos, empregadores e empregados, clientes e empresas, e até diplomatas e governantes.

Neste livro os autores explicam por que uma boa negociação é aquela em que todos saem ganhando e mostram como reforçar suas habilidades e criar seu próprio plano para cada situação.

Originais
ADAM GRANT

Qual é o segredo das pessoas originais? Será que a criatividade é uma qualidade inata ou uma habilidade que pode ser estimulada ou mesmo aprendida? Em seu novo livro, Adam Grant desmistifica muitas das crenças que existem em torno das mentes criativas.

Ele recorre a uma série de estudos e histórias reais envolvendo o mundo dos negócios, a política, os esportes e o universo do entretenimento para mostrar como qualquer pessoa pode aprimorar sua criatividade, tornar-se capaz de identificar e defender ideias verdadeiramente originais, combater o conformismo e romper com tradições obsoletas.

Você vai conhecer as técnicas bem-sucedidas aplicadas por profissionais que ousaram remar contra a maré e levar seus projetos adiante, como uma funcionária da Apple que desafiou Steve Jobs estando três níveis hierárquicos abaixo dele, uma analista que derrubou a política de sigilo da CIA, um bilionário mago das finanças que demite os funcionários incapazes de criticá-lo e um executivo de TV que impediu que a série Seinfeld fosse cancelada logo no início apesar das pesquisas de opinião desfavoráveis.

Adam Grant demonstra como a originalidade pode ser impulsionada, indicando a melhor forma de se expressar sem ser silenciado, como conquistar aliados em ambientes improváveis, escolher o momento certo de agir e lidar com o medo e a insegurança.

Além disso, comenta como pais e professores podem estimular a criatividade nas crianças e o que os líderes podem fazer para estabelecer uma cultura que promova a divergência de opiniões.

Pipeline de liderança
RAM CHARAN, STEPHEN DROTTER E JAMES NOEL

Ter líderes capacitados em todos os níveis de uma organização é fundamental para o sucesso a longo prazo. Mesmo assim, em muitas empresas é comum que o pipeline de liderança – a arquitetura interna para o desenvolvimento de gestores – esteja comprometido ou nem sequer exista.

Nesta edição revista de *Pipeline de liderança*, Ram Charan, Stephen Drotter e James Noel ampliaram o conteúdo para incorporar os desafios do mundo de hoje.

Com base no trabalho realizado em mais de 100 empresas ao longo de 10 anos, eles compartilham o aprendizado obtido desde a publicação da primeira edição e oferecem seu modelo testado e comprovado para construir e desenvolver planos de carreira, planejar sucessões e formar líderes.

O livro inclui dúvidas dos leitores e novas histórias, com casos bem-sucedidos de transição e também as soluções para possíveis problemas na implantação das mudanças. E mostra como um pipeline obstruído pode comprometer toda a gestão de uma empresa, com impacto significativo na rotatividade e nos resultados.

CONHEÇA OS LIVROS DE DANIEL COYLE

Equipes brilhantes

O segredo do talento

Para saber mais sobre os títulos e autores da Editora Sextante,
visite o nosso site. Além de informações sobre os
próximos lançamentos, você terá acesso a conteúdos exclusivos
e poderá participar de promoções e sorteios.

sextante.com.br